TOP-DOWN ZUM DIGITALEN UNTERNEHMEN

Handlungsempfehlungen für die erfolgreiche Transformation

Dr. Peter Samulat

Der Autor

Dr.-Ing. Peter Samulat absolvierte 1982 das Studium der Elektrotechnik an der Universität der Bundeswehr Hamburg. Nach langjähriger freiberuflicher Tätigkeit als IT-Berater, Dozent und IT-Projektleiter folgten von 2002 bis 2015 eine Reihe von Aufgabenstellungen als IT-Manager in dem in der digitalen Transformation sehr erfolgreichen Medienkonzern Axel Springer SE und der OTTO GmbH und Ko KG. Impulsgeber in Innovationszirkeln und Expertengremien.

Promotion im Jahre 2014 bei Prof. Zarnekow, TU Berlin. Aktuelle Arbeiten und Publikationen mit dem Fokus auf den IT-Wertbeitrag (Business Value of IT), die Digitalisierung von Unternehmen und die Transformation von IT-Organisationen. Initiator des itSMF-Fachforums "Wertbeitrag der IT".

Aktuell ist Dr. Samulat freiberuflich tätig als Management-Berater für IT,Strategie und Steuerung.

Foto: Anne Samulat

TOP-DOWN ZUM DIGITALEN UNTERNEHMEN

Handlungsempfehlungen für

die erfolgreiche Transformation

Dr. Peter Samulat

Bibliografische Information der Deutschen Nationalbibliothek:

Die Deutsche Nationalbibliothek verzeichnet diese Publikation in der Deutschen Nationalbibliografie; detaillierte bibliografische Daten sind im Internet über http://dnb.dnb.de/ abrufbar.

Top-down zum Digitalen Unternehmen
Handlungsempfehlungen für die erfolgreiche Transformation.

1. Auflage, Januar 2016

Copyright: © 2016 Dr. Peter Samulat

Verlag: Samulat, Peter; 25774 Hemme
Printed in Germany
by Amazon Distribution GmbH, Leipzig
Satz/Layout: Dr. Peter Samulat

ISBN-13: 978-1519593900
ISBN-10: 1519593902

Für Anne und Marie

Vorwort

„Deutsche Unternehmen verschlafen die Digitalisierung." An dieser vielfach zu hörenden Aussage muss etwas dran sein – zu häufig gibt es warnende Berichte dazu in den Medien. Auf Fachtagungen diskutieren Führungskräfte, Beratungsunternehmen und die Politik intensiv darüber, was zu tun sei. Allianzen werden geschmiedet. Euphorisch werden die Chancen dargestellt oder düstere Bilder davon gezeichnet, was die erfolgreich agierenden Konkurrenten schon so alles auf die Beine gestellt haben.

Dabei ist die Digitalisierung ein Hype, ein Megatrend, der nicht erst gestern begonnen hat, sondern schon eine Historie vorweist: Sind Klassiker der Digitalisierung wie Amazon, Facebook/WhatsApp, Uber, Apple oder Google wirklich nur Ausnahmeerscheinungen, die als Vorbilder für typische deutsche, mittelständische Unternehmen wenig taugen?

Ist der Zug schon abgefahren, oder kann man von diesen Klassikern lernen?

Wo findet man sie, die lukrativen, digitalen Geschäftsmodelle? In vielen Unternehmen hat sich über viele Jahre ein nahezu blindes Verständnis davon entwickelt, was der Kunde will, welchen Wert das eigene Unternehmen am besten erbringen kann, was am besten zugekauft wird und was die Wettbewerber besser oder schlechter machen.

Führungskräfte wie Sie stehen nun vor der Herausforderung, Antworten auf die Digitalisierung zu finden, Orientierung zu geben und eine Neuausrichtung ihrer Unternehmensstrategien vorzunehmen. Mutige Entscheidungen darüber zu treffen, was genau zu tun ist, ist ein komplexer und von vielen Faktoren abhängiger Prozess: Was häufig fehlt, ist eine (lukrative) Digital-Strategie.

„Digitalisierung geht nun mal ohne IT nicht." Diese Feststellung eines Vorstandes in einem Medienkonzern geht mir nicht aus dem Sinn. Gedanklich streiche ich aber *IT* und ersetze es durch *Technik*. Denn *IT* steht an dieser Stelle als Synonym für die Unternehmens-IT und genau die sollte auch in Ihrem Unternehmen Mitwirkender der Digitalisierung sein, der *Enabler* lukrativer Geschäftsmodelle – Sie haben richtig gelesen: Mitwirkender, nicht Treiber! Aber kann eine über Jahre gewachsene IT das überhaupt sein, will sie das überhaupt oder ist das nicht eine Überforderung? Wird die IT an dieser Stelle tatsächlich nur die Rolle einer unterstützenden Funktion wahrnehmen, so wie Human Resources (HR), Finance, die Infrastruktur (verstanden als Gebäudetechnik mit der Bereitstellung geeigneter Flächen und Büroeinrichtungen) und der Betriebs- bzw. Personalrat?

Wenn ja, wer (oder was) ist dann der Treiber der Digitalisierung? Denn es ist nicht der eine Megatrend, das eine Buzzword oder die eine Idee, die diesen Wandel auslösen. Sondern es sind gleich eine Vielzahl von Entwicklungen, die nun ineinander greifen und in der Summe eine radikale Veränderung bewirkt haben – und bewirken werden.

In drei sich überlagernden Sphären *Mobilität, Agilität* und *Elastizität* erleben wir heute bereits Entwicklungen, die uns das Morgen der Digitalisierung erahnen lassen.

Dieses Buch soll Sie als Führungskraft aus dem Business oder der Unternehmens-IT von der Digitalisierung überzeugen, die Digitalisierung konkreter zu beschreiben und aufzeigen, wie eine digitale Transformation gelingen kann.

Dazu werden aktuelle Digitalisierungstrends vorgestellt, diskutiert und bewertet. Daraus abgeleitete, konkrete und praxisorientierte Handlungsempfehlungen unterstützen Ihre Führungsentscheidungen für eine erfolgreiche Transformation und ebnen den Weg zu Ideen für lukrative, digitale Geschäftsmodelle.

Falls ich an der einen oder anderen Stelle doch zu technisch werden sollte, bitte ich jetzt schon einmal um Nachsicht: Aber Digitalisierung geht nun mal ohne Technik nicht.

TREFFEN SIE MUTIGE ENTSCHEIDUNGEN!

GEHANDELT WERDEN MUSS JETZT: WARTEN IST KEINE OPTION.

INHALTSVERZEICHNIS

1 MOTIVATION 7

1.1 Die digitale Transformation gestalten 9

1.2 Die Buzzwords der Digitalisierung 14
    1.2.1 Commodity 14
    1.2.2 Cloud Computing 17
    1.2.3 Industrie 4.0 21
    1.2.4 Internet of Things (IoT) 23
    1.2.5 Big Data 41
    1.2.6 Cyber War 47
    1.2.7 Mobile 56
    1.2.8 BYOD – Bring Your Own Device 62
    1.2.9 Social Media 64
    1.2.10 Continuous Delivery 69
    1.2.11 Microservices 74
    1.2.12 Omni-Channel 76

2 DIE TECHNOLOGIETRENDS 81

2.1 Der Geräte-Mix (The Device Mesh) 82
    2.1.1 Fazit 83

2.2 Erfassung der unmittelbaren Umgebung 83
    2.2.1 Fazit 83

2.3 Neue Materialien im 3D-Druck 85
    2.3.1 Fazit 86

2.4 Ordnung in Daten (Information of Everything) 87
    2.4.1 Fazit 87

2.5 Lernfähige Maschinen (Advanced Machine Learning) 88
    2.5.1 Fazit 88

2.6 Autonome Assistenten (Autonomous Agents and Things) 89
    2.6.1 Fazit 89

2.7 Lernfähige Sicherheits-Architekturen (Adaptive Security Architecture) 90
    2.7.1   Fazit 90

2.8 Lernfähige System-Architekturen (Advanced System Architecture) 92
    2.8.1   Fazit 92

2.9 Agile App- und Service-Architekturen (Mesh App and Service Architecture) 93
    2.9.1   SOA richtig gemacht: Microservices! 93
    2.9.2   Wenn Entwickler überflüssig werden 97
    2.9.3   Fazit 98

2.10 Plattformen für das Internet der Dinge 99
    2.10.1   Fazit 99

3 CUSTOMERIZATION – DER KUNDE SAGT, WO ES LANG GEHT 101

3.1 Hürde Anwender? 102

3.2 (M)Ein Entwicklungssystem für 5 Dollar 105

4 DIE TRANSFORMATION DER UNTERNEHMENS-IT 109

4.1 Lernen aus der Private Cloud? 109

4.2 IT der zwei Geschwindigkeiten 115

4.3 Automatisierung der IT-Organisation 119
    4.3.1   Das Software-Defined Data Center (SDDC) 120
    4.3.2   Die Ressourcen der Private Cloud steuern 122

4.4 Die Hybrid Cloud orchestrieren 124

4.5 Geschäftsprozessbezogene Überwachung von IT-Services 126

5 HANDLUNGSEMPFEHLUNGEN 129

5.1 Entwickeln und vermitteln Sie Ihre Digitalstrategie 131
- 5.1.1 Digitalisierung nach innen: Prozesse automatisieren 137
- 5.1.2 Digitalisierung nach außen: Digitale Produkte 144
- 5.1.3 Machen Sie Ihre Digitalstrategie im Unternehmen transparent: Das ValueBoard® 146
- 5.1.4 Management of Change – den Wandel steuern 156
- 5.1.5 Überfordern Sie Ihre IT nicht 160

5.2 Passen Sie die Organisation an 160

5.3 Von legitimierter Hierarchie zur digitalen Selbstorganisation .. 162

5.4 Die eigene IT auf Vordermann bringen 164
- 5.4.1 IT as a Service 165
- 5.4.2 Value-orientierte IT-Organisation 167
- 5.4.3 Commodity-IT-Services identifizieren und auslagern 178
- 5.4.4 Die Ära der Dienstleister 180
- 5.4.5 Nutzen Sie ihre Schatten-IT 181
- 5.4.6 IT-Manufaktur und IT-Industrie trennen 183
- 5.4.7 Den Chief Digital Officer (CDO) etablieren 194
- 5.4.8 Brauchen Sie den „Technology Evangelist"? 195

5.5 Geben Sie dem CIO ein starkes Mandat 196

5.6 Nehmen Sie den Menschen mit 196
- 5.6.1 Der „Personal Change": Hürde Mensch 197
- 5.6.2 Kritischer Faktor Führungskräfte 198
- 5.6.3 Lernformate nutzen, die Menschen begeistern 199

5.7 Pflanzen Sie „innovative Keime" 200
- 5.7.1 Lassen Sie ihre Kunden für Ihr Unternehmen arbeiten 201
- 5.7.2 Nutzen Sie die Performance des Start-ups 206
- 5.7.3 Warum interne Start-ups nicht funktionieren 207

5.8 Be „always on": Omni-Channel 208

5.9 Nutzen Sie Microservices 208

5.10 Agile Softwareentwicklung unterstützen 209

5.11 Digital Design und das Edison Prinzip **209**
    5.11.1   Digital Design Thinking 210
    5.11.2   Edison-Prinzip 211
    5.11.3   SWOT-Analyse 214
    5.11.4   Fazit 215

6 ZUSAMMENFASSUNG **217**

6.1 Die Transformation der Unternehmens-IT 220

6.2 Aufbruch in eine neue Welt voller (digitaler) Mythen? 222

6.3 Warten ist keine Option 224

7 ABBILDUNGEN **227**

8 TABELLEN **230**

9 ABKÜRZUNGSVERZEICHNIS **231**

10 LITERATUR **234**

1 Motivation

Große, etablierte Unternehmen stehen plötzlich mit kleinen flexiblen Unternehmen im Wettbewerb und heimische Unternehmen plötzlich mit Anbietern vom anderen Ende der Welt.

Warum tun sich manche Unternehmen so schwer, mit den Veränderungen des Digitalzeitalters zurechtzukommen, und warum sind andere so erfolgreich dabei? Tim Cole fragt sich 2015 zu recht: „Warum gibt es kein einziges deutsches Unternehmen, dass es mit den „Big 4" – Apple, Google, Facebook und Amazon – aufnehmen kann? Wird in den deutschen Vorstandsebenen geschlafen? Ist der deutsche Unternehmer besonders zukunftsresistent?"[1]

Die Digitalisierung verändert Unternehmen. Dabei ist dies heute nur ein Vorgeschmack auf das, was in den nächsten 10 bis 20 Jahren passieren wird.

Und: Digitalisierung ist ein Thema für alle Branchen. In Deutschland ist somit auch der Öffentliche Dienst davon nicht ausgenommen: Streiche *Verfahren*, setze *Prozesse* – die Probleme, Herausforderungen und Chancen sind die gleichen.

In den drei sich überlagernden Sphären *Mobilität, Agilität und Elastizität* erleben wir heute bereits Entwicklungen, die uns das Morgen der Digitalisierung erahnen lassen:

- Alles wird mobil, hochmobil. Dies gilt nicht nur für Endgeräte, sondern auch für die Geschäftsprozesse.
- Was sich nach über zehn Jahren nach dem *Agilen Manifest* wie ein alter Hut anhören mag, erfährt derzeit einen erneuten Aufschwung in Unternehmen. Neue Formen der Zusammenarbeit und die Auflösung kommerzieller Knoten sind nur der Anfang.
- Die IT, genauer die zur Digitalisierung notwendige Technik, muss „elastisch" sein, sie muss sich mehr denn je an durch das Business getriebene Skalierungen anpassen, wobei die Effizienz des IT-Betriebes und die Stabilität unverändert im Vordergrund stehen.

---

[1] [Cole 2015, S. 14]

Unternehmen suchen lukrative, digitale Geschäftsmodelle: Woher kommen die dafür notwendigen Ideen, warum klappt das so selten mit der „Innovation"?

Warum können das andere besser?

Im Dezember 2015 durfte ich auf einer Veranstaltung erleben, wie der Vertreter eines großen deutschen Technikkonzerns ein sehr düsteres Bild zeichnete: Da hätte sich doch Google in nicht mal zwölf Monaten durch ein paar geschickte Aktionen am Markt die Marktführerschaft im „Smart Home"-Segment gesichert – und damit ein Geschäftsfeld besetzt, in dem dieser Technikkonzern seit Jahren Fuß zu fassen versucht. Und was genau hat dieser deutsche Konzern als Antwort darauf: die eigenen Rasenmäher-Roboter erhalten QR-Codes und es wurde sofort eine bundesweite „Private Cloud" aufgebaut, über die diese Geräte Daten austauschen können. Kein Wunder, dass das schlecht läuft ...

Und die Nachrichten werden nicht besser: Unter den OECD-Ländern liegt Deutschland in punkto Breitbandausbau weltweit an vorletzter Stelle. Nur 1,1 Prozent der Haushalte haben Ende des Jahres 2015 Anschluss an die Zukunft! In Japan sind es 71,5 Prozent, in Südkorea 66,3 Prozent[2]!

Ich wohne in so einem ländlichen Entwicklungsgebiet, wo DSL mit 1 MBit/s die Nutzung aktueller digitaler Produkte nahezu unmöglich macht. Aber es gibt ja dort LTE – mit 64 kBit/s, wenn mal wieder das Limit des monatlichen Volumens erreicht wurde. Der Breitbandanschluss kommt bundesweit? Ja, schon 2020 soll es bei mir so weit sein.

Digitale Transformation ist ein großes Rennen, und der Preis ist heiß: Es geht um die Zukunft des Wirtschaftsstandortes Deutschland. Der Startschuss ist schon lange gefallen ...

Die immer größere Erwartungshaltung von Kunden sowie die immer kürzeren Innovationszyklen machen eine grundsätzliche Neuausrichtung der Technik und der zugrundeliegenden Steuerungsmechanismen unumgänglich. Die Schere zwischen den unterschiedlichen Veränderungsgeschwindigkeiten bei Produkten und den Dienstleistungen der Unternehmens-IT darf nicht noch weiter auseinandergehen.

Überhaupt interagieren viele Branchen heute intensiver denn je mit ihren Kunden.

---

[2] OECD Broadband Portal

Ein Anfang ist also gemacht und anders als in 2015 werden im nächsten Jahr Unternehmen über die ersten „digitalen Leuchttürme" hinaus, in weitere Transformationsprojekte eintreten: Nur, wer sind diese „Leuchttürme"?

Wesentlicher Treiber ist hier die Mobilität, die über die Nutzung der Cloud erst möglich wurde.

Waren die Folgen der Digitalisierung und Vernetzung in den letzten 20 Jahren eher im Bereich der Wissensarbeit zu spüren, werden sie in den nächsten 20 Jahren vor allem bei der Fertigung von Gütern des täglichen Bedarfs sichtbar.

„Digitale Medien verändern nicht nur die Art des Zusammenarbeitens und Führens und damit den Leistungserstellungsprozess selbst, sondern auch direkt das Performance Management."[3] Veränderungen also im gesamten Unternehmen.

Digitalisierung ist somit nicht nur Thema der Unternehmens-IT, sie betrifft jeden Bereich, jeden Menschen in Ihrem Unternehmen!

1.1 Die digitale Transformation gestalten

In Gesprächsrunden zur Digitalisierung stelle ich gerne die Frage, was denn überhaupt darunter – mit Blick auf das eigene Unternehmen – zu verstehen sei.

Die Antworten sind umfänglich und gleichzeitig ernüchternd: In immer ähnlicher Reihenfolge wird eine lange Liste von technisch geprägten Begriffen aufgezählt, die „Buzzwords"[4] der Digitalisierung. Es wird von Konkurrenten berichtet, die viel schneller und wirksamer agieren als man selbst.

Ein wenig Resignation ist schon spürbar, wenn die Erfolge anderer nicht nur als Herausforderung für das eigene Unternehmen gesehen werden, sondern auch die Frage gestellt wird: Wie soll man hier mithalten, woher kommen die Impulse für die lukrativen digitalen Produkte?

---

[3] [Zeichhardt 2015]

[4] Als Schlagwort (englisch buzzword) wird ein Ausdruck oder Spruch bezeichnet, durch das besondere Beachtung erzeugt werden soll. Schlagwörter sind Wörter oder kurze Phrasen, die benutzt werden, um bestimmte Sachverhalte prägnant und überzeugend mitzuteilen. Da ihrem Gebrauch eine (unbewusste) Überzeugungsabsicht zugrunde liegt, verknappen oder vereinfachen diese Wörter den beschriebenen Sachverhalt oft auf zweifelhafte Weise zugunsten des Wohlklangs und zu Lasten der vermittelten Information. Sie können auch einen schmähenden oder verhöhnenden Charakter haben. Nicht selten übernimmt die betroffene Gruppe im Laufe der Zeit das ursprünglich negative Schlagwort und besetzt es positiv. Quelle: Wikipedia.

Warum können andere Unternehmen das? Was haben die „Big 4" anders gemacht, bzw. was macht sie weiterhin so erfolgreich?

Meine Sicht ist an dieser Stelle einfach: Die „Big 4" sind nicht so technikverliebt, wie es in der Diskussion deutsche Firmen häufig zu sein scheinen. „Buzzwords" führen nicht zu neuen Geschäftsmodellen, nicht zu neuen digitalen Produkten – zumindest nicht zwingend und erst recht nicht automatisch.

Sie sind ein Start-up? Dann sieht die Sache etwas anders aus: Dann liegt Ihr Geschäftszweck möglicherweise genau im Ausprobieren neuer Technik, eines neuen IT-Services auf dem Markt, ohne dass Sie sich im Korsett der Regeln eines großen Unternehmens befinden. „Grüne Wiese", wie es so schön heißt. Sie sind kein Start-up, sondern ein etabliertes Unternehmen? Dann haben Sie Prozesse und Produkte, mit denen Sie heute Ihr Geld verdienen. Das ist nicht die „grüne Wiese" eines Start-up – hier geht es um die Weiterentwicklung des Unternehmens: Die Digitalisierung muss helfen, die Effizienz zu erhöhen und die Produkte weiterzuentwickeln.

In Ihrem Unternehmen geht es um den Blick „von oben", um Ihre Vision und darum, wie Sie die Digitalisierung dafür nutzen können.

Wird an dieser Stelle „technikverliebt", also bottom-up, die Sicht auf Buzzwords und aktuelle Digitalisierungstrends beschränkt, wird es kaum möglich sein, Ihr Unternehmen voranzubringen. Für die „Big 4" ist die Digitalisierung das Werkzeug zur Realisierung der Vision: So hat Google deutlich gemacht, dass die Vision der „Smart City" realisiert werden soll, in der Verkehrs- und Warenströme ebenso optimiert ablaufen werden, der Energieverbrauch minimiert und der persönliche Komfort für die dort lebenden Menschen größtmöglich werden soll. Schöne neue Welt ...?

Die technische Plattform, die Google das ermöglicht, ist die Cloud. Darüber laufen die Datenströme, die für die Realisierung dieser Vision benötigt werden. Google hat die Werkzeuge dazu und entwickelt diese zielgerichtet weiter.

In Ihrem Unternehmen finden Sie vielleicht ein hohes Interesse daran, sich mit den digitalen „Gimmicks" auseinander zu setzen, zu experimentieren. Das ist sicherlich auch ein Weg, nur hilft er Ihnen in der Digitalisierung wirklich weiter? Warum machen Sie es nicht wie Google „top-down": Fragen Sie, was Ihre Produkte, Ihre Prozesse voranbringen kann. Folgen Sie dem Edison-Prinzip (auf das ich später noch eingehen werde): Wo sind aktuelle Probleme/Themen, was muss sich ändern, welche Technik benötige ich dazu?

Auch wenn es fast wie ein vorweggenommenes Fazit klingt, können deutsche Unternehmen von den „Big 4" sehr wohl lernen: Folgen Sie Ihrer unternehmerischen Vision und nutzen Sie die Digitalisierung zur Weiterentwicklung des Unternehmens. Nutzen Sie die Cloud zur Erreichung der notwendigen Mobilität, so wie es die „Global Player" erfolgreich vormachen.

Aber zurück zu den Buzzwords und Trends der Digitalisierung. Ich möchte Sie auf den folgenden Seiten auf eine Reise in diese „Abgründe" der Technik mitnehmen, wobei ich – wo immer es geht – darstellen werde, welche Risiken, Herausforderungen und Chancen jeweils zu sehen sind.

Abbildung 1: Buzzwords der Digitalisierung[5]

An dieser Stelle (Abbildung 1) verknüpfen sich Technologien wie Mobile, Big Data/Analytics, M2M-Kommunikation[6], Industrie 4.0, Cloud und Social Media zu einem Gesamtsystem „Digitalisierung".

---

[5] Eigene Darstellung

[6] Machine-to-Machine-Kommunikation, der Datenaustausch zwischen Endgeräten.

Technologien, die Sie in Ihrem Unternehmen in zwei Richtungen nutzen könnten:

- **Nach innen** zur Automatisierung und Effizienzsteigerung der internen Prozesse.
- **Nach außen** zur Weiterentwicklung der heutigen Produkte, zur Interaktion mit Ihren Kunden und für neue, lukrative digitale Produkte.

Bei der vergleichsweise noch einfach erscheinenden „Digitalisierung nach innen" werden Sie die ersten Hürden finden: Dies sind häufig wohlwollend formulierte Bedenken von Datenschützern und Aussagen zu unkalkulierbaren (Betriebs-)Risiken, insbesondere – was mich nicht überrascht – aus Ihrer eigenen IT-Organisation.

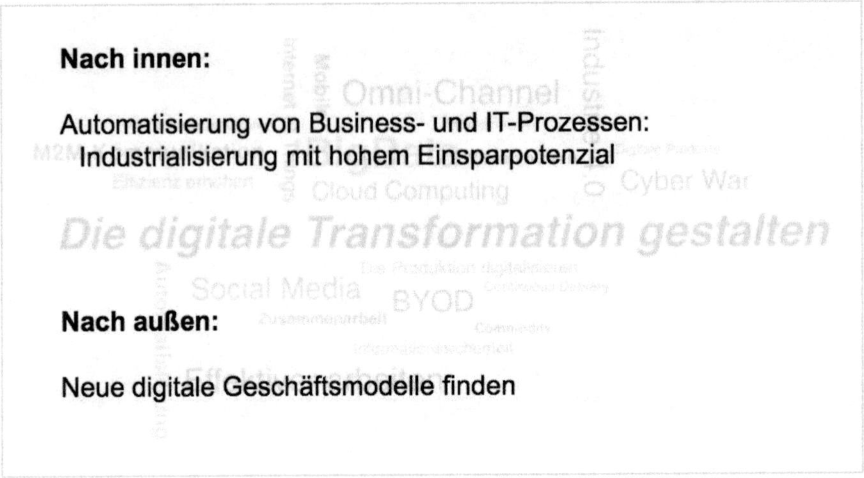

Nach innen:

Automatisierung von Business- und IT-Prozessen:
Industrialisierung mit hohem Einsparpotenzial

Nach außen:

Neue digitale Geschäftsmodelle finden

Abbildung 2: Automatisierung nach innen und außen[7]

Insbesondere die Digitalisierung nach innen bietet hohes Konfliktpotential: Es geht um veränderte Arbeitsabläufe, den Wegfall einfacher Tätigkeiten, um geänderte Skillsets, um die Unternehmenskultur. So sinnvoll wie Automatisierungsmaßnahmen auch zu sein scheinen, so intensiv erwartet Sie der Widerstand gegen diese Veränderung.

---

[7] Eigene Darstellung

Ein Beispiel dazu sind selbstfahrende, autonome Systeme, wie z.B. Autos oder Schienenfahrzeuge. Schon heute wäre hier deutlich mehr an Automatisierung möglich, als es tatsächlich bisher umgesetzt wurde. Warum die eher zögerliche Umsetzung? Es sind zu viele Betroffene.

Ist Ihr Unternehmen vorbereitet auf die Digitalisierung, haben Sie die Menschen – insbesondere Ihre Führungskräfte – mitgenommen?

Haben Sie Ihre Vision vermitteln können, kennt jeder im Unternehmen seine Aufgabe, seine Rolle in der Transformation?

Abbildung 3: Digitalisierung? Das geht doch gar nicht![8]

Unterschätzen Sie die „Hürde Mensch" nicht: „Ich will das nicht" ließ schon viele Transformationen scheitern oder hat diese gefährlich verzögert[9].

Werden Sie sich bewusst, ob und wo Sie es in Ihrem Unternehmen mit Gestaltern, Mitwirkenden und Betroffenen zu tun haben – identifizieren Sie die Stakeholder.

Treffen Sie Maßnahmen!

---

[8] Grafik: Dennis Meyer

[9] Samulat, P.: Ich brauche das nicht! Keine Akzeptanz für Microsoft Lync im Unternehmen? Fachartikel im Funkschau Sonderdruck LyncXpert, S. 22f. WEKA, 2014. http://www.funkschau.de/telekommunikation/artikel/115075/

1.2 Die Buzzwords der Digitalisierung

„Der Begriff „Digitalisierung" darf unter keinen Umständen zum Buzzword verkommen", schreibt die Mittelstandsinitiative *digitalize your business*[10].

Dabei werden Buzzwords gerne benutzt, „um bestimmte Sachverhalte prägnant und überzeugend mitzuteilen. Da ihrem Gebrauch eine (unbewusste) Überzeugungsabsicht zugrunde liegt, verknappen oder vereinfachen diese Wörter den beschriebenen Sachverhalt oft auf zweifelhafte Weise zugunsten des Wohlklangs und zu Lasten der vermittelten Information ..."[11].

So wird das beim Begriff der Digitalisierung tatsächlich nicht passieren können – zu intensiv wird die Diskussion darum geführt, insbesondere darüber, ob deutsche Unternehmen diese Entwicklung „verschlafen".

Ich sehe aber die Entwicklung mit Sorge, dass mir auf die Frage „Was heißt Digitalisierung bei Ihnen im Unternehmen?" mit einer Flut von technisch orientierten Buzzwords geantwortet wird. Da geht es fast nie um den Nutzen der Digitalisierung nach innen oder außen – es geht um technische Gimmicks, um Geräte und Begriffe, deren Inhalt letztendlich nicht so 100%ig klar ist.

Aus diesem Grund möchte ich zunächst ein paar dieser Buzzwords aufgreifen, sie erläutern und eine Bewertung abgegeben, welchen Einfluss die dahinter stehende Thematik auf Ihre Entscheidungen haben kann.

Teilweise ist das sicherlich eine eher technische Sicht – aber die Digitalisierung geht nun mal ohne Technik nicht.

1.2.1 Commodity

Zur Klärung des Begriffs „Commodity" folgen Sie mir bitte in ein Gedankenexperiment: Stellen Sie sich vor, die IT-Unterstützung Ihres Unternehmens kann „auf der grünen Wiese" komplett neu geplant werden. So wie ein Startup es kann. Sie hätten keine Einschränkungen durch bei Ihnen vorhandene Rechenzentren, keine Unternehmens-IT, keine Verträge über IT-Dienstleistungen. Jetzt überlegen Sie bitte, was Sie an IT-Services tatsächlich brauchen. Ich bin mir sicher, dass davon einige aus der Cloud unmittelbar bezogen werden könnten. Die Verrechnung würde nach „pay as use" erfolgen. Sie könnten so die Kosten der IT-Unterstützung optimieren.

---

[10] http://digitalize-your-business.de/

[11] Quelle: Wikipedia

Das könnten Sie für alle IT-Services überlegen, die nicht zwingend ein Alleinstellungsmerkmal Ihres Unternehmens darstellen. In diesem Experiment wäre es also wichtig, dass Sie sich Gedanken über diese Trennlinie zwischen Commodity-Services (also die Services „von draußen") und dem machen, was Sie nicht nach draußen geben wollen.

Software, Hardware und Betriebsdienstleistungen, die nicht wettbewerbsdifferenzierend sind, werden Gegenstand von Preiskämpfen und Sourcing, sie folgen den Mechanismen der Skalierung: Das ist Commodity. Bestes Beispiel dafür: Die Cloud.

Bei Commodity-IT-Diensten ist der Wettbewerb um die Kunden intensiv und wird vorwiegend über den Preis ausgetragen. Er trägt mitunter ruinöse Züge. Von den Anbietern verlangt der Konkurrenzkampf ein extremes Kostenbewusstsein. Trotzdem behaupten doch unternehmenseigene IT-Organisationen gerne, dass deren „interne Cloud" dazu konkurrenzfähig sei.

Glauben Sie, dass die Technik der Unternehmens-IT preislich konkurrenzfähig sein kann zu global tätigen, hochindustriellen Anbietern wie Amazon oder Google? Nicht wirklich.

IT-Services werden Commodity, wie Strom, Wasser, etc.

Vorausgesehen hat diese Entwicklung einer der wenigen kritischen Geister in der Informatik sowie seit vielen Jahren aktiver Querdenker und Aufrüttler: Nicholas G. Carr. Sein 2003 in der Harvard Business Review erschienener Artikel *IT doesn't matter*[12] (zu Deutsch: Auf die IT kommt es nicht an) erzeugte einen Shit-Storm (damals nannte man es nur noch nicht so) sondergleichen. Im Buch *The Big Switch*, erschienen 2008, legte Carr nach und skizzierte die aus seiner Sicht kommenden Veränderungen in der Informationsgesellschaft.

---

[12] [Carr 2003]

Abbildung 4: Cloud = Commodity[13]

Seit 2003 macht so ein Slogan die Runde, der Vielen aus dem IT-Betrieb in den Unternehmen den Schlaf raubt: „IT ist Commodity!" IT ist also Gebrauchsware? Die bis zum heutigen Tag manufaktur-geprägte IT in vielen Unternehmen wehrt sich vehement gegen das aufkommende Bewusstsein, dass der Betrieb der eigenen Infrastruktur weder standardisiert noch aus dem Haus gegeben werden kann.

Fazit

IT-Commodity, die keine Branchenkenntnis erfordert und nicht hilft, den Wettbewerb zu gewinnen, wird dort hergestellt, wo billig und massenhaft produziert werden kann: In der Cloud!

Nutzen Sie Commodity-IT-Services wie Bausteine, die Sie je nach aktueller Anforderung kombinieren und entsprechend der tatsächlichen Nutzung bezahlen.

Überprüfen Sie kritisch, wo in Ihrem Unternehmen Commodity noch in der eigenen IT-Organisation ausgeliefert wird. Ändern Sie das!

---

[13] Foto: staticnak; shutterstock.com

1.2.2 Cloud Computing

Gut aufgestellte, industrielle IT-Serviceprovider positionieren sich im IT-Markt als Vorreiter und bieten die selbst vorangetriebenen Leistungen und Produkte branchenübergreifend an.

Den Kunden werden IT-Services off premise (auch OffPremise, also extern) angeboten.

Google, Microsoft und Amazon sind Beispiele für in diesem Markt gut sichtbare Treiber, die weltweit sehr erfolgreich – weil benutzerzentriert – agieren. Dabei kommen ihnen industrielle Prozesse zugute, die deren Produkte in sehr großen Mengen im Markt verfügbar machen. Dies erfolgt zu Preisen, zu denen eine interne Cloud nicht mehr konkurrenzfähig sein kann.

Bei dieser Industrie der IT-Serviceprovider gibt es auch definitiv keine Diskussion mehr darüber, ob Prozesse notwendig sind: Die Schnittstellen zwischen ihnen und den die Leistungen abnehmenden Kunden funktionieren sonst nicht: Die IT-Fabrik der Zukunft ist hochautomatisiert, flexibel, nachhaltig und kostengünstig.

Hört sich gar nicht gut an – mit Blick auf die interne IT-Organisation und OnPremise im Unternehmen.

IT-Serviceprovider stellen sich „im Zeitalter des Kunden" (also: benutzerzentriert) der Aufgabe, gemeinsam mit den Unternehmen an einem Strang zu ziehen und sie auf Augenhöhe bestmöglich bei der Erreichung ihrer Ziele zu unterstützen. Damit wird den Kunden langfristig die Lösung „IT aus der Steckdose" zur Verfügung gestellt.

1.2.2.1 Enterprise Public Cloud Services

Die Spitze der aktuellen Entwicklung stellen „Enterprise Public Cloud Services" dar, die auch als „Managed Cloud Services" bezeichnet werden.

Enterprise Cloud Services bieten den Unternehmen SLAs, die auch den hochverfügbaren Betrieb im 24/7-Modus abdecken und somit den Anforderungen an den Betrieb unternehmenskritischer Workloads nachkommen.

Die Provisionierung der Ressourcen funktioniert automatisiert, so dass Lastspitzen über „On-Demand"-Kapazitäten abgefangen werden. Dies kann durch entsprechende Dashboards nachvollzogen und gesteuert werden. Da „reservierte" Kapazitäten günstiger als „On-Demand"-Kapazitäten sind, ergibt es für den Auftraggeber, d.h. die Unternehmen, den Sinn und die wichtige Aufgabe, sich vorab über das Lastverhalten seiner Anwendung klar zu werden und den Vertrag mit dem Provider entsprechend abzustimmen.

Im Managed-Cloud-Modell stehen den Kunden zusätzlich die Support- und Engineering-Teams des Providers, im Rahmen eines bestmöglich ITIL-konformen Service- und Change-Managements zur Verfügung, um auch technisch komplexe Anpassungen oder die Integration der Technologien von Drittanbietern zu ermöglichen.

„Die Managed-Cloud verbindet die Auslegung einer skalierungsfähigen, geteilten Infrastruktur mit dem Service-Modell des klassischen *Managed Service* bzw. *Managed Hosting*. Die Provider steuern und managen einen größeren Teil der infrastrukturbezogenen Implementierungs-, Wartungs- und Serviceprozesse und übernehmen so deutlich mehr Verantwortung gegenüber dem Kunden."[14]

Die Managed Cloud versteckt Komplexität, so wie wir es von vielen anderen Dienstleistungen kennen – nur bisher bei der IT nicht unbedingt erwarten.

Also ein Blick über den „Dienstleistergartenzaun": Wir als Fluggäste erleben einen Flug als einfache Transportleistung von A nach B. Diesen jedoch anzubieten und durchzuführen, ist hochgradig komplex. Wir merken in aller Regel nur nichts davon.

So ist es auch mit den aus der Managed Cloud angebotenen IT-Commodity-Services.

1.2.2.2 Vom Verschwinden des Local Area Network (LAN)

Die Umstellung vom OnPremise[15]-Betrieb im reinen LAN hin zum Cloud-Betrieb aus externen Ressourcen bedingt ein großes Maß an Planung und Fingerspitzengefühl, damit die Modernisierung keinem Rückschritt gleicht.

Das LAN wird dabei aus verschiedenen Gründen uninteressant. Zum einen ist ein LAN per se für die lokale Datenverteilung zuständig und zum anderen werden Clients in den Unternehmen dank mobiler Zugangstechnologien zunehmend autonomer.

---

[14] QuelleHeuer, F.: Public Cloud Services in Deutschland.
    In: Experton Group ICT-Newsletter 46/2014.

[15] OnPremise = im eigenen Rechenzentrum

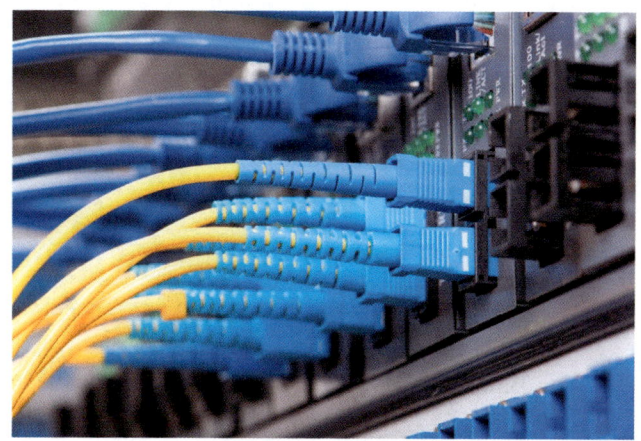

Abbildung 5: LAN-Knotenpunkt[16]

Unabhängig vom Zugang zum Netzwerk sind für die User-Akzeptanz von Cloud-IT-Services im Vergleich zu herkömmlichen OnPremise-IT-Services stets eine hohe Bandbreite und eine niedrige Latenz entscheidend für die langfristige Nutzung.

„Das WAN[17] entwickelt sich also zunehmend zum neuen LAN, spielt doch die Musik inzwischen immer häufiger in externen Rechenzentren, die den internen und externen Datenaustausch übernehmen und über private MPLS[18] zur Verfügung stellen. Mobilität erfordert Anbindungen für Funktechnik (WLAN), und diese kann auch wiederum ein externer Provider für das Unternehmen bereitstellen.

Die Rechenzentren von heute entwickeln sich also zu Netzwerk-Hubs bzw. Cloud-Knotenpunkten und -Brokern für interne und externe Beziehungen"[19].

---

[16] Foto: asharkyu; shutterstock.com

[17] WAN = Wide Area Network

[18] MPLS = Multiprotocol Label Switching (MPLS) ermöglicht die verbindungsorientierte Übertragung von Datenpaketen in einem verbindungslosen Netz entlang eines zuvor aufgebauten („signalisierten") Pfads. Quelle: Wikipedia.

[19] Experton ICT-Newsletter 44/2014

1.2.2.3 Fazit

„Die immer größer werdende Welt der externen Cloud-Anbieter höhlt die Exklusivität für die Leistungserbringung durch die eigene IT-Mannschaft aus und bedient sich am Kuchen „IT-Budget". Obwohl es alles andere als trivial ist, cloud-basierte Angebote zu offerieren, gelingt es den Dienstleistern immer besser, die Komplexität geschickt „zu verstecken".

Der Bezug von Cloud-Services ist qualifiziertes Outsourcing.

Die Erkenntnisse sind nach Peter Bergmann für die Unternehmens-IT schmerzhaft: „Die IT-Abteilungen in den Unternehmen sind in der heute bekannten Form nicht überlebensfähig und gelten als Auslaufmodell". Ergänzend dazu muss festgestellt werden: Eine Unternehmens-IT kann und wird nach aktuellem Verständnis niemals ein zuverlässiger, rentabler und rechenschaftspflichtiger Service Provider." [Bergmann 2015]

Auf der anderen Seite wird zwar immer noch viel und intensiv über die rechtlichen Rahmenbedingungen und Risiken der Nutzung von Commodity-IT-Services aus der Cloud diskutiert – in der Praxis zwingen aber Anforderungen an Mobilität und Flexibilität in der Nutzung von IT-Ressourcen und – vor allem – der Kostendruck Unternehmen heute dazu, genau diese „.. as a Service"-Angebote intensiv zu nutzen.

Dies betrifft zunehmend auch viele IT-Services, die im weitesten Sinne als Kommunikations- und Office-Dienste bezeichnet werden können und bisher im internen Rechenzentrum liefen. Insbesondere Leistungen, die nicht Bestandteil der Kernkompetenzfelder von Unternehmen sind, werden konsequent ausgelagert, z.B.

- Telefonie
- Fax (ein immer noch gerne verwendeter Dienst)
- Unified Communication and Collaboration (UCC)
- File
- Mail
- Textverarbeitung, Tabellenkalkulation
- ...

Damit erfolgt eine technologische und strukturelle Weiterentwicklung, die interne Rechenzentren zunehmend leert.

Diese neue und zukunftsfähige IT-Fabrik, die nebenbei auch noch den nachhaltigen Umgang mit Ressourcen wie Rechnerkapazitäten und Energie sicherstellen soll, überfordert aktuell IT-Organisationen mit einer Dynamik, die insbesondere „langsame" IT schnell an ihre Grenzen bringt.

Interne IT-Organisationen werden sich damit abfinden, zunehmend mit den gleichen Maßstäben bewertet und gesteuert zu werden, wie sie auch für externe IT-Provider gelten. Neben einer erhöhten Verbindlichkeit in der Erbringung von IT-Services bedeutet dies Transparenz und ist die Voraussetzung für eine Vergleichbarkeit mit anderen Anbietern. Das offenbart Optimierungspotenziale – schafft aber auch Vertrauen in die Leistung der eigenen IT-Organisation.

Hat Ihre Unternehmens-IT die Steuerungsfähigkeit für diese „hybriden" Umgebungen, in denen der Bezug externer Dienstleistungen eine wesentliche Rolle spielt?

Wo sehen Sie die Trennlinie zwischen IT-Commodity und der IT, die für Sie das Alleinstellungsmerkmal Ihres Unternehmens unterstützt? Entspricht die aktuelle Organisation dieser Trennlinie?

1.2.3 Industrie 4.0

Roboter, die sich reproduzieren und sich dann selbst ihre Arbeit suchen. Maschinen, die ohne menschliche Hilfe Material anfordern können. Drucker, die fertige Produkte wie Kirschkerne ausspucken ...

Wie die Vision der neuen industriellen Welt praktisch aussieht, fasst ein Zitat der offiziellen Industrie-4.0-Plattform von BITKOM, VDMA und ZVEI (www.plattform-i40.de) zusammen:

„Welches Waschmittel gehört in die Flasche? Wie muss der Rohling geschliffen werden? Wohin muss das Ersatzteil gesandt werden? Im Zeitalter der Industrie 4.0 geben die Produkte selbst die Antwort und informieren die Maschinen, was mit ihnen passieren soll. Kurz: Die Objekte werden intelligent. Sie tragen Barcodes oder RFID-Chips auf der Oberfläche, die die entsprechenden Informationen enthalten.

Scanner und Computer lesen die Daten aus, übermitteln sie online weiter – und sorgen dafür, dass die Maschinen richtig agieren. Auf diese Weise kommunizieren die smarten Objekte miteinander. Es entsteht ein Internet der Dinge und Dienste.

Die physikalische Welt und die virtuelle Welt verschmelzen zu cyberphysischen Systemen.

Die Praxis dieser „Smart Factory" sieht in deutschen Industriebetrieben anders aus: Da wird meist noch kräftig selbst Hand angelegt und ein schweres Werkstück noch lange nicht mit einem Fingerwisch über den Bildschirm angehoben.

Heute wird die noch sehr am Anfang stehende Vernetzung von Prozessen und Maschinen von der Bundesregierung gerne als „Industrie 4.0" bezeichnet, während die Techniker an dieser Stelle lieber noch vom „Internet of Things" sprechen. Die Grenzen verwischen hier also.

Industrie 4.0 basiert u.a. auf den Trends der Digitalisierung und der Veränderung der Wertschöpfungsnetzwerke. Es werden Geschäftsmodelle auf Basis von verschiedenen Wertschöpfungsprozessen (Entwicklung, Produktion, Logistik und Service) innerhalb und außerhalb des Unternehmens ermöglicht.

„Ziel soll es sein, vollintegrierte, digitale Wertschöpfungsprozesse entlang der Supply Chain zu etablieren, die schnell auf Veränderungen im Markt reagieren und rasch aufzeigen, wo es die besten Gewinnaussichten gibt und wo die Kosten am niedrigsten sind"[20].

Bundeskanzlerin Angela Merkel sagt dazu auf dem Davoser Weltwirtschaftsforum 2015: „Wir müssen die Verschmelzung der Welt des Internet mit der Welt der industriellen Produktion möglichst schnell bewältigen, weil sonst diejenigen, die führend im digitalen Bereich sind, uns die Produktion wegnehmen werden."[21]. Was Angela Merkel vergaß zu erwähnen, brachte Winfried Holz, Mitglied des BITKOM-Präsidiums, auf den Punkt: „Ein Drittel der produzierende Betriebe hierzulande haben den Begriff „Industrie 4.0" noch nie gehört oder wissen nicht, was darunter zu verstehen ist."[22]

Dabei werden sich in der nächsten Stufe der Automatisierung Maschinen untereinander verständigen und die Produktionsabläufe selbst organisieren. Dass Maschinen Ersatzteile und Services automatisch bestellen, ist heute schon – zumindest bei einigen Unternehmen – „Stand der Technik".

„Wir müssen die physische Produktion intelligenter machen", sagt Jody Markopoulos, „indem wir die Maschinen via Software an das Internet anschließen, die Daten aus der Produktion selbst und aus dem Markt auswerten und so neue Erkenntnisse über unsere Arbeit und unsere Produkte gewinnen, um sie zu optimieren und besser zu verkaufen"[23]

---

[20] [Cole 2015, S. 132]

[21] Bundeskanzlerin Angela Merkel auf dem Davoser Weltwirtschaftsforum 2015

[22] Ergebnis einer BITKOM-Umfrage unter 505 Vorständen und Geschäftsführern aus Unternehmen mit mindestens 20 Mitarbeitern

[23] Jody Markopoulos, CEO General Electric (GE), Intelligent Platforms, 2015

In der intelligenten Fabrik verändert sich auch die Rolle des Fabrikarbeiters: Statt selbst Hand anzulegen, hat er oft nur noch eine Aufsichtsfunktion. Kollege Roboter erledigt die Arbeit.

„Der *Toru* gehört zu einer neuen Generation von Robotern, die in Echtzeit auf ihre Umgebung reagieren können. Industrieroboter der alten Generation werden in der Regel einmal programmiert und sind dann in der Lage, einen festgelegten Arbeits- oder Bewegungsablauf zu wiederholen. Unser autonomer Roboter ist hingegen in der Lage, selbstständig seine Umwelt wahrzunehmen und sich dem bestehenden Warensystem anzupassen. Wege und Greifvorgänge kann er selbst planen und genau das macht die parallele Arbeit von Roboter und Mensch in einem Warenlager möglich"[24], so berichten die jungen Firmengründer in einer Pressemitteilung.

Mit dem Einsatz autonom handelnder Maschinen kommen aber auch zahlreiche, noch ungeklärte Haftungsfragen auf: Was passiert, wenn ein Roboter einen Menschen verletzt? Ähnliche Fragen beschäftigen zurzeit auch die Hersteller autonom fahrender Fahrzeuge. Rechtliches und versicherungstechnisches Neuland: Viel Klärungsbedarf.

1.2.3.1 Fazit

Auch wenn vielen Industrieunternehmen „Industrie 4.0" noch kein Begriff ist: Wer sich jetzt nicht mit dem Thema auseinandersetzt, wird den Anschluss verpassen!

Wie ist in Ihrem Unternehmen der Kenntnisstand über dieses Thema? Sehen Sie diese Entwicklung eher als Bedrohung oder auch als Chance? Ist es an der Zeit, Ihre Produkte neu zu erfinden – bevor es andere tun?

1.2.4 Internet of Things (IoT)

Das „Next Big Thing" der letzten Jahre schlechthin ist gleichzeitig das derzeit am häufigsten strapazierte Buzzword.

Nahezu alle Analysten sagen dem Internet der Dinge (Internet of Things, IoT) ein massives Wachstum voraus. Auch wenn die, in der Regel bis in das Jahr 2020 reichenden, Prognosen stark variieren, möchte jeder mitmachen, irgendwie.

---

[24] Räth, G.: Der neue Kollege Roboter. Interview mit den Gründern der Firma „Magazino". www.gruenderszene.de, 09.12.2015

Hard- und Softwarewarehersteller schmieden weltweite Allianzen. Start-ups entwickeln in schneller Folge disruptive Geschäftsideen, die von etablierten Konzernen begeistert eingekauft werden – sich auf den zweiten Blick aber auch häufig als Spielzeuge ohne echte Marktrelevanz entpuppen.

Da ist z.B. die Idee, für einen Spiegel, der beim morgendlichen Gang ins Badezimmer nicht nur ein paar freundliche Worte für uns hat, sondern uns auch über die neusten Nachrichten informiert.[25]

Abbildung 6: Geschäftsidee oder doch nur Spielerei?[26]

Wo liegen aber die Besonderheiten dieser Entwicklung? Gibt es tatsächlich tragfähige Geschäftsmodelle, die den starken Fokus auf das IoT wirtschaftlich sinnvoll machen? Welche Use Cases bzw. Einsatzmöglichkeiten gibt es, was ist der konkrete Nutzen? Und wie sollen sich Unternehmen dieser Herausforderung stellen?

---

[25] [Jansky/Abicht 2013, S. 19]

[26] Grafik: Dennis Meyer

1.2.4.1 Das Internet der Dinge heute

Das Internet der Dinge ist eine Kombination mehrerer Technologien: Sensorik, Cloud und Big Data. Ständig mit dem Internet verbundene Sensoren liefern Daten und speichern diese in einer Cloud, um nach entsprechender Analyse – neue Ereignisse anzustoßen.

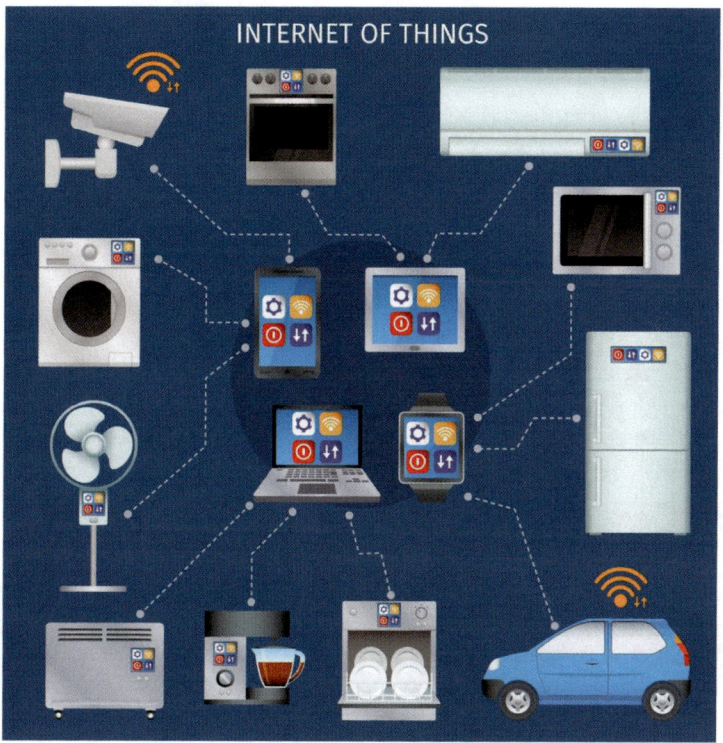

Abbildung 7: Das Internet of Things (IoT)[27]

„Geht es beim IoT nicht vor allem um sogenannte Connected Cars und Sensorik?", lautet eine häufig gestellte Frage. Einerseits ist die installierte Basis mit ca. 200 Millionen Einheiten in der Automotive-Branche tatsächlich beachtlich. Andererseits tragen die Autobauer nur einen kleinen Teil zu den 3,7 Milliarden Dingen bei, die bereits heute Daten an das Internet abgeben.

---

[27] Foto: Macrovector; Shutterstock.com

„Smart Homes", „Wearables", „Sensing as a Service" oder die vielfältigen Facetten der „Industrie 4.0" sind dabei nur der Anfang schier unbegrenzter Möglichkeiten: Küchenmaschinen sorgen sich heute schon um unser Wohl und Autos reagieren häufig schneller und besser als jeder Mensch es könnte. „Smart Metering"-Initiativen entstehen, die der Versorgungswirtschaft helfen, Energieerzeugung und -verbrauch zu optimieren.

Was fehlt, sind Use Cases und profitable Geschäftsmodelle für Unternehmen. Dennoch scheinen sich Analysten einig zu sein, dass das Internet of Things kreative Inseln für neue Geschäftsmodelle schafft, die Kunden neue digitale Erlebnisse bieten.

Dazu zwei Beispiele:

(1) Ende 2015 wurde von der die Firma *endiio* ein Sensor vorgestellt, der sich mithilfe einer Solarzelle für den Innenraum mit Energie versorgt und die Messwerte von bis zu 10.000 gekoppelten Minisensoren (Multisensoren der Firma Bosch Sensortec) über WLAN oder GSM direkt ins Internet sendet. Beträgt die Umgebungshelligkeit weniger als 50 Lux, stellt ein Energiepuffer die Betriebszeit von mehreren Jahrzehnten sicher. Eingesetzt werden soll diese Technik z.B. in Museen, Bibliotheken und Archiven, die Temperatur, Luftdruck und Feuchtigkeit exakt regeln müssen.[28]

(2) Die Augenbewegung zu erfassen, kann herkömmliche Bedienmethoden ergänzen, um die Nutzung elektronischer Geräte zu vereinfachen. Aktuelle Ansätze erfordern brillenähnliche Gestelle, die mit Kameras ausgestattet sind. Einen anderen Ansatz bieten LEDs für das Eye Tracking: Sie basieren auf infraroten LEDs (IREDs) zur Ausleuchtung der Augenpartie und einem hochauflösenden Kamerasensor, der das von den Augen reflektierte Licht registriert. Bildverarbeitungsalgorithmen bestimmen daraus die Position der Pupillen. Zusammen mit den Informationen über die Position des Referenzobjekts, wie bspw. eines Bildschirms, ermittelt die Software, worauf der Nutzer seinen Blick richtet. IRED und Kamera sind im Bildschirm, Tablet-PC oder im Auto eingebaut.[29]

Sicherlich sind in beiden Fällen weitere Einsatzszenarien denkbar.

---

[28] Zeitschrift „Elektronik Informationen", Heft 12/2015, S. 12

[29] OSRAM Opto Semiconductor. www.elektronik-informationen.de/29030, 14.12.2015

1.2.4.2 Embedded Systems: Die smarten Endpunkte des IoT

Wir alle sind bereits umgeben von sogenannten „Embedded Systems" (eingebetteten Systemen), die insgesamt den sensorischen Kern des IoT bilden. Typische Einsatzbereiche sind:

- Avionik
- medizinische Geräte wie Herzschrittmacher
- Automobilelektronik (ABS, „Brake by Wire", ...)
- Steuerungen öffentlicher Nahverkehrsmittel
- Smartphones
- Netbooks
- eReaders
- Digital TV
- Home Gateways
- Servers and Networking

Diese eingebetteten Systeme unterliegen meist Echtzeitanforderungen, sind häufig verteilte Systeme und werden oft in sicherheitskritischen Anwendungen benutzt. So überrascht es nicht, dass es für diese Einsatzszenarien hochspezialisierte Bausteine gibt, die von Experten dieser Technik zu extrem leistungsfähigen und intelligenten „Stand-Alone"-Geräten weiterentwickelt werden. So gibt es bspw. Mikrocontroller mit einer Hardwarebeschreibungssprache, die mittels Logiksynthese als digitale Hardwareschaltung abgebildet werden. Es sind die „virtuellen" Bausteine, aus denen die eigentlichen Mikrocontroller mit ihren Schnittstellen per Software gebaut werden.

Geschäftsmodelle folgen an dieser Stelle oft dem später noch beschriebenen „Edison-Prinzip": Ein Problem wird erkannt, analysiert und die Lösung dazu aus vorhandenen Komponenten zusammengestellt. Die Mikrocontroller-Baukästen haben die technischen Voraussetzungen dazu – in der Regel gibt es die benötigten Sensoren und Aktoren bereits und sind nur noch entsprechend zu kombinieren.

1.2.4.3 IoT und Big Data

Mit der steigenden Anzahl der ständig mit dem Internet verbundenen und Daten liefernden Sensoren entsteht eine riesige Menge an Daten, die geradezu auf neue Analysefunktionen warten: „Internet of Things (IoT) will comprise billions of devices that can sense, communicate, compute and potentially actuate. Data streams coming from these devices will challenge the traditional approaches to data management and contribute to the emerging paradigm of big data"[30].

Ein Beispiel: Jedes Triebwerk eines Boeing-Verkehrsflugzeuges produziert in 30 Minuten 30 TB Sensordaten[31]. Hochgerechnet ergeben sich damit Daten in einer Pentabyte-Größenordnung – und dies Tag für Tag nur durch die kommerziellen Flüge in den USA.

Eine sehr weit verbreitete Darstellung des erwarteten Mengenwachstums stammt von Cisco, die auf Basis aktueller Mengen (Februar 2015) von etwa 14,8 Milliarden „verbundenen Dingen" für das Jahr 2020 etwa 50 Milliarden vorhersagen – und dies wären dann immer noch weniger als 3% der „Dinge" insgesamt:

---

[30] Zaslavsky, A. et Al.: Sensing as a Service and Big Data. ICT Centre, The Australian National University, Canberra, 2014.

[31] Higginbotham, S.: Sensor Networks Top Social Networks for Big Data. https://gigaom.com/2010/09/13/sensor-networks-top-social-networks-for-big-data-2/ (11.10.2015)

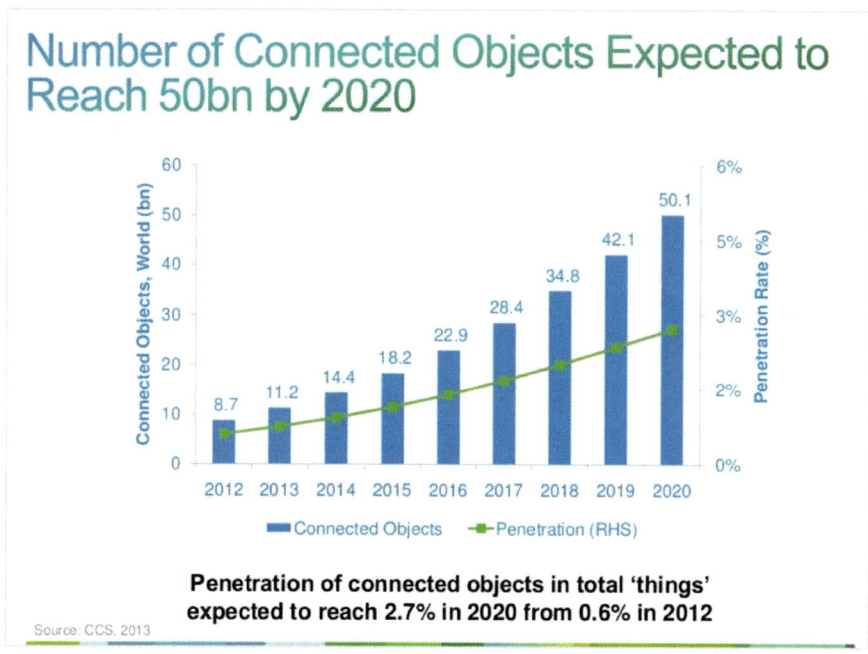

Abbildung 8: Number of Connected Objects Expected by 2020[32]

Auch diese – im Vergleich noch eher zurückhaltende Prognose – zeigt auf, wie hoch die Anforderungen aus IoT an Big Data werden.

Big Data kann heute durch die vier „V" charakterisiert werden: *Volume, Variety, Velocity* und *Veracity*. Big Data ist es also immer dann, wenn wir von großen Mengen (Volume), einer Mischung aus strukturierten und unstrukturierten Daten (Variety), der schellen und kontinuierlichen Bereitstellung, oft in „Echtzeit" (Velocity) und unklarer Herkunft (Veracity) sprechen.

IoT liefert Big Data.

Und die Analysefunktionen werden immer leistungsfähiger: Geschäftsmodelle, die auf den Verkauf der daraus resultierenden Informationen basieren, boomen geradezu.

---

[32] Quelle: http://newsroom.cisco.com/feature-content?type=webcontent&articleId=1208342

1.2.4.4　Beispiel 1: Smart City

Wenn von der Ampel über den Wasserzähler bis zur Überwachungskamera alles miteinander vernetzt ist, warten auf Google ungeahnte Wachstumsmöglichkeiten. Seine Algorithmen werden dann die Verkehrsströme lenken, die Wasserversorgung und Müllabfuhr. Der Architekt Carlo Ratti, Direktor des *MIT Senseable Lab* in Boston, sagt zu all diesen Entwicklungen: „Was auf urbaner Ebene stattfindet, ist vergleichbar mit dem, was vor zwei Jahrzehnten in der Formel-1 passierte: Bis zu diesem Zeitpunkt hätten die Mechanik des Autos und die Fähigkeiten des Fahrers den Erfolg auf der Rennstrecke bestimmt. Dann sei die Telematik aufgekommen. Das Auto verwandelte sich in einen Computer, der in Echtzeit Rückmeldung von Tausenden Sensoren bekommt und auf die Rennstrecke reagiert." Er prophezeit: „Unsere Städte werden zu Computern unter freiem Himmel."[33]

Abbildung 9: Smart City-Buzzwords[34]

Es geht hier um mehr als die Steuerung von Datenströmen, des Individualverkehrs, der Ver- und Entsorgung und Logistik (Paketzustellung, Abholung, Uber, …): Das Leben soll bequemer werden, Engpässe z.B. durch Wartezeiten in Staus sollen der Vergangenheit angehören.

---

[33] Lobe, Adrian: Die smarte Stadt der Zukunft. Den Menschen berechnen wie den Stromverbrauch. In: Feuilleton Frankfurter Allgemeine, 28.11.2015.

[34] Foto: Deymos.HR; shutterstock.com

Ich selber warte auf den Moment, an dem ich mein Auto „herbeipfeifen" kann – so wie es früher in den Westernfilmen die Cowboys mit ihren Pferden taten. Mit den selbstfahrenden Autos, so wie es sie heute schon gibt, ist das eigentlich kein technisches Problem mehr: Das, was mich an einen bestimmten Ort bringen kann, sollte mich doch auch dort abholen können, wo ich gerade stehe? Aber gleichzeitig denke ich daran, was dies für den einen oder anderen Berufszweig bedeuten würde ...

Nur Science Fiction? Google ist da schon sehr weit:

17.12.2015, Kurznachricht: „Googles selbstfahrende Autos sollt ihr mieten können. Alphabet soll schon 2016 ein neues Tochterunternehmen gründen, das Taxidienste mithilfe von selbstfahrenden Autos anbieten will ...[35]"

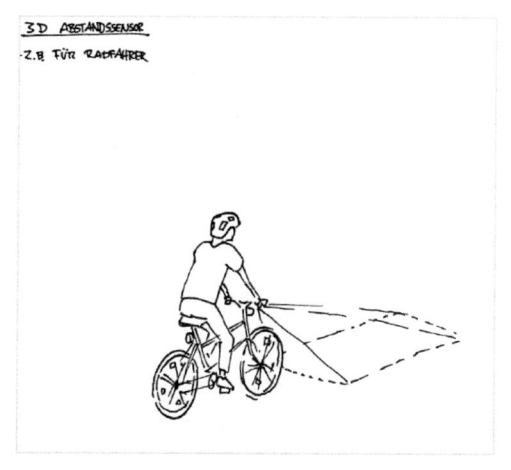

Abbildung 10: Und wer denkt an die Radfahrer?[36]

Google hat sich klar dazu bekannt, an der Smart City zu arbeiten. Diese Vision wird konsequent verfolgt, dazu benötigte Services werden entweder zugekauft oder sind Eigenentwicklungen. Machen Sie es in Ihrem Unternehmen auch so? Kombinieren Sie IT-Commodity (Cloud), die „draußen" bereits verfügbaren Speziallösungen (Start-up, Kleinunternehmen) und Eigenentwicklungen zu neuen digitalen Produkten, die Ihrer unternehmerischen Vision entsprechen?

Oder können das nur die „Big 4"?

---

[35] www.t3n.de Newsticker, 17.12.2015.

[36] Grafik: Dennis Meyer

1.2.4.5 Beispiel 2: Wearables

Die Hersteller tragbarer Elektronik – der sogenannten Wearables – versprechen mit ihren Geräten mehr Produktivität, Gesundheit oder einen allgemein besseren Lebensstil. Die Produkte verzeichnen dreistellige Wachstumsraten, doch ihr Erfolg hängt von Einsatzszenarien ab, die mit sehr guter Usability die Anwenderakzeptanz erhalten.

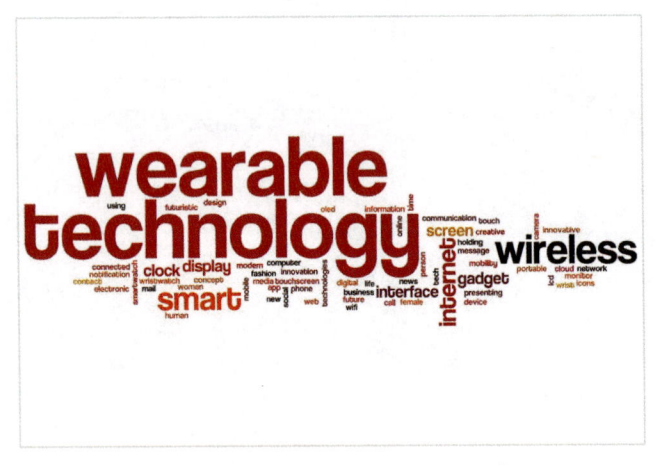

Abbildung 11: Wearable Technology[37]

„Wearables übernehmen Monitoring-Aufgaben und versorgen uns mit Informationen über uns selbst und unsere Umgebung: Sie verbinden unser digitales Ich immer und überall mit dem Internet. So können wir Informationen mit Freunden oder Experten teilen – zum Spaß, für eine Beratung oder um medizinische Diagnosen dort zu bekommen, wo wir uns gerade aufhalten"[38].

Waren die ersten Wearables noch einfache Schrittzähler auf der Basis eines dreidimensionalen Beschleunigungssensors, so sind sie heute u.a. mit Drucksensoren und Gyroskopen ausgestattet. In Kombination mit dem Smartphone oder Tablet-PC entstehen so Systeme, die biometrische Daten erfassen, kombinieren und zur Auswertung bereitstellen. Neuster Trend ist es, Wearables mit Mikrofonen auszustatten: Das Gerät soll sich der Umgebung bewusst werden, in welcher es arbeitet. Damit sollen kontextbezogene Informationen aufbereitet und auf die beste Art übertragen werden: Bin ich gerade im Auto, im Zug, im Flugzeug …?

---

[37] Foto: lculig; shutterstock.com

[38] Zeitschrift „Elektronik Informationen", Heft 12/2015, S. 20f

Eine besondere Herausforderung ist es, sämtliche Funktionen in Geräte zu integrieren, die der Nutzer mehrere Tage hintereinander tragen will. Waren bisher Uhren (Smartwatches) und Armbänder die gängigen Formfaktoren, so wird diese Technik zukünftig immer mehr in die Bekleidung integriert.

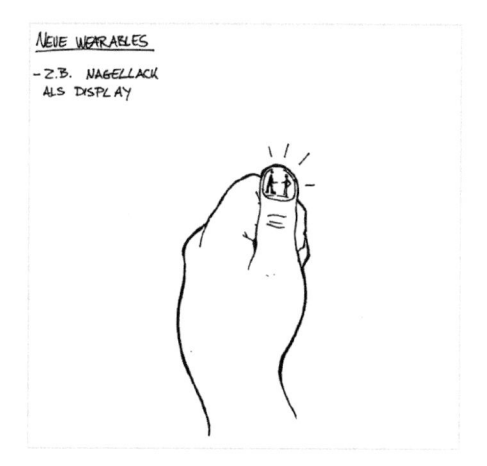

Abbildung 12: Ideen für neue Wearables gesucht![39]

1.2.4.6 Wem gehören die erfassten Daten?

Eine zentrale Frage, die Analysten gerne außer Acht lassen, ist die des Eigentums. Jedes über das Internet verbundene Gerät produziert Daten. Doch wem gehören diese Daten? Nicht immer ist eine Abgrenzung möglich. Ein Beispiel aus der digitalen Transformation des Automobils (Quelle: www.car-it.com) macht es deutlich: „Über eine Onboard-Unit verlässt künftig ein stetiger Datenstrom das Fahrzeug. Die Blackbox sammelt fortlaufend Informationen aus Steuergeräten und Sensoren, aus Internetanwendungen und Apps. Sie meldet unter anderem Position, Temperatur, Tempo, Verbrauch et cetera und lässt mit dieser Fülle an Informationen auch Rückschlüsse auf das Verhalten des Fahrers zu. Das Gegenstück ist – mindestens – ein Rechenzentrum, das gleichzeitig zehntausende Datenströme entgegennimmt, bündelt und auswertet. In den Rechenzentren arbeiten die Big-Data-Anwendungen an der Auswertung der Daten.

Doch wem gehören diese Daten? Dem Hersteller? Dem Fahrer? Dem Provider?"[40]

---

[39] Grafik: Dennis Meyer

[40] Quelle: www.car-it.com

Zum einen findet sich an gleicher Stelle die Aussage: „Es gibt kein zivilrechtliches Eigentum an Daten. Das ist (...) die zentrale Aussage und die große Lücke in unserer Rechtsordnung", zum anderen haben erst kürzlich die europäischen Datenschützer in einer Stellungnahme ihre Ansicht bekräftigt, dass auch bei intelligenten und vernetzten Geräten die Anforderungen an das bestehende Datenschutzrecht uneingeschränkt gelten.

Es besteht also dringender Handlungsbedarf: Es fehlt Rechtssicherheit, die öffentliche Verwaltung ist gefordert. Tragfähige Geschäftsmodelle erfordern Rechtssicherheit!

Und es gibt bereits erste, vielbeachtete Ansätze dazu. So wurde im Dezember 2014 ein renommierter Bericht mit dem Titel *The Internet of Things: making the most of the Second Digital Revolution (by the UK government's chief scientific adviser Sir Mark Walport)*[41] veröffentlicht, der eine Liste von 10 genau spezifizierten Aufgabenstellungen enthält, wie sie im Umfeld des IoT als relevant gesehen werden – und welche Aufgabenstellungen für die öffentliche Verwaltung daraus abzuleiten sind:

---

41 www.gov.uk/government/uploads/system/uploads/attachment_data/file/389315/14-1230-internet-of-things-review.pdf

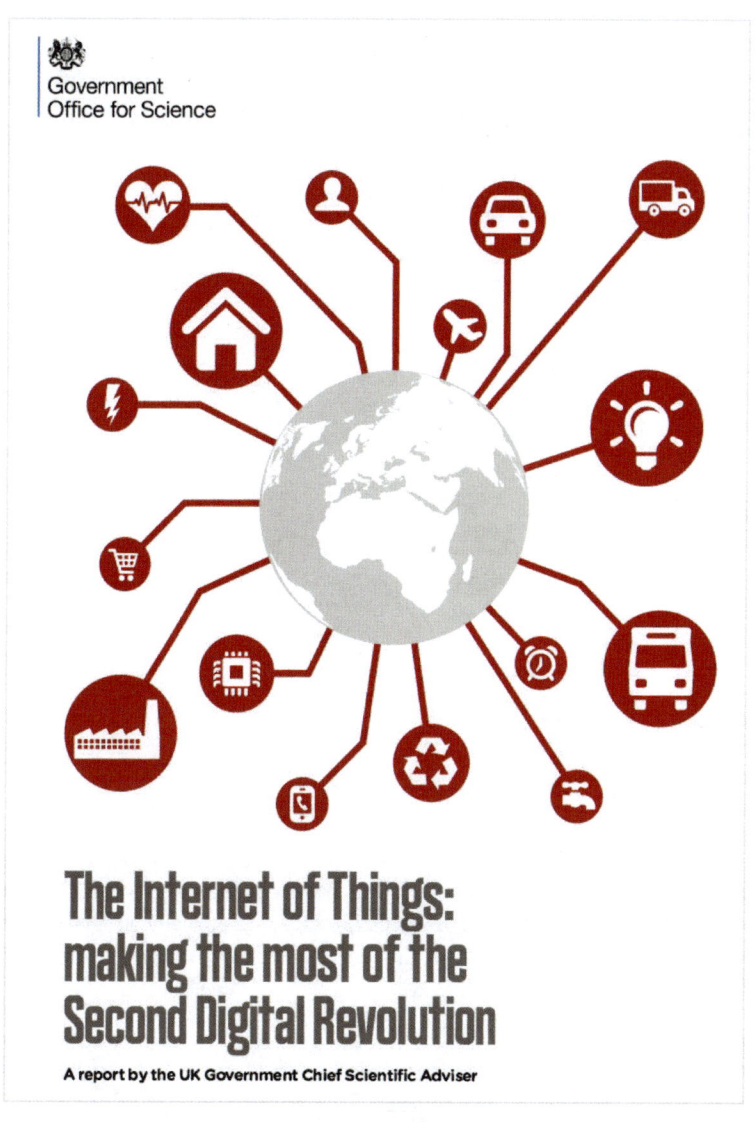

Abbildung 13: Empfehlungen für die Öffentliche Verwaltung in UK

Die 10 Empfehlungen dieses Dokumentes sind richtungsweisend und können helfen, den „Wildwuchs" im IoT in den Griff zu bekommen.

1.2.4.7 Internet of Things für Jedermann

Warum ist das IoT nicht nur ein Hype? „Jeder" kann beim Thema IoT nicht nur mitwirken, sondern auch zu dem Lieferanten von Geschäftsideen und ein Nukleus für Start-ups werden. Jeder kann aktiv mitmachen – das ist eine der großen Besonderheiten von IoT. Und niemand muss sich teures Equipment kaufen, um selbst zu experimentieren!

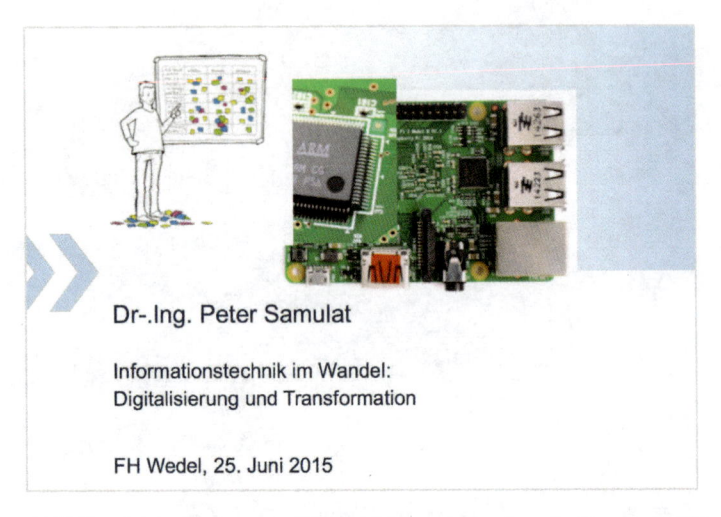

Abbildung 14: „Jedermann"-Entwicklungsplattformen für das IoT[42]

Mit Einplatinenrechnern für unter 50 Euro wie dem RaspBerry Pi oder dem Arduino stehen kostengünstige und leistungsfähige Entwicklungsplattformen bereits heute für Jedermann zur Verfügung. Der (End-)Anwender wird zum Entwickler, der seine eigene Spezifikation umsetzt. Dies ist leicht an der aktuellen Flut von Hausautomatisierungen (Smart Home) zu erkennen.

Wie könnten Sie selbst direkt loslegen und einer eigenen Customerization (ich werde später noch genauer darauf eingehen) beginnen?

Beispielsweise mit der „ThinkBox" (http://thethingbox.io/). Sie setzt auf eine einfache grafische Programmieroberfläche und unterstützt damit eher den noch etwas unerfahrenen Anwender.

Oder mit „Smart Living" (http://www.smartliving.io/docs), das sich eher an den Programmierer richtet, der in das Thema IoT einsteigen möchte.

---

[42] Eigene Unterlagen

Beide Projekte setzen u.a. auf dem Raspberry Pi auf und stellen die für die Entwicklungsarbeit benötigte Software vollständig als Download zur Verfügung.

Da ist sie: Die Konkurrenz für Ihr Unternehmen – und sie kommt aus dem Anwenderlager, ist die Basis für disruptive Start-ups.

Nutzen Sie in Ihrem Unternehmen diese Power!

Kennen Sie eigentlich die Technik, die heute in Modelleisenbahnen steckt? Da werden Loks und Modellautos komplett digital gesteuert. Umfangreiche Automatiken in den Fahrzeugen werden von verbauten Sensoren/Aktoren realisiert und für die Geräusch- und Lichtsteuerung verwendet[43]. Auch hier hat sich eine unglaublich aktive OpenSource-Gemeinde etabliert, die Standards wie z.B. das DCC (Digital Command Control) weiterentwickelt und mit Programmen wie Rocrail[44] u.a. leistungsfähige Steuerungs-Plattformen dazu geschaffen hat.

1.2.4.8 Beispiel 3: Der Nabaztag

An dieser Stelle möchte ich Ihnen – als weiteres Beispiel im Umfeld IoT – ein Gerät vorstellen, das vor fast 10 Jahren auf den Markt kam und schnell eine große Anhängerschar fand, mich inklusive: Der Internet-Hase Nabaztag. Ein Gerät mit beeindruckend vielen Funktionen, wie sie heute im IoT zu finden sind – und niemand hatte eine Idee, was man damit machen könnte, bis heute!

Im Wikipedia heißt es dazu:[45] „Der *Nabaztag* wurde von Rafi Haladjian und Olivier Mével entworfen. Die ersten Fassungen des Webhasen wurden von der Ingenieurschule ESME-Sudia in Ivry-sur-Seine entwickelt. Die französische Firma Violet erwarb die technischen und kommerziellen Rechte und produzierte den Hasen.

---

[43] http://www.fichtelbahn.de/index.html

[44] www.rocrail.net

[45] https://de.wikipedia.org/wiki/Nabaztag

Abbildung 15: Nabaztag[46]

Anfang Dezember 2006 wurde der Nabaztag vorgestellt:

„Auf Bauchnabelhöhe ist ein Mikrofon angebracht, das es erlaubt, den Hasen per Stimme zu kontrollieren und anderen Nabaztags Nachrichten zu senden. Außerdem können auch Audio-Streaminginhalte abgespielt werden, wodurch die Verwendung von Webradio-Diensten ermöglicht wird. Das Modell ist ebenfalls imstande, RFID[47]-Tags zu erkennen. Die erste Anwendung der RFID-Tags fand im Dezember 2007 in Zusammenarbeit mit Gallimard Jeunesse statt. Violet und Gallimard veröffentlichten das erste Buch mit RFID-Chip, das vom Nabaztag erkannt und gelesen werden konnte. Im November 2008 stellte Violet die ersten RFID-Chips vor, welche man mit den Alltagsgegenständen verbinden konnte, um diesen Anwendungen zuzuordnen. Außerdem beherrschte der Hase nun die WPA-Verschlüsselung und besaß auf der Rückseite einen Lautstärkeregler", so heißt es im Wikipedia.

---

[46] Foto: Anne Samulat

[47] RFID: Radio Frequency Identification. Eine Technolgie zum automatischen und berührungslosen Identifizieren von Objekten, wie sie heute in vielen kontaktlos arbeitenden Ausweissystemen zum Einsatz kommt.

Man konnte diese Hasen also miteinander „befreunden", was dann dazu führte, dass eine veränderte Stellung der Ohren an einem Nabaztag kurze Zeit später die gleiche Stellung der Ohren beim „Freund" bewirkte: Das sollte wohl Stimmungsbilder darstellen, ein netter Effekt. Dies wurde ebenso über einen zentralen Server (heute würde man sagen: über die Cloud) abgewickelt wie auch das zeitgesteuerte Vorlesen von Nachrichten, Abspielen von Musik oder das optische und musikalische Zusammenspiel von vielen befreundeten Hasen als Orchester. Es gibt interessante YouTube-Videos dazu.

Wikipedia weiter: „Bis Mitte 2009 betrieb die Firma Violet die für den Gebrauch des Internethasen notwendigen Server. Diese wurden nach der Insolvenz von Violet (2009) von Mindscape übernommen. Am 27. Juli 2011 hat Mindscape die für den Betrieb der Nabaztag-Hasen notwendigen Server abgeschaltet und den Quellcode der Server als Open Source veröffentlicht. Der Nabaztag kann nur noch mit lokalen und privat betriebenen Servern (z.B. OpenNab) weiter genutzt werden".

Ich zeige meinen Nabaztag gerne auf Veranstaltungen zum Thema Digitalisierung „in action". Und jedes Mal die gleiche Ratlosigkeit: Toller Effekt, aber was nur tun damit?

Ich meine, unsere Küchengeräte sollten Ohren bekommen...

1.2.4.9 Fazit

Für viele Unternehmen ist das Internet der Dinge eine Entwicklung „da draußen", die zwar beobachtet wird – mehr aber nicht. Das greift wesentlich zu kurz: IoT wird neue Geschäftsmodelle ermöglichen und insbesondere auch die Voraussetzungen für eine Wettbewerbsdifferenzierung durch zusätzliche „... as a Service"-Angebote schaffen. Gerade hierfür müssen neue Technologien (IoT, Cloud, Big Data ...) eingesetzt und unternehmensübergreifende Prozesse angestoßen werden.

Aktuell ist zu beobachten, dass mobile Endanwender durch ihr Nutzungsverhalten zum Treiber von Entwicklungen in der IoT werden. Anwender, egal ob Mitarbeiter oder Kunde, nehmen verstärkt Einfluss auf die Gestaltung von Informationssystemen. Erfahrungen aus dem privaten Umfeld prägen die Erwartungen an kommerzielle Angebote in erheblichem Umfang, insbesondere an die Gestaltung der Benutzeroberflächen.

Auf IoT basierende Dienstleistungsangebote werden vom mobilen Endanwender eher als hilfreiche Unterstützung gesehen und – idealerweise – nach Verfügbarkeit und Performance bezahlt, nicht mehr nach Zeit. Die Geschäftsmodelle der Vergangenheit passen hier regelmäßig nicht mehr. „Bring Your Own Device" (BYOD), M2M (Machine-to-Machine-Communication) und Self-Service stellen völlig neue Anforderungen an die IT in Ihrem Unternehmen, insbesondere an die Flexibilität, Innovationskraft und die Geschwindigkeit, mit der Veränderungen erfolgen können.

Darüber hinaus werden Ihre Kunden und Mitarbeiter zunehmend selbstständig in der Auswahl und Nutzung von Soft- und Hardware. Sie wollen mitreden, mitgestalten. Es gibt einen starken Trend zur „Customerization"[48] und damit eine Umkehrung des historischen Flusses von IT-Innovation aus großen Organisationen in Richtung Endverbraucher.[49]

Das Potenzial der Customerization ist erheblich. IT-Organisationen können ihre Erfahrung an dieser Stelle fördernd einbringen, indem sie dieses Innovationspotential zum einen nicht behindern und auf der anderen Seite Methoden entwickeln, um an dieses wertvolle Anwenderfeedback zu gelangen. Ein wesentlicher Baustein dafür wird es sein, die Wissenslücke in den Unternehmen bzw. den produzierenden Unternehmen in puncto Strategie und Überbrückung der Embedded- und (alten) IT-Welt zu erkennen und individuell zu beseitigen.

IoT ist damit viel mehr als nur eine Hype: Es wird Unternehmen verändern. Es wird die Art verändern, wie neue Geschäftsideen und digitale Produkte entstehen. Der Anwender wird zum Entwickler – Unternehmen können diese Power für sich nutzen, indem sie unterstützende Plattformen und organisatorische Rahmenbedingungen schaffen oder die Geschäftsideen von Start-ups integrieren.

---

[48] Customerization: The process that occurs when a business customizes products or services by using feedback obtained from its clients. A company uses a more advanced form of customerization when it can tailor its products, services and communication on an individualized basis according to specific customer preferences.
http://www.businessdictionary.com, 07.12.2015.

[49] Samulat, P.: Vom Verschwinden der IT-Organisation im Unternehmen. Business Value of IT – mehr als der nächste Hype? Peter Samulat, Hemme, 2014, S. 32.

1.2.5 Big Data

Big Data bezeichnet Datenmengen, die zu groß oder zu komplex sind oder sich zu schnell ändern, um sie mit manuellen und klassischen Methoden der Datenverarbeitung auszuwerten[50].

Big Data steht gleichzeitig auch für den Komplex der Technologien, die zum Sammeln und Auswerten dieser Datenmengen verwendet werden.

Die Daten können aus beliebigen Quellen stammen, wobei aktuell technische Systeme Datenmengen erzeugen, die in der Vergangenheit nicht vorstellbar waren – wie in den beiden vorangegangenen Abschnitten ausgeführt.

Insbesondere decken diese Daten Bereiche ab, die bisher als privat galten – mit allen dazu gehörenden Problemen und Themen.

Abbildung 16: Big Data[51]

„Daten sind das Erdöl der Zukunft", sagte der Medienfuturist Gerd Leonhard. Und diese Daten sind im Überfluss vorhanden – so viele, dass die Unternehmen Mühe haben, sie zu sortieren, zu sichten und auszuwerten.

---

[50] Quelle: Wikipedia.

[51] Foto: mindscanner; shutterstock.com

„90 Prozent alles historisch erhobenen Daten wurden in den letzten zwei Jahren generiert; die Geschwindigkeit, in der sie entstehen, verdoppelt sich alle zwei Jahre"[52]

Tera-, Exa- und Petabytes von Daten, angefallen in elektronischen Geschäftsprozessen, automatisch erhoben von Maschinen und Sensoren oder generiert von Nutzern in Social Media und Crowdsourcing. Bei jedem Klick, jeder Transaktion, jeder Nachricht entstehen Daten.

In der Forschung können durch Verknüpfung großer Datenmengen und statistischen Auswertungen neue Erkenntnisse gewonnen werden, insbesondere in Disziplinen, in denen bisher viele Daten noch von Hand ausgewertet wurden.

Die Cloud ist zu einer Datendrehscheibe geworden: So hat Microsoft z.B. mit *Azure* eine Plattform für den Datenaustausch in der internationalen Krebsforschung bereitgestellt[53]: *„As they grapple with increasingly large data sets, biologists and computer scientists uncork new bottlenecks."*[54]

Ein bedeutendes Einsatzgebiet ist der Verkehr. So installierte die Stadt Stockholm in 1.600 Taxis GPS-Systeme zur Datenerhebung im Segment des Verkehrsflusses. Durch den Einsatz von Software zur Verkehrsdatenanalyse konnten Erkenntnisse zur besseren Planung gewonnen werden, die dabei helfen, Staus zu verringern.

---

[52] Boue, Th.: Analytics und Big Data im Praxis-Check. CIO-Magazin, Dezember 2015. www.cio.de, 29.12.15.

[53] The International Cancer Genome Consortium (ICGC)

[54] Microsoft/PR

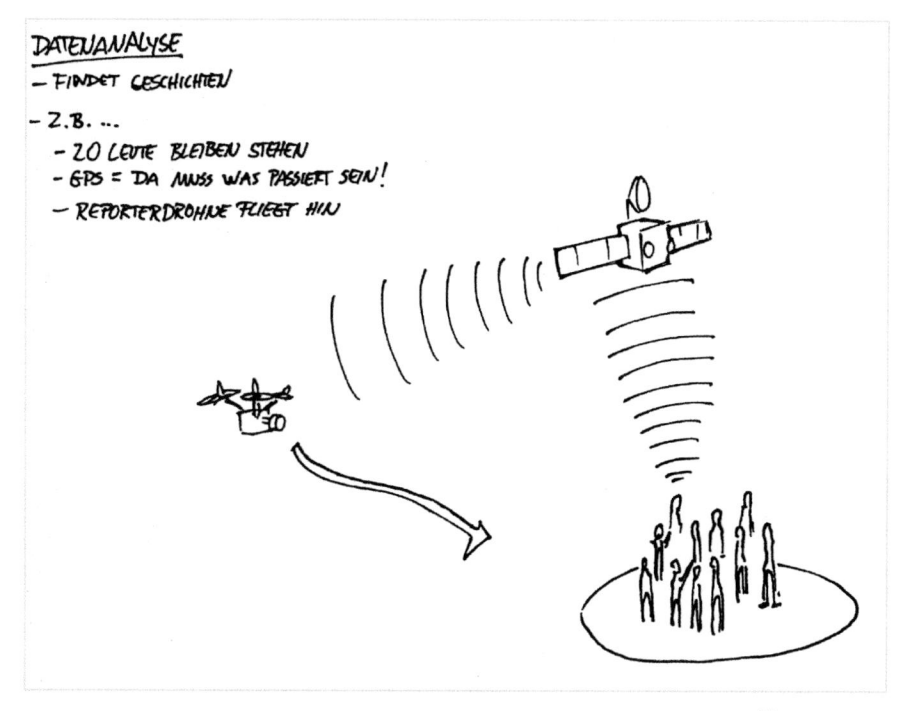

Abbildung 17: Daten analysieren, die bisher nicht verfügbar waren?[55]

„Die eigentliche Meisterleistung der Datenfusion besteht darin, unterschiedliche und völlig heterogene Daten – Text, Bilder, Zahlen, Spektralbereiche – zu einer neuen Information, dem Lageüberblick, zusammenzuführen." [Hofstetter 2014]

In der rasch voranschreitenden Evolution der Datenanalyse werden die Regierungen eine wichtige Rolle spielen müssen: Gesetzgeber und Aufsichtsbehörden müssen klarere Regeln zum Schutz der Privatsphäre der Anwender schaffen sowie zum freien grenzüberschreitenden Datenfluss.

Die Bewertung von Daten und unstrukturierten Informationen aus unterschiedlichsten Geschäftsbereichen wie beispielsweise Einkauf, Produktion, Buchhaltung, Marketing oder Bestelleingang bildet die Grundlage Ihrer Entscheidungen auf operativer und strategischer Ebene. Je schneller Sie diese Entscheidungen treffen können, desto größer kann Ihr Vorsprung vor dem Wettbewerb sein.

---

[55] Grafik: Dennis Meyer

Durch digitale Tools, IT-Lösungen, Datenbanken und Algorithmen lassen sich beträchtliche Datenmengen erfassen, auswerten und bewerten und damit wiederum Rückschlüsse für die Optimierung von Leistungsprozessen ziehen.

Denn: Für ETL[56]-Prozesse und dispositive Daten hat niemand mehr Zeit.

Stand der Technik an dieser Stelle sind zeitnahe Auswertungen von Webstatistiken und Anpassungen von Online-Werbemaßnahmen, genutzt von nahezu allen Webshops und Medienauftritten. Echtzeit-Cross- und -Upselling im E-Commerce und im stationären Vertrieb werden so gesteuert:

„In der Praxis werden meist quantitativ basierte Methoden eingesetzt, wie z.B. Logfile-Analysen, Page Tagging, A/B-Testing und Multivariates Testing. Diese Methoden der Webanalyse sind sehr einfach realisierbar und deshalb auch relativ stark verbreitet. Der wesentliche Vorteil dieser Methoden ist das quantitative Reporting über die Besucher auf der Website."[57]

Insbesondere das A/B-Testing, bei dem zeitparallel Anwendergruppen jeweils unterschiedliche Angebote offeriert werden, hat eine besondere Marktrelevanz – fordert aber auf der anderen Seite eine hohe Agilität in der Weiterentwicklung und Produktivstellung von Software, ganz abgesehen von der schnellen Erhebung und Bewertung der Analysedaten.

Dazu aber später mehr.

Und was ist mit dem Wissen, dass bereits im Unternehmen vorhanden ist?

„Wenn Siemens wüsste, was Siemens weiß", so der legendäre Siemens-Chef Heinrich von Pierer, „dann wären unser Zahlen noch besser." Big Data gibt es also auch innerhalb von Unternehmen – und auch diese Zusammenführung und Auswertung der Daten ist komplex, auch heute noch.

Datengräber, Silodenken und Kopfmonopole – sie alle machen Wissensarbeit so schwierig. Denn diese Art Big Data ist oft zwar vorhanden, aber nicht für eine Auswertung verfügbar.

Wissen Sie, was Ihr Unternehmen weiß?

---

[56] ETL = Extract, Transform, Load ist ein Prozess, bei dem Daten aus mehreren gegebenenfalls unterschiedlich strukturierten Datenquellen in einer Zieldatenbank vereinigt werden. Bekannt ist der Prozess vor allem durch die Verwendung beim Betrieb eines Data-Warehouses. Hier müssen große Datenmengen aus mehreren operationalen Datenbanken konsolidiert werden, um dann im Data-Warehouse gespeichert zu werden.
Quelle: Wikipedia.

[57] Ullrich Consulting: Webanalyse und Webcontrolliung. www.ullrich-consulting.de. 16.12.2015.

1.2.5.1 Fazit

Ist bei Ihnen im Unternehmen das Sammeln und Verarbeiten von Daten noch ein Kostenfaktor und nicht Teil der Gewinnstrategie?

Analysieren Sie alles mit einem Tool. Wählen Sie eine flexible Business-Intelligence-Lösung (BI), die eine Verbindung zu verschiedensten Datenbanken und Dateiformaten herstellen kann.

Big Data und Analytics sind als Cloud-Services aus dem Internet nutzbar und schon deshalb nicht nur als eine Sache der „Großen" verfügbar.

Und: Big Data passt nicht in relationale Datenbanken, deshalb gibt es auch NoSQL-Datenbanken[58] – und die eröffnen ganz neue Möglichkeiten: Sie können sehr gut mit gleichzeitig hohen Datenanforderungen und häufigen Datenänderungen umgehen. NoSQL-Implementierungen sind häufig räumlich verteilte Datenbanken mit redundanter Datenhaltung auf vielen Servern.

Kennt Ihre IT-Organisation MESOS, *The Mesosphere Datacenter Operating System*, einen Loadbalancer, der im Rechenzentrum stehende Ressourcen bereitstellt[59] und insbesondere NoSQL-Architekturen optimal unterstützt? Sehen Sie sich mal die YouTube-Videos dazu an oder lesen Sie in [Barroso et al. 2013], wie Google diese Technik der darauf basierenden „Warehouse Scale Machines" erfolgreich nutzt.

---

[58] NoSQL (englisch für *Not only SQL*) bezeichnet Datenbanken, die einen nicht-relationalen Ansatz verfolgen und damit mit der langen Geschichte relationaler Datenbanken brechen. Diese Datenspeicher benötigen keine festgelegten Tabellenschemata und versuchen, Joins zu vermeiden, sie skalieren dabei horizontal. Im akademischen Umfeld werden sie häufig als „strukturierte Datenspeicher" (engl. *structured storage*) bezeichnet. Bekannte Implementierungen sind Riak, Apache Cassandra, CouchDB, MongoDB und Redis. Quelle: Wikipedia

[59] Run everything from microservices to bigdata on one cluster and drive higher: www.mesosphere.com

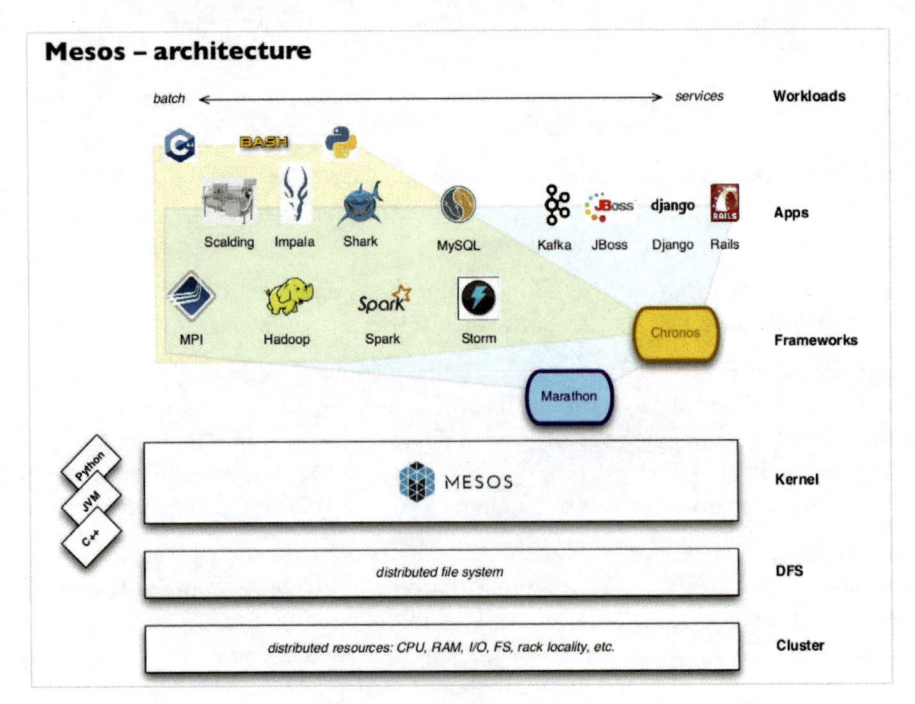

Abbildung 18: Play Framework Grid Deployment with Mesos[60]

Aus einer im Jahre 2012 veröffentlichten IBM-Studie[61] lassen sich fünf wesentliche Empfehlungen für Ihr Unternehmen ableiten, wenn Sie den Big-Data-Weg weiter verfolgen und daraus einen maximalen Geschäftsnutzen erzielen wollen:

---

[60] Leibert et al.: „Play Framework Grid Deployment with Mesos". Typesafe. images.google.de, 16.12.2015.

[61] Analytics: Big Data in der Praxis. Wie innovative Unternehmen ihre Datenbestände effektiv nutzen. IBM Institute for Business Value, 2012, S.3

- Stellen Sie von Anfang an den Kunden in den Mittelpunkt.
- Entwickeln Sie ein unternehmensweites Konzept für Big Data.
- Beginnen Sie mit vorhandenen Daten, um schnelle Ergebnisse zu erzielen.
- Entwickeln Sie Analysefunktionalitäten, die zu Ihren Geschäftsprioritäten passen.
- Erstellen Sie einen Business Case mit Bezug auf messbare Ergebnisse.

1.2.6 Cyber War

Cyber War (Cyberkrieg) ist die kriminelle Auseinandersetzung im und um den virtuellen Raum, den Cyberspace, mit Mitteln vorwiegend aus dem Bereich der Informationstechnik.

„Medien tendieren dazu, diesen Begriff für sämtliche digitale Attacken zu verwenden. Populäre Beispiele sind der NSA-Abhörskandal «Regin» oder das AKW-Sabotage-Projekt *Stuxnet*. Zahlreiche Hacking-Angriffe wie jene auf das Weisse Haus, auf die Homepage Estlands oder auf Nachrichtenportale wie Le Monde nach «Charlie Hebdo» wurden zu Cyberwar-Akten erklärt. Doch Experten sind sich einig: Bis heute hat Cyberwar nicht stattgefunden."[62]

Cyber War – ein Mythos der Medien?

---

[62] Kalberer, M.: Is Cyberwar coming? – Die Frage, die sich die Welt schon seit Jahren stellt. www.future.arte.tv, 14.12.2015.

Abbildung 19: Cyberattacken –Ein Risiko in der Digitatlisierung[63]

Aus meiner Sicht ist die Unterscheidung von Cyberattacken und Kriegshandlungen äußerst wichtig: Von Krieg kann erst die Rede sein, wenn zwei grundlegende Faktoren involviert sind: Gewalt und Politik.

Also: Streiche Cyber War, setze Cyberattacken.

Macht es aber nicht einfacher.

Cyberattacken bezeichnen die hochtechnisierten Formen der kriminellen Attacken im Informationszeitalter, die auf einer weitgehenden Computerisierung, Elektronisierung und Vernetzung fast aller Bereiche und Belange basieren.

---

[63] Foto: GlebStock; shutterstock.com

Übliche Verfahren der Cyberattacken umfassen:[64]

- Spionage: Das Eindringen in fremde Computersysteme zum Zwecke der Informationsgewinnung
- Defacement: Veränderungen am Inhalt einer Website, um u.a. Propaganda zu schalten
- Diverse Formen von Social Engineering
- Einschleusen von kompromittierter Hardware, die bewusst fehlerhaft arbeitet oder Fremdsteuerung erlaubt
- Denial-of-Service-Attacken, um feindliche Dienste zu stören oder vollständig zu unterdrücken
- Materielle Angriffe (Zerstören, Sabotage, Ausschalten) von Hardware (z.B. Kabel-, Antennen- und Satellitenverbindungen)

„Wir werden zunehmend abhängiger von digitalen Systemen, sei es in der Geschäftswelt, in militärischen Organisationen oder im medizinischen Sektor. Diese Entwicklung erhöht das Gefahrenrisiko in allen Bereichen"[65], sagt der Cyberexperte Peter Warren Singer.

Wer weiß schon, welche „versteckten" Funktionen die aus der Cloud bereitgestellten Entwicklungsplattformen tatsächlich haben? Liefern sie den Plattformbetreibern Informationen, ohne dass es die Nutzer wirklich wollen?

---

[64] Quelle: Wikipedia

[65] „Der Cyberwar wird kommen, in Form einer Kombination von menschlicher und künstlicher Intelligenz, ein neuartiges Phänomen, global und anonym", sagt Peter Singer. Was klingt wie ein Science-Fiction-Roman, ist ihm zufolge nicht nur realistisch, sondern auch die Vorlage für sein neues Buch. Nach zahlreichen preisgekrönten Fachbüchern hat er mit „Ghost Fleet" (Geisterflotte) seinen ersten Roman geschrieben.

„Es war nur ein kleines Experiment, aber das Ergebnis schlug ein wie eine Bombe: Der TÜV Süd ging mit einem virtuellen kleinen Wasserwerk ans Netz. Acht Monate war das virtuelle Kraftwerk aktiv. In diesem Zeitraum gab es mehr als 60.000 Zugriffe auf das Fake-Wasserwerk und seine Infrastruktur. Der erste Zugriff erfolgte fast gleichzeitig mit dem „Scharfschalten". Die Top-3-Zugriffsländer nach IP-Adresse waren China, die USA und Südkorea. Aber noch 147 andere Länder interessierten sich für das kleine deutsche Wasserwerk und seine Daten."[66]

Das Thema *Cybersecurity* treibt die deutsche IT-Branche um: Wie der Cyber-Security-Report 2015 der Telekom gezeigt hat, sind Sicherheitsbedenken einer der Hauptgründe dafür, dass das Thema „Industrie 4.0" in Deutschland nur stockend vorankommt. „84 Prozent der deutschen Unternehmen hegen große Unsicherheiten in Bezug auf die Cloud, heißt es in einer Studie vom April."[67]

Abbildung 20: Cybersecurity als Baustein der Digitalisierung[68]

---

[66] Zeitschrift „Made in Germany",Ausgabe 2015-16, S. 25

[67] Cybersecurity: Die größten Bedrohungen in 2016. t3n.de, 08.12.15.

[68] Foto: Shutterstock.com

Die Angriffe auf die Machine-to-Machine Kommunikation nehmen zu: Auto, Smart Home, Wearables (z.B. Fitness-Tracker) – jedes kommunizierende Gerät ist gefährdet. Insbesondere im medizinischen Bereich eine nicht zu unterschätzende Bedrohung.

Am 08.12.2015 meldet Heise: „Grünes Licht für neues EU-Gesetz zur Cybersicherheit: Nach fast zweijährigen Verhandlungen haben sich Vertreter der Luxemburgischen Ratspräsidentschaft und des EU-Parlaments auf einen gemeinsamen Entwurf für eine Richtlinie zur Netzwerk- und Informationssicherheit verständigt, mit der sie die IT bei Betreibern kritischer Infrastrukturen und großen Online-Dienstleistern sicherer machen wollen."[69]

Sicherheits- und Datenschutz-Pannen sowie Angriffe auf die IT werden meldepflichtig. Diese Auflagen gelten generell für die Betreiber und Anbieter „essenzieller Dienste", etwa in den Bereichen Energie, Wasserversorgung, Transport, Finanzwesen, Gesundheit und Internet.

Die EU-Kommission hatte ursprünglich angestrebt, dass die Meldeauflagen auch für den öffentlichen Sektor gelten sollten – konnte sich aber nicht durchsetzen.

Schon 2013 befragte der VDMA[70] seine Mitglieder nach den Top-10-Bedrohungen in Produktion und Automation. Dabei ist der Mensch die größte Bedrohung für das Technik-Know-how:

---

[69] www.heise.de

[70] VDMA = Verband Deutscher Maschinen- und Anlagenbau. Interessenverband der Investitionsgüterindustrie. Er vertritt etwa 3.000 vorrangig mittelständische Mitgliedsunternehmen. Quelle: Wikipedia.

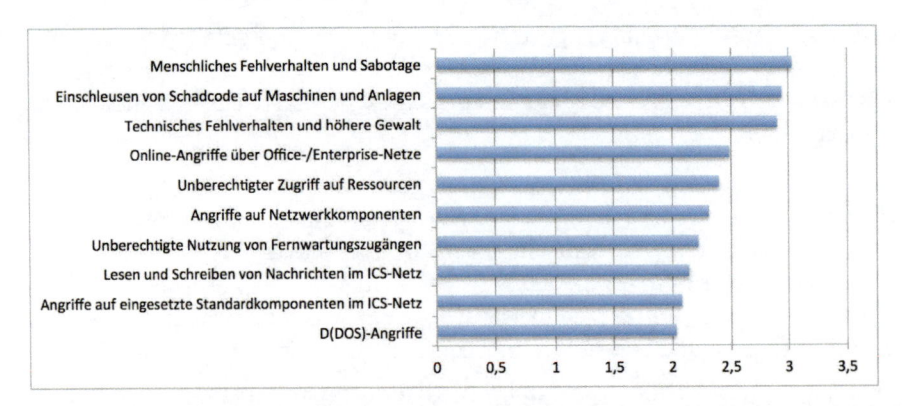

Bedrohung	
Menschliches Fehlverhalten und Sabotage	~3
Einschleusen von Schadcode auf Maschinen und Anlagen	~2,9
Technisches Fehlverhalten und höhere Gewalt	~2,9
Online-Angriffe über Office-/Enterprise-Netze	~2,5
Unberechtigter Zugriff auf Ressourcen	~2,4
Angriffe auf Netzwerkkomponenten	~2,3
Unberechtigte Nutzung von Fernwartungszugängen	~2,2
Lesen und Schreiben von Nachrichten im ICS-Netz	~2,2
Angriffe auf eingesetzte Standardkomponenten im ICS-Netz	~2,1
D(DOS)-Angriffe	~2

Abbildung 21: Top-10-Bedrohungen (1=niedrig, 5=hoch)[71]

Und die Entwicklung geht weiter: „Um bestehende Sicherheitsmechanismen zu täuschen, wird Malware in Zukunft verstärkt mit zusätzlichen Funktionen ausgestattet sein, die zunächst einen harmlosen Anschein erwecken. Während der Überprüfung innerhalb der Sandbox-Umgebung führt die Datei nur gutartigen Code aus – sobald der Sicherheitscheck aber abgeschlossen ist, kommt das zweite Gesicht zum Vorschein. Besonders pikant wird das dann, wenn lokale Sicherheitssysteme ihre Einschätzung in das System des Anbieters zurückspielen: Die Schadsoftware könnte sich auf diesem Weg eine übergreifende Freigabe erschleichen, die sie in Zukunft sogar gänzlich vor Überprüfung schützt."[72]

---

[71] Quelle: VDMA

[72] The Evolving Threat Landscape in 2016, Whitepaper Fortinet. www.fortinet.com, 08.12.2015.

Wer glaubt, dass „Ransomware"[73] (sogenannte Lösegeld-Trojaner) inzwischen ein alter Hut ist, der irrt. Im Gegenteil, die Erpresser werden immer dreister und professioneller. Sie nutzen anonyme Netzwerke und Zahlungsmethoden, etwa „Ukash" oder „Paysafecard", um ihren Opfern das Geld aus der Tasche zu ziehen. „Ransomware-as-a-Service" macht es selbst Möchtegern-Ganoven leicht, ohne allzu viel technisches Verständnis zum Erpresser zu werden und unerkannt zu bleiben.

Unternehmen müssen sich auf einen weiteren Anstieg dieser Bedrohungen gefasst machen: „Ransomware TeslaCrypt erpresst jetzt Unternehmen", meldet www.com-magazin.de am 15.12.2015: „Nach Angaben von Heimdal Security[74] verbreitet sich TeslaCrypt vor allem per E-Mail. Die Nachrichten enthalten eine angebliche Rechnung. Öffnet der Empfänger die beigefügte Datei, dann wird zunächst ein JavaScript ausgeführt, das den eigentlichen TeslaCrypt-Schädling aus dem Internet herunterlädt und auf dem PC installiert.

Anschließend verschlüsselt er Fotos, Videos, Dokumente und andere Dateien auf dem lokalen PC und auf eingebundenen Netzwerklaufwerken. Laut Heimdal Security erkennt und verschlüsselt TeslaCrypt rund 180 verschiedene Dateiformate. Nach der Verschlüsselung erhalten sie die neuen Dateiendungen „.vvv" oder „.zzz". Im nächsten Schritt löscht der Schädling alle Schattenkopien auf dem PC, damit das Opfer diese nicht zur Wiederherstellung von Dateien verwenden kann.

Nach diesen Schritten verlangt TeslaCrypt ein „Lösegeld", das zwischen 150 und 1.000 US-Dollar schwankt, und das in Bitcoin[75] gezahlt werden soll.

---

[73] Ransomware sind Schadprogramme, mit deren Hilfe ein Eindringling eine Zugriffs- oder Nutzungsverhinderung der Daten sowie des gesamten Computersystems erwirkt. Dabei werden private Daten auf einem fremden Computer verschlüsselt, oder der Zugriff auf sie wird verhindert, um für die Entschlüsselung oder Freigabe ein „Lösegeld" zu fordern. Ihre Bezeichnung setzt sich zusammen aus *ransom*, dem englischen Wort für Lösegeld, und *ware*, entsprechend dem für verschiedene Arten von Computerprogrammen üblichen Benennungsschema (*Software*, *Malware* etc.). Quelle: Wikipedia

[74] www.heimdalsecurity.com

[75] Bitcoin (englisch für „digitale Münze") ist ein weltweit verfügbares dezentrales Zahlungssystem und der Name einer digitalen Geldeinheit. Quelle: Wikipedia

Abbildung 22: Das Internet of Things wächst rasant – auch die Bedrohungen[76]

„58 Prozent der Unternehmen und Behörden waren in den vergangenen zwei Jahren Ziel von Cyber-Angriffen. In nahezu der Hälfte der Fälle waren die Angreifer erfolgreich. Den betroffenen Unternehmen entstanden Schäden durch Betriebs- bzw. Produktionsausfälle und Kosten für die Wiederherstellung der betroffenen Systeme. Die Fortschreibung der Zahlen aus dem Vorjahr zeigt, dass die Cyber-Sicherheitslage für Unternehmen und Behörden weiter angespannt bleibt"[77], so lautet das Ergebnis einer in 2015 durchgeführten Umfrage der *Allianz für Cyber-Sicherheit*.

---

[76] Eigene Darstellung

[77] Cyber-Sicherheits-Umfrage 2015, im Auftrag des Bundesamtes für Sicherheit in der Informationstechnik: www.allianz-fuer-cybersicherheit.de, 14.12.15

1.2.6.1 Fazit

Cybersecurity ist ein Thema, das jeden Mitarbeiter im Unternehmen etwas angeht.

Informieren Sie sich über das deutsche IT-Sicherheitsgesetz, das am 25. Juli 2015 in Kraft getreten ist. Gehört Ihr Unternehmen zu den Adressaten?

Mit Inkrafttreten des IT-Sicherheitsgesetzes müssen z.B. Webseiten-Betreiber technische und organisatorische Maßnahmen nach dem Stand der Technik ergreifen, um sowohl unerlaubte Zugriffe auf ihre technischen Einrichtungen und Daten als auch Störungen zu verhindern. Wie ist der Stand der Dinge bei Ihnen im Unternehmen?

Lassen Sie in Ihrem Unternehmen regelmäßig den Status der Maßnahmen zur IT-Sicherheit und strukturiert mit Revisionen und/oder Penetrationstests überprüfen.

Maßnahmen der Cybersecurity gehören in Spezialistenhand. Achten Sie auf entsprechende Zertifizierungen.

Informieren Sie sich über die Allianz zur Cybersicherheit. Sie ist eine Initiative des Bundesamtes für Sicherheit in der Informationstechnik (BSI), die im Jahr 2012 in Zusammenarbeit mit dem Bundesverband Informationswirtschaft, Telekommunikation und neue Medien e.V. (BITKOM) gegründet wurde.

Derzeit (Stand: Dezember 2015) beteiligen sich nahezu 1453 teilnehmende Institutionen, über 92 aktive Partner und mehr als 41 Multiplikatoren an der Allianz.

War die Institution der Befragten in den Jahren 2014 und 2015 das Ziel von Cyber-Angriffen?

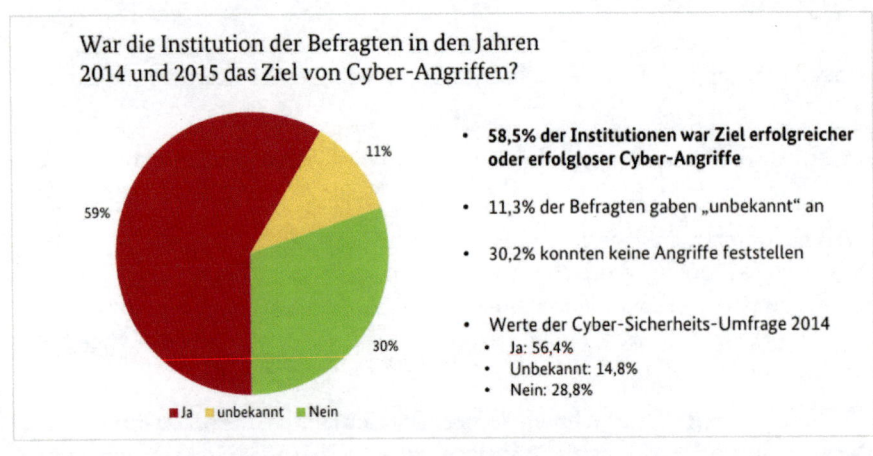

- 59% Ja
- 11% unbekannt
- 30% Nein

- **58,5% der Institutionen war Ziel erfolgreicher oder erfolgloser Cyber-Angriffe**
- 11,3% der Befragten gaben „unbekannt" an
- 30,2% konnten keine Angriffe feststellen
- Werte der Cyber-Sicherheits-Umfrage 2014
  - Ja: 56,4%
  - Unbekannt: 14,8%
  - Nein: 28,8%

Abbildung 23: Cyber-Angriffe 2014/2015[78]

Es ist unerlässlich, dass Sie Ihre Mitarbeiter entsprechend fortbilden und qualifizieren. Dies betrifft insbesondere solche Mitarbeiter, die für Planung, Entwicklung, Integration sowie Errichtung, Betrieb und Wartung verantwortlich bzw. darin maßgeblich involviert sind und somit Cyber-Sicherheit an dieser Stelle aktiv mitgestalten.

Das Bundesamt für Sicherheit in der Informationstechnik (BSI) bietet eine Fülle von Informationsmaterialien, Best Practices und weiteren Hilfsmitteln.

1.2.7 Mobile

Smartphones und Tablet-PCs haben die Kommunikation erheblich verändert: Es wird weniger miteinander gesprochen, aber umso mehr geschrieben: im Chat per WhatsApp oder mit einer anderen Software. Und dann: „Oha, mein Telefon klingelt – was ist denn das nur für eine komische App?"

Mobile Lösungen bieten heute weitaus mehr als nur den mobilen Zugriff auf die persönlichen Daten wie Kontakte, Termine, Aufgaben oder Notizen, der in vielen Unternehmen heute längst zum Standard gehört.

Die Generation LMGTFY[79] ist da.

---

[78] Quelle: Cyber-Sicherheits-Umfrage 2015
[79] LMGTFY = Let Me Google That For You

Abbildung 24: Mobile – überall und jederzeit[80]

Die Studie „Sicherheit im digitalen Deutschland 2025", für die McAfee im August 2014 insgesamt 750 Deutsche befragte, liefert – wie viele andere Studien auch – Hinweise auf eine weitere Entwicklung:[81]

- Ein Drittel der Befragten geht davon aus, dass bestellte Produkte im Jahr 2025 innerhalb einer Stunde geliefert werden können. 14 Prozent glauben an eine Zustellung per Drohne.
- Den Bezahlvorgang werden die Deutschen in Zukunft per Fingerabdruck autorisieren, sind sich 37 Prozent der Befragten sicher.
- Der ominöse intelligente Kühlschrank darf in keiner Zukunftsstudie fehlen: fast zwei Drittel der Deutschen rechnen damit, dass ihr Kühlschrank im Jahr 2025 die Einkaufsliste auf ihrem Smartphone automatisch aktualisiert, wenn ein Produkt zur Neige geht".

---

[80] Foto: Syda Productions; shutterstock.com

[81] In: E-Commerce Magazin, 08/14, S. 17

Die Geschäftsmodelle der Vergangenheit passen hier regelmäßig nicht mehr. Der Fokus von Unternehmen und die an sie gestellten Anforderungen ändern sich massiv.

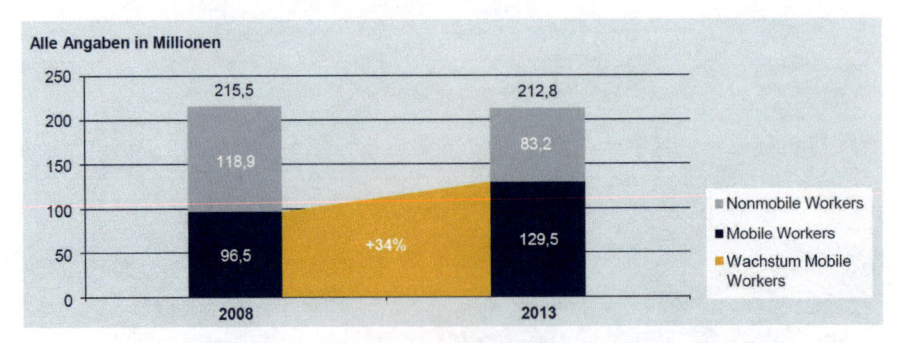

Abbildung 25: Mobilitätswachstum in Westeuropa 2008-2013[82]

„Mobile Payment" ist eine dieser den Markt verändernden Entwicklungen: Viele Unternehmen haben versucht, mobiles Bezahlen in Deutschland salonfähig zu machen. Die Nutzer sollten mit dem Smartphone an der Kasse bezahlen, so das Wunschdenken der Lösungsanbieter.

„Die Realität sieht heute anders aus und Anbieter wie *SQWallet*, *Paymey* und jetzt auch die OTTO-Tochter *Yapital* haben ihren Dienst eingestellt. Selbst bei großen Lösungsanbietern wie Telekom oder Vodafone ist es ruhig geworden beim Thema Mobile Payment"[83].

---

[82] Quelle: In Anlehnung an IDC nach T-Systems, White Paper Mobile Enterprise. Die Welt der IT verändert sich, 2010. In: Themendossier 2011 „Mobile Enterprise", Lünendonk GmbH. www.luenendonk.de, 14.12.2015.

[83] Quelle: t3n-News – Mobile Payment in Deutschland: Warum Apple und Google den Markt unter sich aufteilen werden. www.t3n.de, 22.12.2015.

Abbildung 26: Google Android Pay[84].

Andererseits funktionieren mobile Bezahlverfahren wie „Apple Pay" und „Android Pay", insbesondere in den USA, immer besser: Diese Bezahlverfahren haben für sich gar nicht den Anspruch, ein Produkt zu sein, sondern sind nur ein weiteres Feature des Betriebssystems. So entfallen unendlich lange Registrierungsprozesse, die Beantragung einer neuen SIM-Karte oder gar einer neuen Kreditkarte – wie es bei den eingestellten Versuchen der Fall war.

Hier stand das Wunschdenken der Lösungsanbieter im Vordergrund – nicht die Anforderungen des Anwenders!

---

[84] Foto: Google, https://www.android.com/pay/, 22.12.2015.

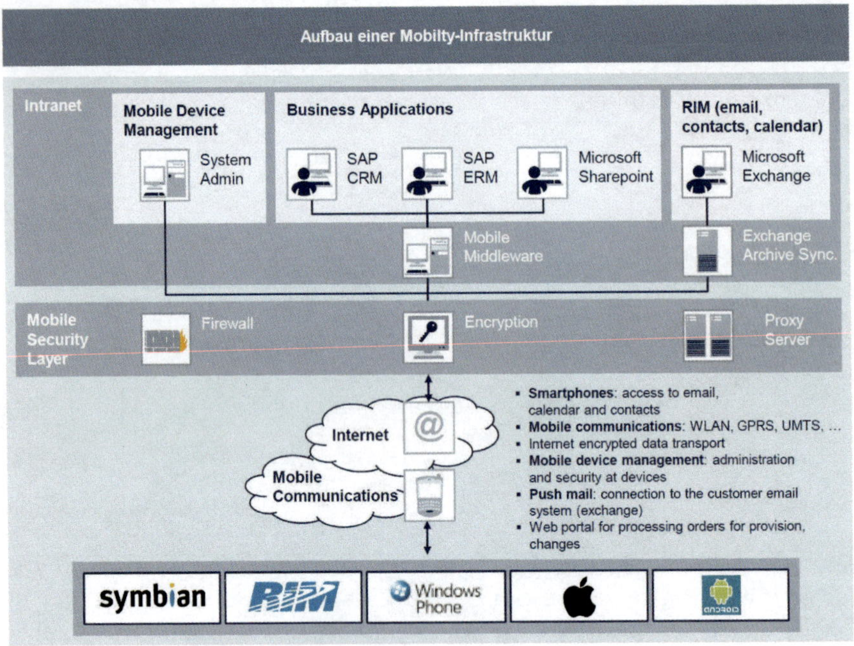

Abbildung 27: Aufbau einer Enterprise Mobility Infrastruktur[85]

Laut PWC Global CEO Studie von 2015 sehen 81 % aller CEOs Investitionen in mobile Apps als kritisch für das Geschäft und für die Beziehung mit ihren Kunden an.[86]

„Unternehmen beschäftigen sich also verstärkt mit dem Nutzen von mobilen Endgeräten und den Auswirkungen auf Geschäftsprozesse. In diesem Bereich liegt der eigentliche Schwerpunkt des Themas „Mobile Enterprise""[87]:

---

[85] Quelle: In Anlehnung an IDC nach T-Systems, White Paper Mobile Enterprise. Die Welt der IT verändert sich, 2010. In: Lünendonk Themendossier „Mobile Enterprise", www.luenendonk.de, 14.12.2015.

[86] Nachricht in der XING-Gruppe „IT-Connection", 07.12.2015.

[87] Der Begriff „Mobile Enterprise" beschreibt Unternehmen, die (kritische) Geschäftsprozesse ergänzend oder ausschließlich über mobile Endgeräte umsetzen und das Ideal eines vollständigen ubiquitären Zugriffs auf Unternehmensressourcen anstreben. Quelle: www.enzyklopaedie-der-wirtschaftsinformatik.de, 14.12.2015.

Eine Steigerung der organisationalen Performance durch die Integration von mobilen Endgeräten wird insbesondere durch die Beschleunigung und effizientere Gestaltung von Geschäftsprozessen sowie durch eine höhere Mitarbeiterzufriedenheit und -produktivität erwartet.

Im Grunde aber ist Mobile Enterprise ein Unternehmen, das sich moderner ICT-Lösungen bedient, um seine Marktleistungen zu erbringen. Ein Mobile Enterprise nutzt Internet-Strukturen und Breitbandverbindungen, um seine Mitarbeiter untereinander und mit Geschäftspartnern in nahezu Echtzeit kommunizieren und kooperieren zu lassen.

„Ohne eine Integration der „neuen" Endgeräte in die Geschäftsprozesse und deren Anpassung stellen Smartphones und Tablet-PCs nur einen Kostentreiber ohne Geschäftsnutzen dar."[88]. Entscheidend ist der Zugang über Smartphones, Tablets und Laptops zu Kommunikationssystemen, wie z. B. E-Mail-Servern, Instant-Messaging, Video-Konferenzsystemen, aber auch zu weitreichenden sensiblen Unternehmensdaten über Projekt-, CRM-, ERP- oder SCM-Systeme.

Der mobile Zugriff auf die Unternehmensdaten fördert auf der einen Seite die Flexibilität, Mobilität und Unabhängigkeit der Mitarbeiter und Prozesse – und damit auch des gesamten Unternehmens – andererseits wachsen damit die Anforderungen an Bereitstellung, Management und Sicherheit der Unternehmens-IT.

Die „Mobile Workforce" wird eine gänzlich andere Art des Zusammenarbeitens pflegen: Die Arbeitszeiten werden flexibler und richten sich nach Work-Life-Balance-Anforderungen oder Zeitzonen flexibler Teams; dies gilt nicht nur für Selbstständige und Freelancer, sondern auch für die festen und fluktuierenden Belegschaften der Unternehmen.

1.2.7.1 Fazit

Zur Realisierung einer Mobile Enterprises ist eine umfassende und unternehmensweite Strategie erforderlich.

Setzen Sie bereits ein Kommunikationssystem vom Typ „Unified Communication and Collaboration" (UCC) ein? Wenn ja, binden Sie als entscheidende Bausteine für das Mobile Enterprise Organisationssoftware (Office-Anwendungen, Kalender, etc.), Produktivitätssoftware (Collaboration Software) und Prozessanwendungen (ERP, SCM, CRM) ein?

---

[88] Experton Group, 2014

„Ihre Strategie sollte unter anderem die Verwaltung von mobilen Geräten (Mobile Device Management), mobilen Applikationen (Mobile Applikation Management), das individuelle Nutzungsverhalten der Mitarbeiter (z.B. Bring Your Own Device, BYOD) sowie eine systemseitige Unterstützung von Kommunikationspräferenzen (Unified Communications) berücksichtigen."[89]

1.2.8 BYOD – Bring Your Own Device

„Bring your own device" (BYOD), bei dem Mitarbeiter ihre eigenen IT-Geräte auswählen und am Arbeitsplatz verwenden, irritiert und fordert Unternehmen und ihre IT-Organisationen nicht nur weltweit heraus, es ist gleichzeitig ein Indiz dafür, wie sich die Art des Zusammenwirkens von Unternehmen und Anwendern (auch Kunden sind in diesem Sinne Anwender) grundlegend ändert.

Im Zusammenhang mit BYOD definieren [Harris et al. 2012] den Begriff der IT-Consumerization „als die Adoption von privaten Applikationen, Werkzeugen und Geräten am Arbeitsplatz. Hintergrund dieser von den Mitarbeitern ausgehenden Bewegung ist, dass Technologien aus dem Konsumgüterumfeld häufig vertrauter sind und daher ein Nutzungsverlangen auch im betrieblichen Kontext vorliegt. Positive Effekte können in einer erhöhten Produktivität und Zufriedenheit der Mitarbeiter bestehen. Ebenso ist häufig zu beobachten, dass Mitarbeiter private Geräte für berufliche Zwecke verwenden. In diesem Zusammenhang wird häufig von Bring Your Own Device (BYOD) gesprochen.

Zentral ist die Haltung des Managements zu der Frage, ob Arbeitnehmern die Entscheidung zur Nutzung privater Endgeräte überlassen wird oder nicht. Das Management kann zudem Lösungskonzepte wie „Choose You Own Device" (CYOD) oder „Corporate Owned, Personally Enabled" (COPE) gestatten. Beim CYOD-Ansatz wählen die Mitarbeiten aus einem Portfolio an betrieblichen Geräten ein Arbeitsgerät aus, dürfen dieses aber nur beruflich verwenden. Beim COPE-Ansatz hingegen dürfen die Mitarbeiter betriebliche Geräte auch privat nutzen. Unabhängig vom gewählten Ansatz ergeben sich juristische, organisatorische und technische Herausforderungen für Unternehmen. Insbesondere die Sicherheit der kritischen Unternehmensdaten steht im Vordergrund.

---

[89] www.enzyklopaedie-der-wirtschaftsinformatik.de, 14.12.2015

BYOD Machine-to-Machine-Communication (M2M), Self-Service und das Internet der Dinge (IoT) stellen völlig neue Anforderungen, insbesondere an die Flexibilität, Innovationskraft und die Geschwindigkeit, mit denen Veränderungen erfolgen können.

Es ist nicht mehr die nur IT-Organisation, die neue Produkte (egal, ob intern oder extern) plant, projektiert und betreibt – der Anwender will mitreden, ja, er treibt die technische Weiterentwicklung mit seiner eigenen Sicht voran.

Oder: Er lehnt sie ab – Hürde Anwender!

Industrielle IT-Serviceprovider haben so gelernt, ihre Produkte benutzerzentrisch zu designen und – auf Basis des Anwenderfeedbacks – kontinuierlich zu optimieren.

Eine besondere Rolle spielt hier die „Human Computer Interaction" (HCI)[90], die sich auf das Zusammenwirken von Anwender und (mobilem) Endgerät fokussiert. Wird der Übergang von der 2D- zur 3D-Bedienung u.a. bereits im Auto gelebt, so umfasst HCI viele weitere Aspekte der benutzerzentrierten Interaktion. Ein großes Forschungsfeld, in dem viele Unternehmen und Forschungseinrichtungen sehr aktiv sind.

Benutzerzentrisch zu arbeiten, fokussiert alle Anwender, egal, ob diese im Unternehmen oder als Kunde des Unternehmens ein digitales Produkt nutzen.

Unternehmen, die sich als Anbieter im digitalen Markt etablieren, werden ebenfalls benutzerzentrisch agieren müssen: kundenzentrisch.

1.2.8.1 Fazit

Wollen Sie in Ihrem Unternehmen die Geschäftsprozesse mobil unterstützen, so stellen Sie sicher, dass die mobile IT analog zur traditionellen Unternehmens-IT verwaltet wird.

Unter Mobile Enterprise Management (MEM) oder auch Enterprise Mobility Management (EMM) werden Software-Lösungen subsumiert die Unternehmen die Verwaltung von mobilen Endgeräten ermöglichen. Im Wesentlichen wird zwischen einem Mobile Device Management System (MDM) und einem Mobile Applikation Management (MAM) differenziert.

---

[90] 2007 organisierte Microsoft Research die „HCI 2020", die sich mit der Frage beschäftigte, wie sich die Interaktion Mensch-Computer verändern wird.

Treffen Sie Change-Management-Maßnahmen: Schaffen Sie ein Verständnis für neue Arbeitsweisen bei den Mitarbeitern und Führungskräften (beispielsweise im Hinblick auf das Themenfeld Work-Life-Balance und Erreichbarkeit), aber auch für die Neu- und Umgestaltung von Geschäftsprozessen, sowie die Definition von Anforderungen an Enterprise Apps.

1.2.9 Social Media

„Kauf mich! Sofort! Diese Aufforderungen kennen wir aus unseren E-Mail-Postfächern, doch sie nehmen auch in Social Media zu. Ein direkter Link via Twitter oder Facebook zum Produkt und schon ist es verkauft. Manche Unternehmen sprechen tatsächlich so ihre Kunden online an. Soll das die Zukunft des Social Sellings sein? Wohl kaum" [91], meint Blogger Klaus Eck.

Business-Netzwerke wie *Xing* oder *LinkedIn* bieten Kontakt zu Kollegen, Konkurrenten und Kunden und damit oft topaktuelle Informationen.

Durch die massive Durchdringung digitaler Technologien verändern sich bestehende Geschäftsmodelle, Wertschöpfungsketten und „Öko-Systeme" von Unternehmen. Es entsteht ein sogenannter „digitaler Kundenraum", in dem non-verbal und doch mit großer „Nähe" schneller, intensiver agiert wird.

Es gibt ausgereifte Suchfunktionen (z.B. über Twitter-„Hashtags"), mit deren Hilfe die neuesten Trends und Meinungen identifiziert und selbst Diskussionen über gemeinsame Themen angestoßen werden können.

---

[91] Eck, K.: Socila Selling – geht das? PR-BLOGGER, Dezember 2012. www.pr-blogger.de, 16.12.2015.

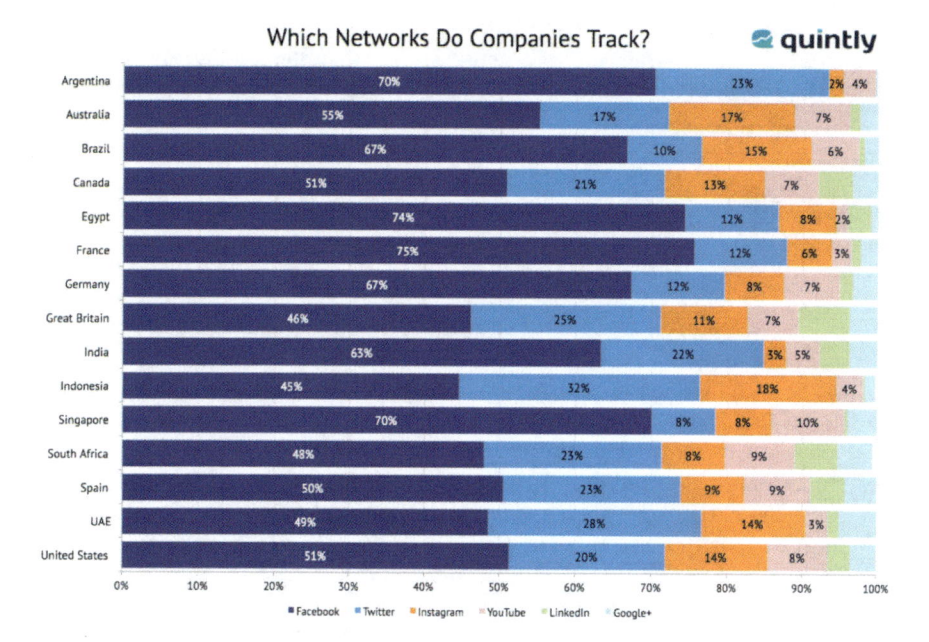

	Facebook	Twitter	Instagram	YouTube	LinkedIn	Google+
Argentina	70%	23%			2%	4%
Australia	55%	17%	17%		7%	
Brazil	67%	10%	15%		6%	
Canada	51%	21%	13%		7%	
Egypt	74%	12%	8%		2%	
France	75%	12%	6%		3%	
Germany	67%	12%	8%		7%	
Great Britain	46%	25%	11%	7%		
India	63%	22%	3%	5%		
Indonesia	45%	32%	18%		4%	
Singapore	70%	8%	8%	10%		
South Africa	48%	23%	8%	9%		
Spain	50%	23%	9%	9%		
UAE	49%	28%	14%		3%	
United States	51%	20%	14%	8%		

Abbildung 28: Social Media Engagement 2015

Die vorstehende Abbildung[92] verdeutlicht, dass Facebook auch 2015 die wichtigste Social-Media-Plattform war.

Social Selling, Social Communication, Social Marketing, Social Collaboration oder Social Commerce sind Themen mit strategischer Dimension und operativer Notwendigkeit. Erkennen Sie auch, dass ein Paradigmenwechsel sowohl in den Vertriebs- und Marketing- als auch in den Kommunikationsabteilungen stattfinden muss?

Wohl eher heute, als morgen:

> *„If you thought social media was just about being social, think again. Today it's about "social selling."[93]*

---

[92] Quelle: Social Media Statistiken, Entwicklungen und Rückblicke 2015. SMI Socialmedia Institute. www.socialmedia-institute.com, 16.12.2015.

[93] Quelle: Why the Future of New Business Is Social Selling. März 2015. www.entrepeneur.com, 16.12.2015.

Aggressives Verkaufen ist (oder macht) unsympathisch: Ich werde ungern via Xing, Facebook und E-Mail auf die heute leider oft übliche, aggressive Art und Weise angesprochen. Stattdessen recherchiere ich lieber selbst oder vertraue meinem Netzwerk.

Mit dem Anstieg der Auswirkungen von Social Media auf die Vertriebsbranche tauchen überall im Internet immer mehr Tipps und bewährte Vorgehensweisen auf. Hier ein Beispiel dazu (Quelle: www.salesforce.com):

- Social Selling ist das Gegenteil von einer aggressiven Verkaufstaktik. Es geht immer darum, Personen zu finden, die irgendwann an Ihren Produkten oder Dienstleistungen interessiert sind, um dann Ihren Nutzen für sie herauszustellen.
- Informationen sind das Wichtigste. Je mehr Sie über Interessenten und Einkaufsteams wissen, desto schneller realisieren Sie Verkäufe – und Social Media sind hierfür ideal, um umfangreiche Einblicke zu gewinnen.
- Jede soziale Plattform zeichnet sich durch eigene Techniken und Benimmregeln aus. Es macht sich bezahlt, wenn Sie Zeit investieren und in den Foren, die für Ihre Interessenten am wichtigsten sind, zum „Power User" werden.

Versuchen Sie, es Unternehmen wie Amazon, Ebay oder OTTO gleichzutun: Bleiben Sie nach einem Kauf im Kontakt mit Ihren Kunden und geben Sie Tipps zur optimalen Nutzung oder empfehlen Sie Artikel aus Ihrem Angebot, die das Gekaufte ergänzen – bitte nicht noch einmal die gleichen Artikel auflisten, das nervt!

Und nicht vergessen: Usability und Performance sind wichtig! Der typische Internetnutzer ist ungeduldig und darf das auch sein. Denn wenn die Bedienbarkeit einer Webseite oder eines Online-Shops nicht zufriedenstellend ist, gibt es genug andere Möglichkeiten, eine Information zu erhalten oder ein Produkt zu erwerben.

Mein Tipp: Lesen Sie von Tim Cole das Buch *Digitale Transformation*[94]. Es steckt voller Prognosen und Ideen dazu, wie die Geschäftsmodelle der Zukunft entwickeln müssen: „Social Selling: Der Kunde als Freund", so Tim Cole, „ist mehr als das Verkaufen per Facebook. Es geht um Empathie, also die Bereitschaft (und Fähigkeit), Emotionen, Motive und Wesensmerkmale einer anderen Person zu erkennen und zu verstehen."

Social (Selling) hebt somit nicht etwa Naturgesetze außer Kraft, sondern steht für die Konvergenz aus Menschen, Technologien, Marken und Medien.

Der gute digitale Verkäufer ist social.

1.2.9.1 Fazit

Wer über Social Media verkaufen will, muss dafür seine Hausaufgaben machen und einen hohen Preis entrichten: „Social Selling ist harte Arbeit; denn Sie müssen dafür aktiv im Social Web sein, sich als Person ein Social Network aufbauen, welches diesen Namen verdient. Schlechte Verkäufer gibt es offline genug."[95]

Abbildung 29: Social Media: Conversion Rate Concept[96]

---

[94] [Cole 2015]

[95] Eck, K.: Socila Selling – geht das? PR-BLOGGER, Dezember 2012. www.pr-blogger.de, 16.12.2015.

[96] Foto: lculig; shutterstock.com

Kennen Sie die sogenannte „Conversion-Rate"[97] (zu Deutsch Konversionsrate), als Kennzahl für das Verhältnis zwischen Website-Besuchern und getätigten Transaktionen?

- Klick-Auftrags-Konversionsrate
  (Formel: Zahl der Aufträge / Zahl der Klicks)
- Klick-Anfrage-Konversionsrate
  (Formel: Zahl der generierten Anfragen / Zahl der Klicks)
- Anfrage-Auftrags-Konversionsrate
  (Formel: Zahl der Aufträge / Zahl der generierten Anfragen)

Dazu gegenläufig ist die sogenannte „Bounce Rate", die Absprungrate noch vor dem Kauf durch den potentiellen Kunden. Es gibt verschiedene Gründe, warum ein Kunde zwar einen bestimmten Shop anwählt, dann den Kauf aber nicht abschließt. In vielen Fällen sind es einfach Mängel in der Usability, also in der Bedienbarkeit – oder in der Performance.

Mit einer klassischen Website hat Social Selling wenig zu tun. Wenn ich als Kunde eine Unternehmensseite besuche, dann kenne ich in der Regel die Marke bereits sehr gut. Ich informiere mich vor einem Kaufprozess über eine Marke auf neutraleren Seiten im Netz, nutze Bewertungsportale und vertraue Kundenmeinungen. Diese sind mir wichtiger als die Unternehmensselbstdarstellung.

Stattdessen findet das „Referenz Selling" woanders statt. Reiseportale sind gute Beispiele dafür: Ich informiere mich über die Hotelbesprechungen und vertraue einer Hotel-Webseite kaum noch.

---

[97] Im Deutschen kann der Begriff Conversion-Rate als Umsatz- oder Umwandlungsrate verstanden werden. Quelle: www.gruenderszene.de

Folgen Sie bereits dem später dargestellten Edison-Prinzip? Auf der Salesforce-Webseite findet sich dazu ein interessanter Leitspruch: „Millionen von Interessenten aktualisieren täglich ihre Profile, Präferenzen und bevorzugten Kontaktdaten. Sie sprechen über ihre Hoffnungen, Ängste, Träume, Motivationen und darüber, was sie jeden Tag aufs Neue wirklich nervt. Deshalb garantiere ich Ihnen, dass Sie sich zurücklehnen können, wenn Sie einfach nur nach Problempunkten suchen. So können Sie viel mehr Einblicke gewinnen bzw., wie es Chris Brogan formuliert, „Grow Bigger Ears" und noch in diesem Monat Ihre Umsätze erhöhen."[98]

Lösen Sie mit Ihren digitalen Produkten das, was nervt!

Für Social Selling müssen nicht zwingend alle Plattformen bespielt werden, sondern die Richtigen!

Zum Schluss noch ein Tipp vom Blogger Klaus Eck: „Wie man online verkaufen kann und dabei sich als ganze Persönlichkeit einbringt, zeigt *Gary Vaynerchuk*[99], der das Verkaufen von Wein revolutioniert hat. In seinen Büchern erklärt der Weinblogger im Prinzip, wie das Social Selling in einer *Thank You Economy* funktionieren kann. In Deutschland verfolgt Hendrik Thoma mit seinem *Videoblog Wein am Limit* ein vergleichbares Konzept."

1.2.10 Continuous Delivery

Nach Wikipedia bezeichnet „Continuous Delivery" (CD) „eine Sammlung von Techniken, Prozessen und Werkzeugen, die den Softwarelieferprozess verbessern. Techniken wie Testautomatisierung, kontinuierliche Integration (Continuous Integration) und kontinuierliche Installation erlauben die Entwicklung qualitativ hochwertiger Software, die durch automatisierte Release-Erstellung auf Entwicklungs-, Test-, Integrations- und Produktivumgebungen eingespielt werden kann. Die Automatisierung der Test- und Lieferprozesse ermöglicht es, schnell, zuverlässig und wiederholbar zu liefern sowie Erweiterungen und Fehlerkorrekturen mit geringem Risiko und niedrigem manuellen Aufwand in die Produktivumgebung oder zum Kunden zu bringen. Continuous Delivery wird primär in der agilen Softwareentwicklung eingesetzt. Eine Einführung von Continuous Delivery erfordert eine Umsetzung von DevOps".

---

[98] http://www.salesforce.com

[99] http://www.garyvaynerchuk.com/

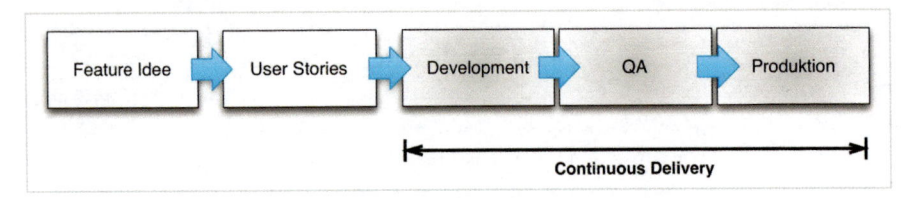

Abbildung 30: Von der Idee bis zum Kunden[100]

Die agile Softwareerstellung der Digitalisierung erfordert ein inkrementell-iteratives Vorgehen, bei dem auch Zwischenstände der entwickelten Software qualitätsgesichert und an den Kunden ausgeliefert werden. Die Kette aus Entwicklung, Qualitätssicherung und Lieferung wird also bereits mehrfach im Entwicklungsprozess der Software durchlaufen.

Hohe Geschwindigkeit, insbesondere durch eine Parallelisierung der Entwicklungsstränge, erfordert eine radikale Automatisierung. Diese wird heute von CD-Pipeline-Toolsets wie *Jenkins* oder *Chef* unterstützt, die bei Änderungen oder Erweiterungen an der Software direkt im Anschluss automatisiert Tests durchführen. Sind sie erfolgreich, lässt sich der Softwarestand innerhalb von Minuten auf dem Produktionssystem installieren.

Die Kette aus Entwicklung, Qualitätssicherung und Produktivsetzung erfolgt kontinuierlich mit jeder Änderung der Software und führt zu einer automatisierten Pipeline.[101]

Etablierter Anfang dieser Pipeline ist die „Continuous Integration" (CI), also die Methode, neuen oder geänderten Quellcode fortwährend und möglichst häufig mit bereits vorhandenem Code zu integrieren und anschließend zu bauen und zu testen. Ziel hierbei ist es, Integrationsfehler so früh wie möglich zu erkennen und zu beseitigen. Diese Vorgehensweise ist vollständig automatisierbar und seit vielen Jahren ein De-Facto-Standard in der Softwareentwicklung. Mit CI erfolgt allerdings noch keine Bereitstellung im Produktionssystem – der „Kunde" dieser Software sieht noch keine Veränderung.

---

[100] Quelle: Eine Einführung in Continuous Delivery, Teil 1: Grundlagen. www.heise.de, 15.12.2015.

[101] Die bisher ausführlichste Auseinandersetzung mit dem Thema findet sich im 2010 erschienenen Buch "Continuous Delivery" von Humble und David Farley.

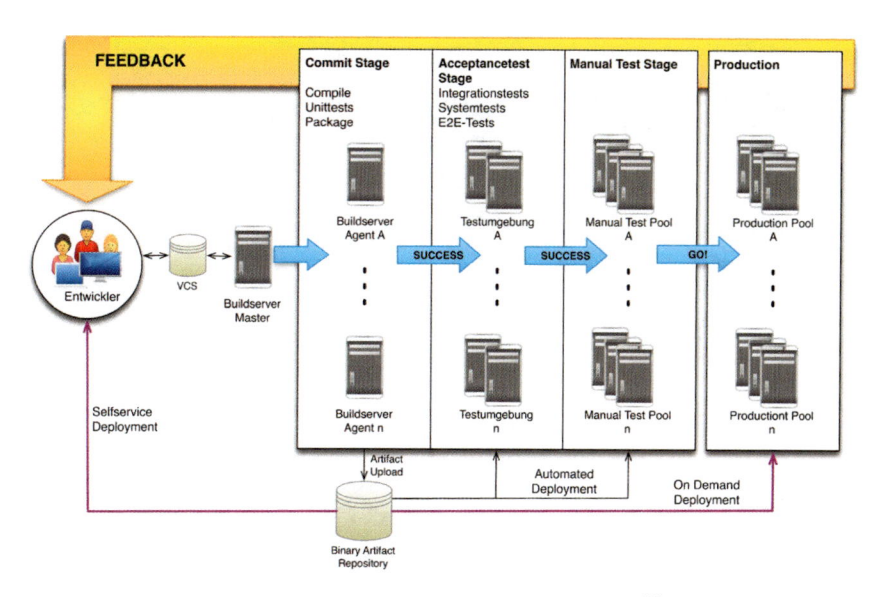

Abbildung 31: Continouous Delivery Pipeline[102]

Zwischen einem erfolgreichen CI-Build und der Verfügbarkeit für den Kunden liegt der Release. An diesem sind in der Praxis oft mehrere Personen beteiligt, die viele Aufgaben von Hand erledigen müssen, was wiederum hohe Fehlerraten nach sich zieht.

Das ändert sich auf dem weiteren Weg durch die „Continuous Delivery Pipeline": Jetzt werden die Ergebnisse der automatisierten Tests kontinuierlich als Feedback an die Entwickler zurückgemeldet.

---

[102] Quelle: Eine Einführung in Continuous Delivery, Teil 1: Grundlagen. www.heise.de, 15.12.2015.

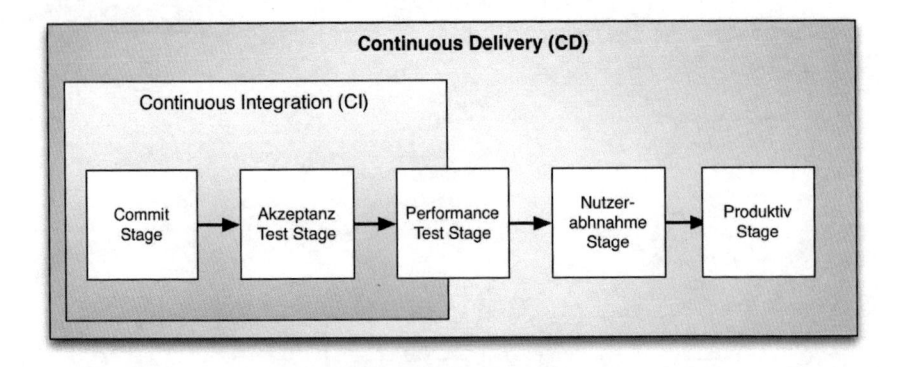

Abbildung 32: CI als Bestandteil von Continuous Delivery[103]

Die Idee, neue Features fortwährend und zeitnah nach deren Fertigstellung im Produkt bereitzustellen zu können, findet sich bereits im ersten Prinzip des *Agilen Manifests*. Sie trägt dort zudem bereits ihren einprägsamen Namen:

> *„Our highest priority is to satisfy the customer through early and continuous delivery of valuable software"*

Allerdings ist der Aufwand, eine solche Pipeline erfolgreich für ein Projekt umzusetzen, nicht unerheblich. Insbesondere an die unterstützende Technik werden hohe Anforderungen gestellt.

Dies betrifft die Ausführung der Tests, ebenso wie die Bereitstellung von Testdaten. An dieser Stelle sind IT-Organisationen häufig überfordert, auch wenn die Rolle der Silogrenzen überwindenden DevOps bereits vorhanden ist. Um die erforderliche Geschwindigkeit zu erreichen, müssen Kopien der Produktivumgebung für die Tests bereitgestellt werden, gesteuert durch die Entwickler-Toolsets. Ist im Unternehmen bereits eine Private Cloud vorhanden, sind die technischen Voraussetzungen schon nicht schlecht – es müssen jetzt aber Schnittstellen der Automatisierung geschaffen werden.

Die Anbieter virtueller Plattformen unterstützen diesen Ansatz gerne: Am Beispiel der VMWare-Plattform wird dies deutlich:

[103] Eigene Darstellung

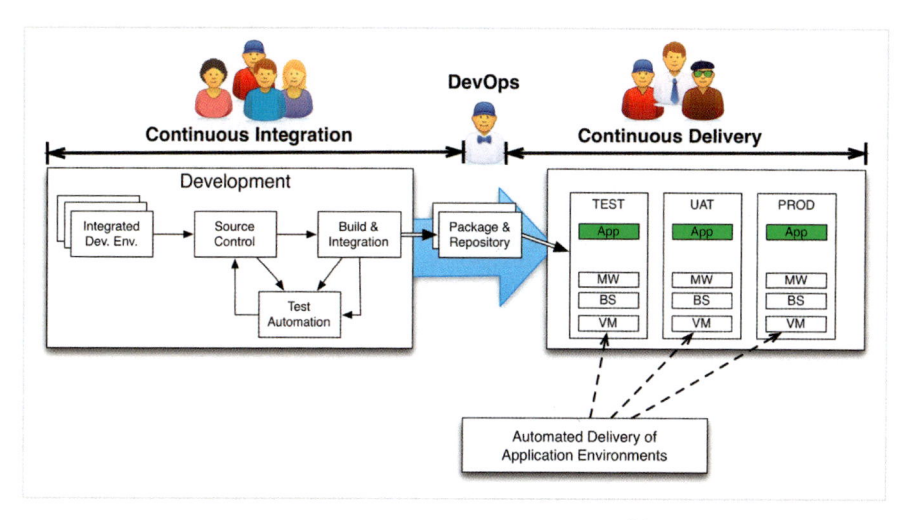

Abbildung 33: Eine CI/CD-Plattform[104]

Nur: Ist diese Art der industriellen Automatisierung für eine Unternehmens-IT der richtige Weg? Externe Provider können das „von der Stange" liefern.

Und damit ist es nicht überraschend, dass die technischen Plattformen nur selten im Unternehmen laufen, sondern „draußen".

1.2.10.1 Fazit

Gibt es in Ihrem Unternehmen noch die „Silogrenzen" zwischen Development und Operations? Dann wird es schwierig, mit dieser Art der agilen Softwareentwicklung: Nur wenn es Ihnen gelingt, eine teamübergreifende Zusammenarbeit zu erreichen und so eine DevOps-Kultur zu etablieren, kann man überhaupt mit Continuous Delivery erfolgreich sein.

Sagt Ihre IT-Organisation Ihnen, dass die Plattform für Continuous Delivery ins eigene Rechenzentrum gehört? Prüfen Sie das sehr sorgfältig!

Sehen Sie CI/CD als wichtigen Baustein, vielleicht sogar als wesentliche Voraussetzung Ihrer agilen Softwareentwicklung. Verfügen Sie in Ihrem Unternehmen über die dazu erforderlichen Prozesse, Spezialisten und Skills?

---

[104] Nach: VMWare Inc

1.2.11 Microservices

Wieder kann Wikipedia eine kurze Definition liefern: „Microservices sind ein Architekturmuster der Informationstechnik, bei dem komplexe Anwendungssoftware aus kleinen, unabhängigen Prozessen komponiert werden, die untereinander mit sprachunabhängigen Programmierschnittstellen kommunizieren. Die Dienste sind klein, weitgehend entkoppelt und erledigen eine kleine Aufgabe. So ermöglichen sie einen modularen Aufbau von Anwendungssoftware."

Da ich später noch detailliert auf Microservices eingehen werde, soll an dieser Stelle ein kurzer Abriss ausreichen: Microservices folgen dem Gedanken der Unix-Philosophie „Do One Thing and Do It Well" – oder wie ich es gerne sage:

> *Ich programmiere das nur einmal, und danach kann mein Ergebnis in anderem Kontext unkompliziert wiederverwendet werden.*

Microservices sind klein, haben immer eine Geschäftsfunktion und können unabhängig von anderen Microservices skaliert und in Produktion gebracht werden.

Abbildung 34: Etwas Großes aus kleinen Bausteinen: Microservices[105]

---

[105] Foto: zzcapture; shutterstock.com

Microservices werden gerne auch als „Inhouse SaaS" bezeichnet:

„You build it – you run it"

Ein wesentlicher Bestandteil des Konzepts ist, dass sie GUI[106]-Elemente haben. Wenn sich die Behandlung einer Benutzer-Interaktion von der GUI über die Logik bis hin zur Persistenz vollständig in einem Microservice abarbeiten lässt, fällt kein Kommunikations-Overhead an.

Kein ESB
Requests parallelisieren Design neu lernen
Microservices sind Testers Paradise
Nur mit DevOps
Microservices machen einsam ... heute
Technologievielfalt mit Vorsicht genießen
Microservices unterstützen Veränderung anders Synchronität verboten
Organisation durch Microservices gestalten
Beim Monitoring Fäden zusammenhalten
Oberfläche vom Kontext abhängig
Querschnitt per Seitenwagen Security bitte passgenau

Abbildung 35: Tipps für die Nutzung von Microservices[107]

Microservices sind ein bedeutender Deployment-Artefakt des eben vorgestellten *Continuous Delivery*. Die Softwareverteilung ist dabei möglichst unabhängig – idealerweise so, dass andere Artefakte nicht ebenfalls neu zu deployen oder nicht neu zu starten sind. So ist bei einer Änderung nur die Deployment-Pipeline für das geänderte Artefakt zu durchlaufen, alle anderen Softwarebausteine sind nicht betroffen. Da die Artefakte kleiner sind und weniger Funktionen und Code haben, geschieht das Durchlaufen der Deployment-Pipelines wesentlich schneller.

Entwicklung (Development), Test und Betrieb (Operations) agieren in enger Abstimmung innerhalb eines Regelkreises: Ohne DevOps keine Microservices.

---

[106] Graphical User Interface, Grafische Benutzeroberfläche

[107] Anger, R.: Präsentation „Microservice Architecture Applied", S.4. Capgemini, 2015. www.de.slideshare.net, 15.12.2015.

1.2.11.1 Fazit

Digitalisierung ohne Microservices funktioniert nicht: Die agile Softwareentwicklung benötigt wiederverwendbare Software-Bausteine.

Haben Sie das dafür notwendige Know-how, die relevanten Prozesse und Rollen in Ihrem Unternehmen?

Oder ist es eine Herausforderung, die Sie jetzt angehen?

1.2.12 Omni-Channel

Gerade die Handels- und Konsumgüterbranche tut sich laut aktuellem *PwC Digital IQ Survey* schwer damit, die Digitalisierung für die Entwicklung innovativer Geschäftsmodelle zu nutzen. Von den befragten Führungskräften bescheinigten nur 46 Prozent ihrem Unternehmen einen hohen „digitalen IQ" – im Vergleich landet die Branche damit auf dem letzten Platz.

Die beste Webseite oder App nützt gar nichts, wenn der Kunde beschließt, doch lieber, wie früher, im Laden einzukaufen. Der Kunde entscheidet, und jeder Kunde entscheidet anders.

Also: Verkaufen auf allen Kanälen – das ist „Omni-Channel": Keine wirkliche Ablösung von realer Einkaufswelt durch Online-Shops. Was viel wahrscheinlicher ist und auch schon umgesetzt wird, ist die Verschmelzung, die Integration der Aktivitäten für den stationären und den Online-Handel.

Zwischen den einzelnen Kanälen verschwimmen die Grenzen zunehmend. Dementsprechend variieren auch die Anforderungen einzelner Unternehmen. Für zukunftsorientierte Händler gilt es beispielsweise, nicht nur einen Online-Shop aufzubauen oder zu relaunchen, um die Kommunikationskanäle zu optimieren, sondern auch stationäres und Online-Geschäft enger miteinander zu verknüpfen.

„Omni-Channel" lautet das neue Stichwort: „Während Multi-Channel-Kunden verschiedene Vertriebskanäle hintereinander in Anspruch nehmen, nutzen Omni-Channel-Käufer die unterschiedlichen Möglichkeiten für ihre Kaufentscheidung parallel."[108]

Bereits Ende 2011 hat eine Studie, die gemeinsam von der Verbraucherinitiative e.V. und Ebay durchgeführt wurde, gezeigt, dass sich die Verbraucher über alle Kanäle hinweg informieren und kaufen wollen: online, offline und mobil:[109]

---

[108] Neuer Trend: Parallel Shoppen. CIO-Magazin, Februar 2011. www.cio.de., 15.12.2015.

[109] [Cole 2015, S. 61]

- 90 Prozent aller Offline-Käufer informieren sich vor einem Kauf im Internet oder mobil direkt im Geschäft
- 80 Prozent der Online-Käufer gehen vor einem Kauf in ein Geschäft, um sich über das „Touch & Feel" ihrer Wunschobjekte zu informieren.

Heute betreiben viele stationäre Händler, ebenso wie die Versandhäuser, nebenbei Online-Shops, die zunehmend auch nicht mehr kaufmännisch, organisatorisch und logistisch getrennt sind. Dies entspricht der Abgrenzung von „Omni-Channel" zu dem in den späten 1990er Jahren aufgekommenen Begriff „Multi-Channel-Vertrieb".

Dazu am 07.12.2015 die passende Kurznachricht: „Erst vor einem Monat eröffnete der E-Commerce-Gigant Amazon einen ersten Buchladen in Seattle. Jetzt kommt raus: Auch in Berlin könnte ein Shop entstehen. [...] „Menschen werden immer auch offline einkaufen. Der Kunde soll die Wahl haben.""[110].

Vorsicht: Die „Big 4" kommen!

Eine weitere Entwicklung dazu ist im englischsprachigen Ausland als „Click & Collect" zunehmend beliebt: Produkte des täglichen Bedarfs werden zunächst online recherchiert und bestellt, um sie später dann beim stationären Ladengeschäft abzuholen. Bezahlt wird online oder vor Ort. Win-Win-Situation für Berufstätige, die tagsüber anderweitig gebunden sind, und Händler!

Beim Ladenbesuch kann der Kunde sich aber auch über weitere Angebote und Dienstleistungen informieren – oder durch entsprechende organisatorische Maßnahmen auch „sanft" dazu gebracht werden, z.B. über das Klären von Fragen vor Ort.

Es muss also nicht mehr so laufen, wie ich es Ende 2015 in einem großen Elektronikhaus erlebt habe: Gekauft hatte ich online ein TV-Gerät, das ich dann kurze Zeit später in einem in der Nähe liegenden Ladengeschäft abholen sollte. Also, rein in das Geschäft und gefragt, wo das Gerät denn abzuholen sei. „Gleich am Eingang rechts", hieß es – ich brauchte also den eigentlichen Laden gar nicht erst zu betreten ...

Guter Ansatz, in der Umsetzung jedoch noch Optimierungspotential.

---

[110] Georg Räth, www.gruenderszene.de, 7. Dezember 2015

„Dabei handelt es sich um einen kanalübergreifenden Ansatz, der die Vorteile von digitalen und klassischen Kommunikations- und Vertriebskanälen möglichst nahtlos verbindet", so Tim Cole, „damit der Kunde von der ersten Informationssuche bis zum Kaufabschluss über alle Kontaktpunkte mit dem Unternehmen gleichermaßen erkannt und angesprochen wird."[111]

Multiple Kommunikationskanäle zu vernetzen und sämtliche Zielgruppen parallel zu bedienen, ist grundsätzlich an keinerlei Branche gebunden. Egal, ob im Textilgeschäft oder in Industrie und Handel: Unternehmen profitieren branchenneutral von einem Omni-Channel-Vertrieb. So können sie neue Zielgruppen und Absatzmärkte erschließen und sich dadurch einen Wettbewerbsvorteil verschaffen.

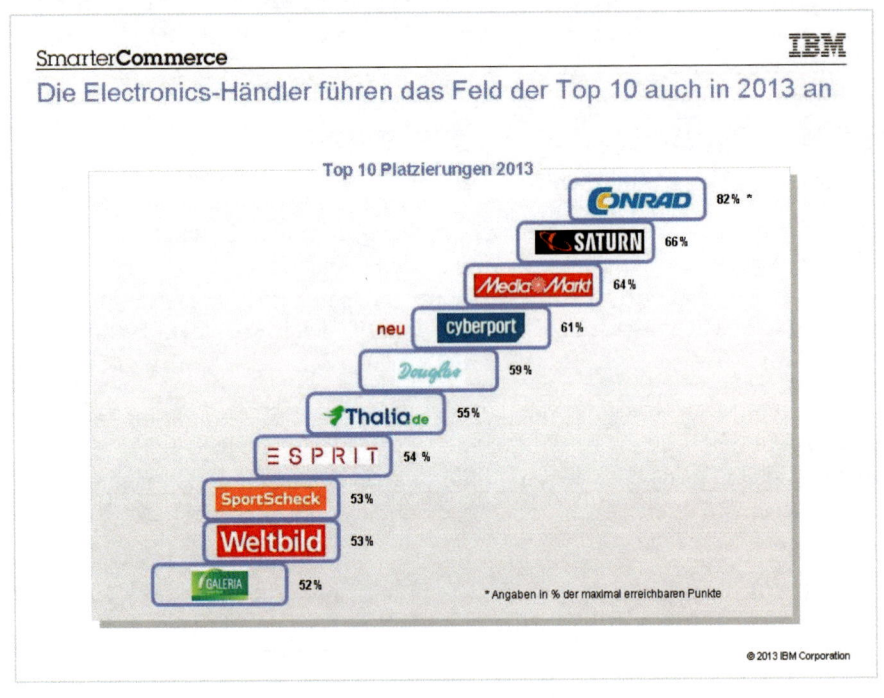

Abbildung 36: IBM Omnichannel Maturity Index – Ranking 2013[112]

---

[111] [Cole 2015, S. 62]

[112] Quelle: IBM Pressemitteilung „Omnichannel Maturity Index: Kanäle wachsen zusammen.", http://www-03.ibm.com/press/de/de/pressrelease/41432.wss, 15.12.2015.

„Neben einem konsistenten Backend ist die einheitliche Daten- und Produktpflege in einem unternehmensweiten Enterprise Content Management- und einem Product Information Management-System eine wichtige Voraussetzung für eine erfolgreiche E-Business-Strategie."[113] Der Mix aller Vertriebskanäle ermöglicht den Händlern eine verbesserte Lagereffizienz.

IDC[114] gibt folgende Empfehlung für die Retailer: „Bei der Planung neuer Anwendungen für den Handel sollte unbedingt beachtet werden, dass ein Kunde, egal über welchen Vertriebskanal er einkauft, das immer gleiche Markenerlebnis erfährt."[115]

Logistik-Unternehmen werden auf die neuen Herausforderungen der Omni-Channel-Ära reagieren müssen: „Ein konsequent umgesetztes Omnichannel-Management wird Logistiker dazu führen, die bisherigen Workflows aufzulösen und Teams entlang von Aufgaben bezüglich der Organisation, der IT und des Contents zu strukturieren. Der Logistiker der Zukunft bildet vernetzte Layer statt fixer Zuständigkeiten für einzelne Kanäle."[116]

1.2.12.1 Fazit

Das parallele Bespielen von stationärem, Online- sowie Katalog- und Versandhandel stellt vielfach eine besondere Herausforderung dar, nicht nur im B2C-, sondern auch zunehmend im B2B-Bereich. Konsumenten ordern und nutzen dank des heterogenen Informationsangebots heutzutage parallel diverse Channels, von Internet über Katalog und Online-Shop bis zu Auktionsplattformen oder auch Applikationen für mobile Endgeräte.

Daher muss auch Ihr Unternehmen parallele Absatzkanäle zielgruppengerecht bedienen. Mit der reinen Integration eines Online-Shops ist es bei der Markenkommunikation mittlerweile ebenfalls nicht mehr getan. Vielmehr gilt es, E-Commerce-Strategien in ein ganzheitliches E-Business einzubetten.

---

[113] Helbig, A.: Effizient durch Omni-Channel. E-Commerce Magazin, April 2012. www.e.commerce-magazin.de. 15.12.2015.

[114] International Data Corporation, ein Marktforschungsunternehmen im IT-Bereich

[115] Neuer Trend: Parallel Shoppen. CIO-Magazin, Februar 2011. www.cio.de., 15.12.2015.

[116] Quelle: 2b AHEAD Trendstudie: Das Omnichannel-Management in der Logistikbranche. www.2bahead.com, 17.12.2015.

Bei der Entwicklung integrierter Handelskonzepte, so das Ergebnis einer IBM-Studie aus dem Jahr 2013, gibt es nicht den einen „Königsweg": „Wir beobachten, dass die klassischen Filialisten ihre Online-Kompetenz rasch erweitern und die ehemaligen Online-Pureplayer zum Teil sehr erfolgreich ein Filialnetz aufbauen", so Roland Scheffler von IBM. „Die Trumpfkarte ist die intelligente Verzahnung des Online-Kanals mit dem Präsenzhandel."[117]

---

[117] IBM Pressemitteilung „Omnichannel Maturity Index: Kanäle wachsen zusammen.", http://www-03.ibm.com/press/de/de/pressrelease/41432.wss, 15.12.2015

2 Die Technologietrends

Im Oktober 2015 hat das Unternehmen Gartner Inc. seine Prognose zu den Technologietrends 2016 veröffentlicht. Wie jedes Jahr haben die Denker aus Stanford, USA, die Technik-Branche, analysiert und leiten daraus die Trends für 2016 ab. Der Schwerpunkt liegt dabei auf strategischen Trends, also solchen mit disruptiven Potentialen, die tiefgreifende Veränderungen in Unternehmen und Organisationen notwendig machen – oder herbeiführen.[118]

Abbildung 37: Technologietrends[119].

Anders als im vorangegangenen Abschnitt „Buzzwords", in dem es strecken- und notwendigerweise sehr tief in die Technik herunterging, soll es hier also darum gehen, Veränderungen anzureißen, die – so Gartner – innerhalb der nächsten etwa fünf Jahre ihre volle Wirkung entfalten werden.

---

[118] Nach: Gartner identifies the top 10 strategic technology trends. In: CIO-Magazin, 08.10.15. (http://www.cio.de/a/die-10-wichtigsten-technologie-trends-2016,3248934) und Zeitschrift „Made in Germany 2015-16", Verlag Moderne Industrie, S. 8ff

[119] Foto: Rawpixel.com; shutterstock.com

2.1 Der Geräte-Mix (The Device Mesh)

Gartner fasst unter diesem Punkt die wachsende Menge mobiler Geräte zusammen. Es geht dabei nicht nur um Smartphone und iPad, sondern auch um „Wearables" (etwa zum persönlichen Gesundheitsmanagement), klassische Consumer-Geräte und Devices für das vernetzte Zuhause sowie Geräte im Zusammenhang mit dem Internet der Dinge. Aufgabe von Anbietern jeglicher Services und Gadgets ist es, die Interoperabilität dieses Mischmasches zu ermöglichen.

Abbildung 38: Alles kommuniziert[120], auf allen Kanälen.

---

[120] Foto: nopporn; shutterstock.com

2.1.1 Fazit

Die Zahl der Geräte, die miteinander kommunizieren, steigt stetig. Schon heute verstärken die Hersteller von Maschinenkomponenten den Geräte-Mix aktiv: Sensorenzugriff per NFC[121] oder Bluetooth, Condition Monitoring oder Fernwartung per WLAN. Großes Entwicklungspotential ist im medizinischen Bereich (z.B.: Fitness-Tracker) oder in der Hausautomatisierung zu sehen. Hier werden nicht nur bisher in Hardware realisierte Funktionen zunehmend durch Software übernommen, sondern diese kommunizieren untereinander. Google nutzt dies bei der „Smart City" intensiv: Über die Cloud werden Sensoren/Aktoren so verknüpft, dass aus den erhaltenen Daten Verkehrs- und Logistikabläufe ebenso optimiert werden wie die Ver- und Entsorgung mit allen Dingen des täglichen Bedarfs.

Der Geräte-Mix erfordert Mobilität und führt so automatisch zu globalen Geschäftsmodellen. So groß wie diese Herausforderung zu sein scheint, so handhabbar wird sie, wenn konsequent vorhandene (Commodity-)Services genutzt werden.

2.2 Erfassung der unmittelbaren Umgebung

Die Welt ist immer weniger, was sie scheint – die Technik verändert die Wahrnehmung dieser Welt in Richtung *augmented Reality* und *virtuelle Welten*. Noch aber stehen der Nutzererfahrung Medienbrüche im Wege. Unter den unabhängigen Software-Vendoren werden sich bis 2018, so Gartner, die durchsetzen, die diese Medienbrüche am besten kitten können.

2.2.1 Fazit

Wir erleben die Vermischung von Realität und Virtualität – wenn auch noch ganz am Anfang stehend. Gearbeitet wird mit Datenbrillen und Augmented-Reality-Konzepten, die das Tor in eine neue Welt aufstoßen können. Konzepte wie Googles auf Eis gelegte Datenbrille Glass oder Microsofts neue HoloLens zielen auf Einsatzszenarien ab, in denen der Mensch mit „angereichertem" Blick auf seine Umwelt optimaler (effizienter) agieren oder neue Erfahrungen machen kann.

---

[121] Near Field Communication, eine auf der RFID-Technologie basierende drahtlose Kommunikationstechnik

Abbildung 39: Microsoft Hololens[122]

„Wer sich Microsofts Hololens aufsetzt, dessen Umwelt wird durch digitale Objekte erweitert. Virtuelle Bildschirme, Gegenstände, die in der Luft bewegt und gedreht werden können. Die Augmented-Reality-Brille solle die Arbeit in Medizin, Architektur und Design verändern. Im 1. Quartal 2016 erscheint eine Entwickler-Version. Bis sie für im Handel verfügbar sein wird, dürfte es noch eine Weile dauern."[123]

Es ist also nicht überraschend, dass diese Konzepte z.B. in der Lagerwirtschaft Anwendung finden: Der Gabelstaplerfahrer wird über Informationen in seiner Brille „ferngesteuert" an die richtigen Orte geführt.

Je unaufdringlicher der Wechsel zwischen verschiedenen Endgeräten und nicht zuletzt auch aus der virtuellen in die reale Umgebung sein wird, desto normaler und selbstverständlicher wird der Gebrauch in Arbeitsalltag und Freizeit werden.

---

[122] Foto: Microsoft/PR

[123] Quelle: sz.de/1.2792627, 06.01.2016.

Ob eine Datenbrille hier der richtige technische „Gimmick" ist oder in Zukunft sein wird, bleibt abzuwarten. Akzeptanzthemen werden hier eine entscheidende Rolle spielen.

Wie gesagt: Google hat die Datenbrille auf Eis gelegt.

2.3 Neue Materialien im 3D-Druck

Längst geht es beim 3D-Druck nicht mehr nur um Dinge wie Ersatzteile für Maschinen. Entwickler sprechen bereits von biologischem Material, wie etwa menschlicher Haut, die per 3D-Druck hergestellt werden kann. Gartner erwartet im, allerdings schwammig formulierten, Segment „3D-druckfähige Materialien" bis 2019 ein jährliches Wachstum von 64 Prozent.

Abbildung 40: 3D-Fotografie[124]

---

[124] Quelle: TWINKIND, www.twinkind.com

2.3.1 Fazit

In Abgrenzung zu Gartner habe ich in diesem Thema eine ganz klare Sicht: Der 3D-Druck bringt das Ende der Massenfertigung: „Additives Manufacturing" (Additive Fertigung) – eine industrielle Revolution! Die Zahl der Werkstoffe, die sich damit verarbeiten lassen, ist sprunghaft gestiegen.

Wer Innovationen in Form intelligenter, auf den konkreten Bedarf zugeschnittener Produkte und Dienstleistungen früher kommuniziert und kurzfristiger als der Wettbewerb auf den Markt bringt, hat die Chance, „Kultstatus" zu erreichen.

Über Kunststoff und Metall hinaus, erlauben aktuelle Verfahren den Druck mit Keramik, Karbon, Glas, Textilfasern, Nickelbasislegierungen und biologischem Material.

Schon heute werden komplette Bauteile für den Flugzeugbau, in der Automobilfertigung und auch in der Medizintechnik mithilfe von 3D-Druckern, die beim Kunden aufgestellt sind, in kürzester Zeit und ohne Transportfahrt geliefert werden.[125]

Statt einzelner Teile werden nur noch die Grundstoffe für den 3D-Drucker geliefert – oder aus dem (kleinen) Kundenlager abgerufen.

Die per 3D-Druck herstellbaren Produkte reichen dabei heute schon von Schokolade, über Medikamente bis hin zu Knochen und sogar menschlichen Organen.

Auch für den Endkunden selbst wird „additives Manufacturing" in absehbarer Zeit möglich sein. Einfache 3D-Drucker sind heute für nur etwa 500€ zu haben, professionelle Geräte schon für etwa 5.000€ – Tendenz stark fallend. Damit sind auch im Einzelhandel Einsatzszenarien nicht nur denkbar – sie sind längst Wirklichkeit!

So schickte die NASA im Herbst 2014 einen 3D-Drucker – allerdings noch per Raumfrachter – zur Internationalen Raumstation ISS.

3D-Druck bedeutet aber auch, dass im Grunde jeder Konsument sein gewünschtes Produkt genau spezifizieren kann – wenn er es nicht vorzieht, es selbst herzustellen: Die Wertschöpfungskette wird in ihre Bestandteile zerlegt, verkürzt und an einem anderen Ort wieder zusammengebaut.

---

[125] „Forum Ersatzteillogistik", März 2015 in Nürnberg

2.4 Ordnung in Daten (Information of Everything)

Inhaltliche Daten etwa aus Dokumenten, Audiodaten, Videodaten, Daten von Sensoren - die ganze Welt wird datentechnisch erfasst, aber noch fehlen Menschen, die diese Daten in nützliche Zusammenhänge setzen. Diese Menschen brauchen semantische Tools. Gartner beschreibt dies als „Information of Everything" bereits als eine Art neuer Strategie aus, die dieses Thema angehen wird.

Abbildung 41: Zusammenhänge finden – eine große Herausforderung[126]

2.4.1 Fazit

All die vielen vernetzten Geräte liefern eine Datenflut. Die Herausforderung ist, diesen Wust an Daten so zu strukturieren, dass relevante Informationen entstehen.

Neue semantische Tools, Klassifizierungs- und Analyseverfahren werden die oftmals chaotische Informationsflut entschlüsseln müssen, so die Experten von Gartner.

---

[126] Foto: arka38; shutterstock.com

Dies setzt leistungsfähige Methoden zur Mustererkennung voraus, wie sie z.B. in der Verarbeitung von Bewegtbilddaten (Kamerabilder, Videos, ...) zwar schon große Fortschritte gemacht haben, letztendlich aber noch sehr am Anfang stehen.

Die Kunst wird darin liegen, nicht vorhersagbare Muster als solche zu erkennen und aus Vergleichsdaten relevante Schlüsse ableiten zu können. Die Business Intelligence (BI) kann damit zum wichtigen Faktor in Ihrem Unternehmen werden – aber Vorsicht: Auch hier werden viele Fähigkeiten der BI zur Commodity werden – bauen Sie die „Welt da draußen" nicht nach.

2.5 Lernfähige Maschinen (Advanced Machine Learning)

In seinen *Robotermärchen* schreibt der polnische Autor Stanislav Lem über die Urweltmaschinen, die die denkenden Maschinen erzeugten, die wiederum die gescheiten Maschinen erzeugten bis zu den vollkommenen Maschinen.

Gartner scheint einer ähnlichen Logik zu folgen. Smarte Maschinen werden das klassische Computing hinter sich lassen und mittels Deep Neural Nets (DNN) selbstständig lernen können.

2.5.1 Fazit

„Die Konstruktion von Robotern, die sich in einer unstrukturierten Umgebung bewegen können, ist das erklärte Ziel der Robotik."[127]

Maschinen werden, dank künstlicher Intelligenz, ihre Umwelt eigenständig wahrnehmen und daraus eigenständige Lösungen entwickeln. Die Fähigkeit künstlicher Systeme, aus Beispielen Wissen zu generieren, das sie verallgemeinern und auf zukünftige Situationen anwenden können, wird als maschinelles Lernen bezeichnet.

Treiber an dieser Stelle sind die Deep Neural Nets (DNN), die es ihnen erlauben, die etwa über Sensoren zusammengetragenen Daten zu analysieren und ihre Umgebung auf diese Weise „selbst wahrzunehmen".

Die Nähe zum vorangegangenen Thema ist zwingend, wobei hier mit DNN auf eine Methode gesetzt wird, die ihre technischen Anfänge in den 1980er Jahren hatte, als Arrays einfacher Rechner zu neuronalen Netzwerken zusammen geschaltet wurden. Damit sollte das menschliche Gehirn nachgebildet werden.

---

[127] Design & Elektronik, Heft 6 vom 21. März 1989, S. 146ff

2.6 Autonome Assistenten (Autonomous Agents and Things)

Das sicher bekannteste Beispiel eines selbstfahrenden Vehikels ist vermutlich das *Google-Car*. Gartner möchte aber die autonomen Agenten, darunter verstehen die Analysten beispielsweise *Cortana* von Microsoft oder *Siri* von Apple, nicht vernachlässigen. In den kommenden fünf Jahren wird eine Post-App-Welt entstehen, in der solche intelligenten Assistenz-Systeme eine große Rolle spielen. Unternehmen sollten bereits jetzt sondieren, wie sie dies für Mitarbeiter und Kunden nutzen können.

2.6.1 Fazit

Diesen Trend sieht Gartner als so relevant an, dass explizit an Unternehmen die Empfehlung gegeben wird, sich damit zu beschäftigen.

„Aber um Roboter mit menschähnlichen Fähigkeiten und Reaktionen auszustatten, muss die Kommunikation deutlich schneller werden als TCP/IP heute ermöglicht. Mit *Flow-State Access* (FSA) könnte z.B. der Datentransfer um einen Faktor 1000 bis 50.000-fach gegenüber TCP beschleunigt werden"[128], sagt Experton in einer eigenen Analyse zu IT-Trends 2016.

Heute kennen wir mit Self-Service-Plattformen und den zunehmend smarter agierenden Kundencentern bereits im Einsatz befindliche Systeme, die Assistenz bieten, ohne dass ein Mensch aktiv werden muss. Diese Tendenz wird sich sicherlich verstärken, insbesondere wenn selbstlernende Algorithmen die „Trefferquote" und damit die Akzeptanz weiter erhöhen. Die virtuellen Agenten sollen immer besser darin werden, Situationen und individuelle Bedürfnisse zu erkennen.

Aber auch immer komplexere Maschinen (Industrie 4.0) und komplexe Systeme werden wohl nur auf diese Weise bedienbar bleiben.

Anstatt zu Scrollen oder Buttons zu klicken, werden wir, laut Gartner, bald nur noch mit unseren digitalen Assistenten sprechen. Und es vielleicht manchmal gar nicht mal merken ...

---

[128] Die wichtigsten IT-Trends für 2016. CIO-Agenda von Experton. www.cio.de, 09.12.2015

2.7 Lernfähige Sicherheits-Architekturen (Adaptive Security Architecture)

Während CIOs zunehmend Cloud nutzen und offene Schnittstellen schaffen, um Partner, Lieferanten und Kunden besser zu integrieren, schläft auch die Hacker-Branche nicht. In Sachen Security müssen sich Unternehmen lernfähiger zeigen, so Gartner.

Die zunehmende Bedrohung durch Cyber-Kriminalität spielt auch in den Gartner-Techniktrends eine wichtige Rolle. Die Analysten gehen von einer signifikanten Steigerung der Bedrohung in den nächsten Jahren aus, die sich insbesondere im Zusammenhang mit Cloud-Services und offenen APIs[129] manifestiert.

2.7.1 Fazit

Dieses Thema ist hoch relevant. Mit neuen Analyseverfahren, die Unregelmäßigkeiten schon früh erkennen, kann am Ende im Idealfall ein adaptives Sicherheitssystem stehen, das individuell auf Bedrohungen reagiert.

Und: Sicherheits-Architekturen gehören in Spezialistenhand! Viele Dienstleister haben das erkannt und bieten, insbesondere für Online-Auftritte, komplette Pakete an, die vor Bedrohungen der Cyber-Kriminalität schützen und Ausweichmöglichkeiten bieten, wenn ein Angriff erfolgt ist.

Lernfähige Sicherheits-Architekturen wird es auch außerhalb der IT geben:

„Vernetzte Digitaltechnik soll helfen, das Eigenheim besser zu schützen", berichtet die DIE WELT am 08.10.2014, „Roboter fahren dazu durch die Räume und sehen nach dem Rechten."[130]. „Rovio" heißt dieses Gerät, das in der Wohnung Patrouille fährt und mit seiner Kamera Bilder macht, wenn „verdächtige" Geräusche oder Bewegungen erkannt wurden.

Der arme Hund, jetzt wird er nicht nur vom Staubsauger verfolgt ...

Aber dahinter steckt der absolut ernsthafte Ansatz, aus den in der Wohnung verfügbaren (Sensor-)Daten auf eine „Normalität" zu schließen, also zu lernen, was keine Abweichung ist: Der Weg führt zu lernfähigen Sicherheitssystemen, die die Gewohnheiten der Bewohner beobachten, abspeichern und analysieren, bevor Alarm geschlagen wird.

---

[129] Application Programming Interface, englisch für Anwendungsprogrammierschnittstelle

[130] Jüngling, Th.: Diese Hightech-Polizei schützt Sie vor Einbrechern. DIE WELT, Oktober 2014. www.welt.de, 17.12.2015.

Ein nur 15cm hohes Gerät namens „Canary" ist so ein Ansatz: Ein Zylinder, bestückt mit zahlreichen Detektoren wie Thermometer, Feuchtigkeitsmesser und Infrarotsensor. Dazu kommen noch ein Mikrofon und eine Weitwinkelkamera, die Bilder in HD-Qualität aufzeichnet.

Abbildung 42: Canary Smart Home Security[131].

„Registriert einer der Sensoren etwas Ungewöhnliches – ein Krachen oder eine bislang nicht beobachtete Bewegung – meldet Canary den Vorfall auf das Smartphone des Besitzers und sendet ihm gleichzeitig die Audio- und Videodateien. Wenn aber die Haushaltshilfe wie gewohnt montags durch die Eingangstür kommt, bleibt der künstlich intelligente Zylinder stumm. Zu Fehlalarmen kann es jedoch kommen, wenn der jugendliche Sohn betrunken durch die Wohnung torkelt und die Technik darin ein ungewöhnliches Verhalten ausmacht."[132]

---

[131] Foto: www.canary-home-security.de

[132] Jüngling, Th.: Diese Hightech-Polizei schützt Sie vor Einbrechern. DIE WELT, Oktober 2014. www.welt.de, 17.12.2015.

2.8 Lernfähige System-Architekturen (Advanced System Architecture)

Was für die Sicherheits-Architekturen gilt, betrifft auch die System-Architekturen. Gartner schreibt von „neuro-morphologischen" Architekturen, die das Zusammenspiel all der Hardware (stationär und mobil) und den Daten von Sensoren und aus anderen Quellen ermöglichen sollen. IT-Organisationen werden verstärkt mit „FieldProgrammable Gate Arrays" (FPGA) operieren. Wie schon in den vorangegangenen Abschnitten dargestellt: Die IT-Systeme gleichen sich immer stärker der Funktionsweise eines menschlichen Gehirns an.

Auf diese Weise sollen die Computer-Algorithmen auch in kleinste Geräte vordringen und dort bei geringem Energieverbrauch ihre Arbeit verrichten: Intelligente Maschinen.

2.8.1 Fazit

Hier ist sie, die Welt der Mikrocontroller, der programmierbaren Logikbausteine, der daran angeschlossenen Aktoren und Sensoren. Es ist eine Welt, die „Jedermann" die Chance gibt, in der Digitalisierung mitzuwirken, vielleicht in Form eines Start-ups, das disruptiv mit einer neuen Geschäftsidee den Markt aufrollt.

Haben Sie Ihr „Canary" schon entwickelt?

Ihr Unternehmen kann an dieser Stelle aktiv dabei sein (technisch-orientierte MitarbeiterInnen werden das mit Begeisterung wollen) oder sich dieser Technik bedienen. Lassen Sie sich vom „Deep Dive" in die Technik nicht irritieren, sondern fragen Sie sich, wie Sie damit Ihre Produkte weiterentwickeln können. Überlassen sie die Technik den Spezialisten und den Start-ups und holen Sie sich bei Bedarf deren Know-how ins Unternehmen!

2.9 Agile App- und Service-Architekturen (Mesh App and Service Architecture)

App- und Service-Architekturen: Die Zeit des monolithischen Anwendungs-Designs ist vorbei. Die Architektur der Zukunft orientiert sich an Apps und Services. Sie funktioniert software-definiert und wird dadurch mehr Agilität und Flexibilität ermöglichen. Stichworte sind hier Microservices und Container.

Die Digitalisierung macht auch vor der Software-Branche nicht halt: Die Kosten müssen runter!

Anstatt der klassischen Drei-Schichten-Architektur zu folgen, sind Software-Systeme zunehmend eher lose aneinander gekoppelt und dadurch leichter erweiter- und skalierbar. Anwendungsentwickler und Programmierer werden von dieser Sicht ausgehend neue Architekturen entwickeln, auf deren Basis viele einzelne, auf die Vorteile der Cloud und standardisierter Schnittstellen setzende, Komponenten in die Applikationen integriert werden können.

Die produzierende Industrie macht es seit Jahren vor: Modularisierung und der Einsatz wiederverwendbarer Komponenten sparen Geld!

2.9.1 SOA richtig gemacht: Microservices!

Microservices sind kleine, unabhängige und skalierbare Dienstleistungen, die in Anwendungen kombiniert werden können, und deren Entwicklung und Pflege vereinfachen. Das klingt etwas nach SOA – und ist auch ein bisschen SOA: Obwohl es sich nicht um ein neues Konzept handelt, bezeichnen viele Praktiker Microservices als „richtig gemachtes SOA".

A NEW TYPE OF ARCHITECTURE FOR A NEW TYPE OF APPLICATION

Agenturen liefern bisher regelmäßig teure Individuallösungen und nur sehr selten grundlegenden Funktionalitäten, wie eine kostengünstige, standardisierte Online-Bestellmöglichkeit. Es wird ja auch (noch) bezahlt. Und es ist sehr teuer, wirklich gute, umfassende Online- und Offline-Lösungen zu erstellen.

Im Wikipedia heißt es zu SOA: „Eine Serviceorientierte Architektur (SOA, englisch *service-oriented architecture*) dient dazu, Dienste von IT-Systemen zu strukturieren und zu nutzen. Eine besondere Rolle spielt dabei die Orientierung an Geschäftsprozessen, deren Abstraktionsebenen die Grundlage für konkrete Serviceimplementierungen sind. Durch Zusammensetzen (Orchestrierung) von Services niedriger Abstraktionsebenen können so recht flexibel und unter Ermöglichung größtmöglicher Wiederverwendbarkeit IT-Services höherer Abstraktionsebenen geschaffen werden.

Vereinfacht kann SOA als Methode bzw. Paradigma angesehen werden, die vorhandenen EDV-Komponenten wie Datenbanken, Server und Websites in Dienste zu kapseln und dann so zu koordinieren („Orchestrierung"), dass ihre Leistungen zu höheren Diensten zusammengefasst und anderen Organisationsabteilungen oder Kunden zur Verfügung gestellt werden können"[133].

Microservices, die Software-Bausteine moderner Softwareentwicklung, werden typischerweise in einem Service Directory organisiert, das online verfügbar ist:

- Das Service Directory ist eine Plattform zur Veröffentlichung von wiederverwendbaren „Software Services", die dem gesamten Unternehmen bereitgestellt werden:
- Einfach in die jeweilige IT-Landschaft integrierbar durch Standard-APIs und Dokumentation der Schnittstelle:
- Demos zum direkten Ausprobieren sind verfügbar
- Der Informationsaustausch erfolgt über Response-Formate wie JSON, XML, CSV oder HTML.

Wer heute schon erfolgreich mit Microservices arbeitet? Sehen Sie sich mal bei Amazon, Netflix, Paypal, OTTO und Ebay & Co um!

Bei OTTO hat es sich beispielsweise ausgezahlt, dass bereits sehr früh im Projekt für einen neuen Online-Shop vier cross-functional Teams gegründet wurden und die Entwicklung nicht einem Team überlassen war. Es entstanden folgerichtig auch vier Anwendungen anstelle einer einzigen. „Da wir bereits vorher ein großes System betreiben mussten, war auch die Komplexität im Betrieb ein lösbares Thema: Ob man 200 Instanzen eines Monolithen oder eine ähnliche Anzahl von kleineren Systemen betreibt, ist letztlich kein großer Unterschied"[134], sagt Guido Steinacker.

---

[133] Quelle: Wikipedia.

[134] Steinacker, G.: Von Monolithen und Microservices. Juni 2015. www.informatik-aktuell.de, 15.12.2015.

Abbildung 43: Beispiel für ein Service Directory (OTTO GmbH & Co KG)

Und die Ähnlichkeit zu <u>S</u>ervice-<u>O</u>rientierten <u>A</u>rchitekturen (SOA) ist da:

- Die unternehmensbezogene Verbindung von Daten und Technologie
- Kompakte, wiederverwendbare Business IT-Services
- Gestalten von Anwendungen aus diesen Business IT-Services

Aber Vorsicht: Unternehmen hatten wenig Erfolg mit SOA, wenn Sie ein wesentliches Prinzip ignorierten: Anstelle für jedes Vorhaben die jeweils am besten geeigneten Technologien zu verwenden, kommt hier eine kleine Teilmenge von wiederverwendbaren Bausteinen zum Einsatz, die die Entwicklungs- und Wartungskosten verringern – oder sogar vermeiden.

Sind Microservices und SOA abzugrenzen? Ja, es gibt einige wichtige Unterschiede:

- Kein Enterprise Service Bus (ESB)

- Die Technologie für einen Microservice ist nicht vorgegeben, sehr wohl aber ein (kleines) Set an standardisierten Schnittstellen. Der Grundsatz ist: „Nutze das richtige Werkzeug für diese Aufgabe." Diese Flexibilität beschleunigt nicht nur innovative Vorhaben, sondern ist auch Voraussetzung für die Nutzung verschiedener Technologien im Lebenszyklus einer Anwendung.

- Die Architektur eines Microservices kann sehr schnell geändert werden, wechselnder Anforderungen aus dem Geschäft folgend.

- Jeder Microservice hat seinen eigenen Lebenszyklus und kann von einem eigenen Teams entwickelt werden, das völlig frei ist in der Wahl der jeweiligen Technologie – und über den gesamten Lebenszyklus die Verantwortung für dieses Microservice trägt.

- Microservices sind Artefakte des Continuous Delivery.

- Sie fördern das individuelle Deployment und erfordern in der IT-Organisation Techniken wie Docker oder Rocket. Keine Microservices ohne DevOps!

Abbildung 44: Microservices: Design neu lernen![135]

---

[135] Anger, R.: Präsentation „Microservice Architecture Applied", S.6. Capgemini, 2015. www.de.slideshare.net, 15.12.2015.

An dieser Stelle soll auch „Software as a Service" (SaaS) nicht unerwähnt bleiben, da auch dieser Ansatz Nähe zum SOA hat: Für die eigene Anwendung benötigte Bausteine werden (temporär) bezogen und in die eigene Entwicklungsarbeit integriert.

2.9.2 Wenn Entwickler überflüssig werden

Agenturen denken in Softwareherstellern, Integrationspartnern, Produkten und Schnittstellen. Warum nicht Software einsetzen, die Softwareprodukte baut – ohne Entwickler, aus standardisierten Komponenten? Offen ist hier lediglich die Frage, wie schnell eine Engine entwickelt wird, die es ermöglicht, Spezifikationen, Development und Produktion zu automatisieren. Was bleiben würde, ist Business-Engineering.

Erste Ansätze dazu gibt es: In einem Salesforce Webcast am 10.12.2015 heißt es: „Mit dem Quick Start Framework bietet Salesforce vorgefertigte mobile Apps für unternehmensinterne Prozesse, die ohne Programmierkenntnisse einfach angepasst werden können:"

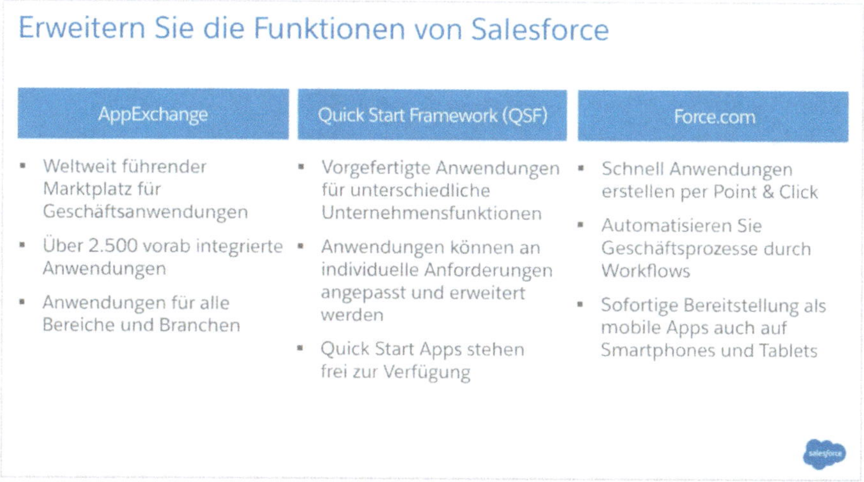

Erweitern Sie die Funktionen von Salesforce

AppExchange	Quick Start Framework (QSF)	Force.com
• Weltweit führender Marktplatz für Geschäftsanwendungen • Über 2.500 vorab integrierte Anwendungen • Anwendungen für alle Bereiche und Branchen	• Vorgefertigte Anwendungen für unterschiedliche Unternehmensfunktionen • Anwendungen können an individuelle Anforderungen angepasst und erweitert werden • Quick Start Apps stehen frei zur Verfügung	• Schnell Anwendungen erstellen per Point & Click • Automatisieren Sie Geschäftsprozesse durch Workflows • Sofortige Bereitstellung als mobile Apps auch auf Smartphones und Tablets

Abbildung 45: Salesforce Quick Start Framework[136]

---

[136] Quelle: Salesforce Webcast, 10.12.2015

Die Chancen dieser Entwicklung liegen also in der Modularität (auch Baustein- oder Baukastenprinzip) als Aufteilung eines Ganzen in Teile, die als Module, Komponenten, Bauelemente oder Bausteine bezeichnet werden. Bei geeigneter Form und Funktion können sie zusammengefügt werden oder über entsprechende Schnittstellen interagieren.

Sehen Sie sich mal die einfachen Programmieroberflächen an, mit denen in unseren Schulen die Programmierung von einfachen Apps erlernt werden kann: Sie werden Funktionsmodule finden, die sich wie Legosteine zusammensetzen lassen und so entstehen komplexe Anwendungen mit wenig Fachkenntnis.

2.9.3 Fazit

Ich gehe davon aus, das Microservices und SaaS die absolut dominierenden Delivery-Methoden der zukünftigen Software-Welt sein werden.

SAAM (SaaS & Agile Apps Mash) wird sich zum Aufsteiger mausern.

Haben Sie die Skillsets, Prozesse und Plattformen bereits in Ihrem Unternehmen etabliert?

2.10 Plattformen für das Internet der Dinge

Die genannten neuen Architekturen erfordern neue Plattformen, das Internet der Dinge steuert weitere Anforderungen bei. Unternehmen müssen ihre aktuellen Plattformen überprüfen, was keine leichte Aufgabe sein wird, so Gartner. Denn: Der Anbietermarkt für geeignete Plattformen ist schwer zu durchschauen, von Standardisierung kann bei diesem ganzen Thema noch keine Rede sein. Vor 2018 wird das auch nicht besser, schätzt Gartner.

Abbildung 46: Kommunikations-Architekturen für das IoT[137]

2.10.1 Fazit

Hier geht es um die gesamten Netzwerke und Internet-Anbindungen, die uns ein „Seamless Network" bieten können müssen. Eine immer und überall vorhandene Kommunikationsmöglichkeit und Online-Verbindung mit ausreichender Bandbreite für den Anschluss aller Devices sowie Nutzer.

Tatsächlich noch eher Science-Fiction, da neben relevanten Standards (insbesondere für Industrie 4.0) auch ausreichend schnelle Netzwerke fehlen.

Bis 2018, so schätzt Gartner, wird die Standardisierung eine der größten Herausforderungen bleiben.

---

[137] Foto: Chesky; shutterstock.com

3 Customerization – Der Kunde sagt, wo es lang geht

Schon etwa 2005 hat Gartner den Begriff „Consumerization" in die virtuelle Runde geworfen – und soll die IT-Verantwortlichen schon damals zu Tode erschreckt haben: Die Mitarbeiter wollen IT-Geräte und Anwendungen, die sie privat nutzen, auch für ihren Job einsetzen, und wer ihnen das verbieten will, wird bald zum alten Eisen gehören, so war der Tenor.

Unternehmen, die das Thema Customerization ernst nehmen, dürfte es bald ähnlich ergehen wie im Jahre 2010 dem Computacenter-CIO Thomas Jescheck: Er fühlte sich angesichts des geballten IT-Wissens, das die Mitarbeiter des IT-Dienstleisters mitbringen, wie ein Jogi Löw mit 80 Millionen Bundestrainern an seiner Seite ...[138].

Und heute? Anwender, egal ob Mitarbeiter oder Kunde, nehmen verstärkt Einfluss auf die Gestaltung von Informationssystemen. Erfahrungen aus dem privaten Umfeld prägen die Erwartungen an kommerzielle Angebote in erheblichem Umfang, insbesondere an die Gestaltung der Benutzeroberflächen.

Kunden und Mitarbeiter sind zunehmend selbstständig in der Auswahl und Nutzung von Soft- und Hardware.

SIE WOLLEN MITREDEN, MITGESTALTEN!

Damit verbunden, und auch dies ist für Unternehmen eine wichtige Rahmenbedingung, ist der Trend zur Customerization, der Umkehrung des historischen Flusses von IT-Innovation aus großen Organisationen in Richtung Endverbraucher.

Unternehmen können ihre Erfahrung an dieser Stelle fördernd einbringen, indem sie dieses Innovationspotential zum einen nicht behindern und auf der anderen Seite Methoden entwickeln, an dieses wertvolle Anwenderfeedback zu gelangen.

Die Anwendersicht von Kunden und Mitarbeitern kann aber auch in einer ganz anderen Dimension Einfluss haben bei der Einführung und Nutzung von digitalen Produkten: Was der Mensch nicht will, das nutzt er nicht!

Schade, insbesondere, wenn es an dieser Stelle um digitale Produkte gehen sollte, mit dem ein Unternehmen wirtschaftlich erfolgreich sein muss.

---

[138] Nach: Customerization – Autoritätsverlust oder wahre Größe? Computerwoche, Juni 2010. www.computerwoche.de, 15.12.2015.

3.1 Hürde Anwender?

Digitalisierung im Unternehmen? Oft stehen Geschäftsführung und Projektleitung vor unerwarteten Herausforderungen!

Was ist, wenn die mit der Digitalisierung konfrontierten Menschen im Unternehmen es einfach nicht wollen? Auf der einen Seite scheint es ganz einfach: Technisch-orientierte Unternehmen mit ihren „Digital Natives" brauchen die Digitalisierung als unbedingtes Werkzeug, als „Must-have". Ein Unternehmen, das hier nicht digital unterwegs ist, wird im Wettbewerb nicht überleben. Hier wird es keine Probleme dieser Art geben.

Aber es gibt auch Fälle, in denen die Digitalisierung einen großen Umbruch darstellt.

In diesem Typ Unternehmen gehören vielleicht Kommunikationssysteme wie E-Mail, Telefonie und Fax noch zu den seit langer Zeit gelebten, etablierten und vor allen Dingen gewohnten Arbeitsprozessen.

Die Menschen kennen diese (ihre) Arbeitsweise, haben die Arbeitsabläufe und die eigene Rolle darin jahrelang optimiert, und fühlen sich eher gestört durch Neuerungen in diesem Umfeld. Trotzdem entscheiden sich Unternehmensführungen zunehmend für die Digitalisierung – und treffen auf unerwartete Widerstände, auf allen Ebenen.

Die Digitalisierung stört den über viele Jahre gelernten und gewohnten Arbeitsablauf: „War denn das, was ich in der Vergangenheit geleistet habe, nicht gut? Warum muss ich das lernen – es hilft mir doch gar nicht?"

Es herrscht dann Unverständnis über den Nutzen im eigenen Arbeitsablauf. Die Digitalisierung kommt zu langsam voran, kostet nur wertvolle Zeit, hilft nicht richtig weiter: „Ich verstehe das alles nicht – und ich hab's gewusst, es funktioniert ja sowieso nicht. Zu kompliziert, nicht ausgereift und zu viele Fehler." Fehlt da nicht einfach die tägliche Routine im Umgang mit der Technik, mit den digitalen Prozessen – abgesehen mal von ein paar Tipps zur Bedienung?

Stiller Widerstand: „Ich ignoriere die neuen Prozesse einfach und suche mir Gleichgesinnte. Irgendwann „platzt die Bombe" und ich habe doch gleich gesagt, dass dies alles nicht funktioniert!"

Die Digitalisierung erfordert ein Umdenken im gesamten Unternehmen!

„Veränderung ist jedoch nur möglich, wenn Unternehmen flexibel und agil agieren können. Dies impliziert auch neue Anforderungen bei der Mitarbeiterauswahl. Der Beschäftigte von morgen muss Eigenschaften mitbringen, die auch unternehmerisches Denken, Kreativität, Schnelligkeit und eine maximale Anpassungsfähigkeit umfassen, gepaart mit einer Affinität für digitale Technologien.

HR-Abteilungen müssen ihre Personalpolitik diesem Trend anpassen. Bewerber, ganz gleich ob Manager oder Mitarbeiter, müssen ihre digitalen Skills unter Beweis stellen:

- Affinität zu digitalen Techniken ist ein Muss
- Change-Management wird für Unternehmen existenziell."[139]

Laut Forrester brauchen insbesondere IT-Abteilungen Beratungsfähigkeiten und übergreifende Zusammenarbeit. Das erfordert politisches Fingerspitzengefühl und Methodenkompetenz.

Unternehmen, die nicht die passenden Mitarbeiter in der jeweils richtigen Position an Bord haben, werden sich schwertun, bei der digitalen Transformation mitzuhalten. Es ist deshalb nicht nur wichtig, die richtigen Talente zu gewinnen, sondern auch, die Mitarbeiter an die Firma zu binden und sie auf die neuen Herausforderungen einzustellen und fachlich weiterzuentwickeln.

Wichtig ist ferner, dass die digitale Kompetenz nicht nur bei einer Person an der Spitze konzentriert sein darf. Wenn Unternehmen wettbewerbsfähig sein wollen, müssen alle Führungskräfte das Potenzial der Digitalisierung erkennen und umsetzen können.

Betreiben Sie ein zielorientiertes Marketing! Ohne unterstützende (Change-)Maßnahmen ist häufig keine ausreichende Akzeptanz zu erreichen: Gewohnte Arbeitsabläufe werden verändert und Menschen müssen sich ändern. Die IT-Organisation darf nicht Treiber der Einführung des UCC-Systems (Unified Communication and Collaboration) oder gar „Beauftragter" für dieses Change-Management sein. Dies ist Aufgabe der Unternehmensführung.

---

[139] Wartenberg, A.: Digitalisierung erfordert Umdenken im Personalwesen. IDG Expertennetzwerk, August 2015. www.computerwoche.de, 17.12.2015.

Leben Sie die Optimierung von Arbeitsabläufen vor! Ihre Sicht muss die aus der Perspektive des betrieblichen Prozesses sein! Arbeiten Sie mit „Use Cases" und „Best Practices" der Digitalisierung, d.h. gut nachvollziehbaren, einfachen Beispielen aus dem Arbeitsalltag Ihrer Mitarbeiter. Nutzen Sie dazu (externe) Prozessspezialisten mit hohem Know-how in den betrieblichen Abläufen, die auch als Coach helfen können.

Machen Sie Erfolge in der Transformation sichtbar.

In meiner betrieblichen Praxis hat es sich als äußerst wichtig gezeigt, alle Mitarbeiter zu involvieren, auch (und insbesondere) diejenigen, die nicht direkt betroffen sind. Jeder in Ihrem Unternehmen muss verstehen, welche Rolle er/sie genau in der Digitalisierung hat – und wie ser/sie die (hoffentlich) positive Mitwirkung für sich und andere sichtbar machen kann.

Hilfreich können hier einfache Dashboards sein, wie ich sie im Zusammenhang mit der Einführung eines Kommunikationssystems UCC (Unified Communication and Collaboration) in einem Medienkonzern eingeführt und zur später vorgestellten Methode *ValueBoard*® weiterentwickelt habe, das mit max. vier Kennzahlen Kosten und Nutzen dieses Digitalisierungsprojektes laufend visualisiert.

Unter Bezeichnungen wie „Quality of (User) Experience" (QoE) oder „User Experience" (UX) ist dabei die Kunden- (Anwender-) Sicht die subjektiv empfundene Zufriedenheit mit einem digitalen Produkt. Dies umfasst die Verfügbarkeit, Performance und Bedienbarkeit des genutzten (IT-)Services und kann die aktuellen persönlichen Rahmenbedingungen und Anforderungen einbeziehen.

Problematisch sind die Messung dieser Anwendersicht und die Darstellung in geeigneten Kennzahlen: Rechtliche Einschränkungen verbieten i.d.R. Messungen direkt am Endgerät des Anwenders, zudem sind allgemein anwendbare Messvorschriften für digitale Produkte in der betrieblichen Praxis nicht verfügbar.

Aber: Der Blick auf den Anwender, seinem Umgang mit Ihren digitalen Produkten und die Ermittlung von Indikatoren zur Anwenderzufriedenheit sind in der Digitalisierung existenziell:

Die Zeit, in der Innovation aus dem Unternehmen heraus an den Anwender ging, ist vorbei. Heute ist es eher der umgekehrte Weg, also vom Anwender in das Unternehmen: *Customerization*. Partner, Dienstleister und Kunden werden zum Treiber von Innovationen!

3.2 (M)Ein Entwicklungssystem für 5 Dollar

Was macht es für die Anwender/Kunden außerhalb Ihres Unternehmens so einfach, Teil der Customerization sein zu können?

Sehen wir uns die Entwicklung im Umfeld der Controller-Boards für das „Internet der Dinge" an: Für wenige Euros gibt es bereits vollständige Computer, die auf einer kleinen Platine Platz finden und nur ein Steckernetzteil für die Stromversorgung brauchen. Das Betriebssystem, auf SD-Karten gespeichert, ist Linux und neuerdings auch ein „Embedded Windows" – ja, auch Microsoft hat verstanden, dass dieser Markt besetzt werden muss.

Die Rechenleistung? Dank moderner ARM-Prozessoren (ich bin bereits kurz auf diese Technik eingegangen) mehr als ausreichend. Die Controllerboards wie der *RaspBerry Pi* oder *Arduino* sind vollwertige Computer, mit allen relevanten Schnittstellen und den technischen Vorkehrungen zum Anschluss von Sensoren und Aktoren.

Viele Veröffentlichungen beschäftigen sich mit den Einsatzmöglichkeiten dieser Boards und geben „Bastel-"Anleitungen für nahezu jeden Einsatzbereich.

Schulen und Universitäten nutzen diese Boards für die Ausbildung. Das Know-how für Entwicklungsarbeiten auf Basis dieser Boards ist also vorhanden – bei immer mehr Ihrer Kunden und Anwender „da draußen".

Sehen Sie sich diese Pressemeldung aus dem Dezember 2015 an:[140]

> *Starting today (01.12.2015), shops and newsagents are stocking a computer magazine called The MagPi, and as a world's first, this magazine comes with a free computer—literally stuck to the front cover.*
>
> *It's the newest Raspberry Pi release, called Pi Zero. This computer also goes on sale around the world for just $5.*

Bei dem Elektronikhändler Reichelt (www.reichelt.de) wird das Board aktuell (Ende Dezember 2015) zusammen mit einem Kabelsatz für unter 15€ zu haben sein.

„Bastel-Kleincomputer" nennt Heise[141] das Board im November 2015.

---

[140] https://opensource.com/business/15/11/raspberry-pi-zero?sc_cid=70160000000x3xCAAQ

[141] http://www.heise.de

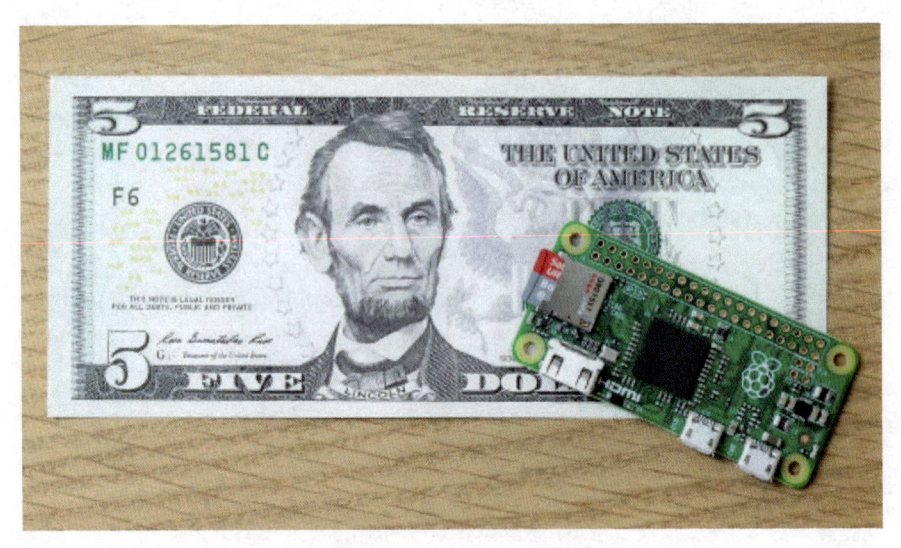

Abbildung 47: RaspBerry Pi Zero[142]

Mit einer Platinenfläche von nur knapp 20 cm² und einer Einbauhöhe von nur 5 Millimetern passt der *Pi Zero* in selbstgebaute Geräte, verfügt aber über die kompletten 40 GPIO-Ports des *RaspBerry Pi 1*. Reichelt spezifiziert dieses in Kürze lieferbare Board so:

- CPU: 1 GHz ARM11 Broadcom BCM2835
- RAM: 512 MB LPDDR2 SDRAM
- microSD-Karten-Slot
- Mini-HDMI Anschluss für 1080p60 Video-Ausgang
- Micro-USB für Daten und Stromversorgung
- Unbestückter 40-Pin GPIO Header

---

[142] Quelle: Raspberry Pi Foundation: www.raspberrypi.org. 12.12.2015

Und die ersten Beispiele für Einsatzszenarien dieses Boards gibt es auf den Webseiten der RaspBerry Pi Foundation auch bereits.

Heise schreibt dazu „Unsere US-Kollegen von *Make* konnten offenbar bereits im Vorfeld einen Pi Zero ergattern und haben gleich etwas damit gebaut: Eine Miniatur-Version ihres Minisenders namens *Raspberry PiRate Radio*[143], der mp3-Dateien in kleinem Umkreis mit jedem UKW-Radio empfangbar macht. Das Original-Projekt war für einen normal großen RasPi gedacht, die neue Variante ist deshalb als „Throwie" ausgeführt, den man durch einen geschickten Wurf zum Beispiel an einen Stahlträger werfen kann, wo er mittels eines Magneten haften bleibt."[144]

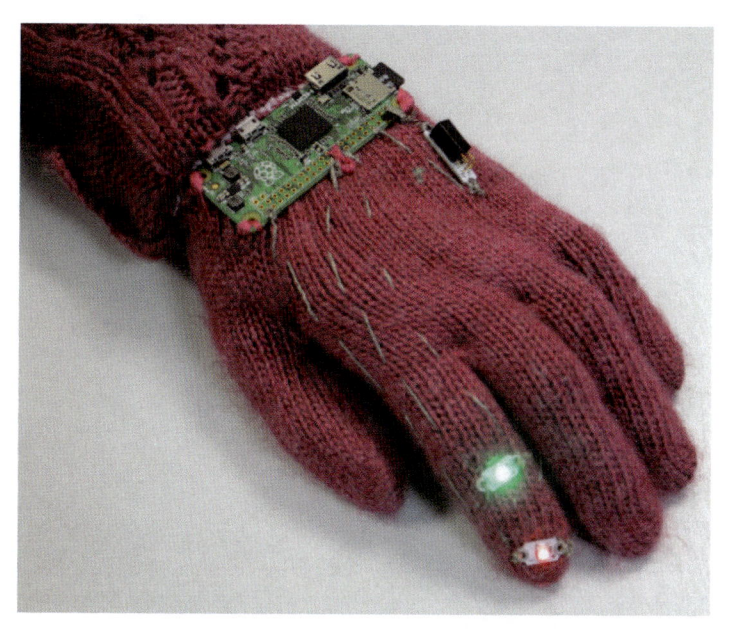

Abbildung 48: Der RaspBerry Pi Zero im Test[145]

Was ist Ihre Idee für diese Technik?

Oder doch nur Spielerei?

---

[143] http://makezine.com/projects/pirate-radio-throwies/

[144] König, P.: RaspBerry Pi Zero: Der neue Bastel-Kleincomputer ist winzig und kostet nur 5 Dollar. November 2015. www.heise.de, 17.12.2015.

[145] Quelle: Raspberry Pi Foundation: www.raspberrypi.org. 12.12.2015.

4 Die Transformation der Unternehmens-IT

Welche Rolle hat Ihre Unternehmens-IT bei der Digitalisierung? Sehen Sie in Ihrer IT eher einen Treiber – oder steht sie Ihnen vielleicht sogar im Weg?

Zwischenzeitlich gibt es zur Bestätigung jeweils Studien beider Sichtweisen und diese geben damit nur wenig Orientierung. Von „zu schlecht, zu langsam, zu teuer" reichen die zusammenfassenden Bewertungen bis hin zu der Rolle als Treiber in der Digitalisierung. Warum ist das so? Die Unternehmens-IT hat doch in der Vergangenheit die Effizienz der IT-Services ständig verbessert und dabei die Kosten verringert?

Wie ein roter Faden zieht sich durch alle Studien, dass die IT nach einer Phase der Konsolidierung und Effizienzsteigerung wieder komplexer wird.

4.1 Lernen aus der Private Cloud?

In vielen Unternehmen sind heute sogenannte Software Defined Datacenter (SDC), oder auch Virtual Computing Plattform (VCP), Stand der Technik im eigenen Rechenzentrum. SDC boten hohe Automatisierungspotenziale durch die Konsolidierung von Altsystemen.

Vor dieser Konsolidierung waren die Rechenzentren voll von Server- und Storage-Systemen, die häufig dediziert nur für eine Applikation liefen – und entsprechend gering ausgelastet waren. Die Hard- und Software war Eigentum des Unternehmens und wurde über Jahre abgeschrieben. Das war auch alles gut so, denn diese Systeme liefen viele, viele Jahre ohne nennenswerten Re-Invest. Ich denke da an die SUN Serversysteme aus meiner Rechenzentrum-Vergangenheit, die es auf zehn und mehr (fast) störungsfreie Betriebsjahre brachten und dann würdig verabschiedet wurden.

Das Rechenzentrum war das „Schatzkästlein" des Unternehmens. Klimatisiert, gut bewacht und teuer.

Aber der Kostendruck stieg: Diese Altsysteme auf virtuellen Plattformen zu konsolidieren wurde ein „Must-have" und wirtschaftlich ein großer Erfolg. Die Übernahme vorhandener physikalischer Server in virtuelle Instanzen ließ sich automatisieren und letztendlich liefen die Server der Virtualisierungsplattform – die dann bald als „Private Cloud" bezeichnet wurden – mit einer Auslastung, wie sie die einzelnen Server davor nie erreichen konnten.

Parallel wurden die Verträge mit externen Dienstleistern kostenoptimiert: Die bisher gekauften Systeme wurden nun geleast, die IT wurde kosteneffizient wie noch nie. Ich denke da nur an die konsequente Zusammenfassung und Zentralisierung von IT-Teams, in der viel Raum für Personalabbau war.

Aber die Unternehmens-IT wurde auch irgendwie unpersönlicher. Denn, nach oder parallel zur Konsolidierung der Altsysteme begannen in fast allen Unternehmen die ersten Transformationen der IT-Organisation: Die Industrialisierung.

Service- oder auch Userhelp-Desks wurden eingeführt – und vielleicht auch bei Ihnen kurz danach an einen externen Dienstleister ausgelagert – war ja auch günstiger.

Wären da nur nicht diese Schnittstellen zwischen der IT im Unternehmen und dem Dienstleiter gewesen. Verträge, Providersteuerung, Kennzahlen, Pönale, ...?

Und so wurde IT selber industrieller: Hohe Fähigkeiten im Service-Management waren jetzt das Ziel. Vielerorts wurden Best Practices nach ITIL oder ISI/IEC 20000 eingeführt: Incident, Problem, Request Fulfillment – Prozesse, Prozesse, Prozesse.

Eine Situation, in der die bereits angesprochene „Hürde Mensch" in vielen Variationen und Intensitäten sichtbar wurde, vielleicht auch bei Ihnen im Unternehmen? Kopfmonopole, Silos und das „Hey Joe"-Prinzip mussten verschwinden. Nur, war das für viele Menschen im Unternehmen das „persönliche Alleinstellungsmerkmal". Wissen abgeben, Artikel für die Knowledgebase schreiben und dann selber gar nicht mehr gefragt werden – für viele undenkbar!

Wie war diese Transformation bei Ihnen im Unternehmen organisiert? Wurde diese Entwicklung „top-down", also mit starker Unterstützung aus dem Management vorangetrieben – oder musste die IT irgendwie selber klarkommen, also eher „bottom-up"?

Funktioniert hat diese erste Transformation nur dort, wo „top-down" agiert wurde.

Aber was wurde – aus Sicht der Unternehmens-IT – durch diese Industrialisierung tatsächlich erreicht? Zum einen wurde der Abstand IT zum Unternehmen deutlich größer, die Kommunikation wurde unpersönlicher. Der Servicedesk als „Single Point of Entry", jede Abfrage wurde zu einem Ticket, das, mehr oder weniger gut geroutet, bearbeitet wurde. Mit dem immer besser werdenden Reporting wurde die Transparenz über die Leistungen der Unternehmens-IT ebenfalls besser, auch die Transparenz über die Kosten der Leistungen dieser IT.

„Draußen ist das günstiger, wir kaufen das bei einem Provider." Die Unternehmens-IT musste sich zunehmend rechtfertigen, sollte noch günstiger werden und unerreichbaren Sparzielen folgen.

Die in den letzten Jahren breit und gut aufgestellten sowie mit einer hohen Prozessreife und nach industriellen Prinzipien tätigen externen Service-Provider schauten ab, lernten hinzu und machten es (überwiegend) besser.

Während die interne Unternehmens-IT noch immer von technisch-geprägten Leistungen spricht und von abenteuerlichen Vollkostenverrechnungen träumt, reden die Provider mit Unternehmensentscheidern und Geschäftsverantwortlichen über Business und nicht über Technik. Während viele der vorhandenen SLAs als Placebo einzustufen sind oder als Rohrkrepierer ihr kurzes Leben fristen, finden immer mehr Deals, nicht zuletzt wegen der Transparenz von Leistungen im Zusammenhang mit Kosten und rechtlicher Verbindlichkeit(!), ohne Mitwirkung oder gar Wissen der IT-Verantwortlichen mit den Externen statt. Unternehmensinterne SLAs sind bis heute selten verbindlich und sind meist frei von Konsequenzen.

Die Unternehmens-IT stand, weil sie ja so transparent war, plötzlich im Benchmark mit externen Providern – und die agierten nun wirklich industriell, und das in ganz anderen Größenordnungen.

Im ELLETA Positionspapier *Auf dem Weg zum Service Provider* heißt es dazu: „Neben SixSigma und CoBIT haben es vor allem PRINCE2® und ITIL® zu gewissem Ruhm gebracht. Mit wenig Vorwissen und konkreten Kenntnissen behaftet, bildete sich der IAK (Industrielle Anbieter Komplex) heraus. Die sogenannten *good practices*, in den ersten Jahren mussten es sogar die *best practices* sein, waren dafür auserkoren, dem „Tanker" Unternehmens-IT eine weitere Organisationsschicht zu verordnen. In Anlehnung oder auch in Nachahmung der in der produzierenden Industrie längst erprobten und bewährten Methoden, war und ist immer noch die IT zum Aufholen verdammt (...).

Trotz SLAs, Ticketing-Systemen und gut trainierten, oft schlecht bezahlten Service Desk Mitarbeitern, nehmen die Unternehmen die Bemühungen der eigenen IT nach geordnetem Service Management nicht mehr wahr und immer weniger ernst. Unternehmen haben inzwischen die Wahl, in die interne IT weiter zu investieren oder sich am Markt nach geeigneten Dienstleistern und/Angeboten umzusehen."[146]

---

[146] Bergmann et al.: Positionspapier: Transformation der IT. Auf dem Weg zum Service Provider. Elleta München GmbH, 2015.

„Die IT-Abteilungen in den Unternehmen sind in der heute bekannten Form und unter den Rahmenbedingungen der Digitalisierung häufig nicht überlebensfähig und gelten als Auslaufmodell." Ergänzend dazu ist häufig die Meinung zu hören: „Eine Unternehmens-IT kann und wird nach aktuellem Verständnis niemals ein zuverlässiger, rentabler und rechenschaftspflichtiger Service Provider."

Dabei ist in der IT des Unternehmens doch etwas entstanden, was „Stand der Technik" ist und Ausgangspunkt für eine weitere Veränderung, also die zweite Transformation sein könnte: Die Private Cloud.

„Cloud Computing folgt den Ideen des *Utility Computing*.[147] Es wird immer die aktuell benötigte Menge an Ressourcen zur Verfügung gestellt und bezahlt. Wenn nichts genutzt wird, kostet es auch nichts. Cloud Computing hat somit eine wirtschaftliche Bedeutung, da signifikante Kostenersparnisse aufgrund der flexiblen Bereitstellung und Nutzung von IT-Diensten möglich sind."[148]

Eine neue Aufgabe, eine neue Chance für die IT im Unternehmen?

Ja – aber hatte ich nicht schon gesagt, dass „die Cloud" das beste Beispiel für IT-Commodity ist?

Schon vor mehr als zehn Jahren stellte Nicolas Carr dazu seine Sicht dar: Für ihn war schon damals die IKT nur eine „Commodity", d.h. ein Gebrauchsgut wie Gas, Wasser, Strom.

IST IKT SO SELBSTVERSTÄNDLICH WIE DER STROM AUS DER STECKDOSE?

JA – UND VIEL MEHR, ALS SIE DENKEN!

---

[147] Unter Utility Computing versteht man Techniken und Geschäftsmodelle, mit denen ein Service Provider seinen Kunden IT-Dienstleistungen zur Verfügung stellt und diese nach Verbrauch abrechnet. Quelle: Wikipedia.

[148] [BAUN et al. 2011, S. 2]

Carr bezeichnet in seinem 2003 erschienenen und seitdem kontrovers diskutierten Artikel *IT doesn't matter* IKT[149] als eine Commodity, vergleichbar zu anderen Basistechnologien wie Wasser, Strom und Telefon: Leistungen der IKT sollten für jedermann überall zu gleichen Konditionen und gleicher Qualität verfügbar sein und dürften somit nicht zu strategischen Wettbewerbsvorteilen führen [Carr 2003]. Der Wert von IKT kann durch die besondere Art und Weise der Nutzung im Einzelfall aber sehr hoch sein. Carr fokussiert dabei allein die technischen Komponenten, d.h. die Hard- und Software: „Information technology [...] is used in its common current sense as denoting the technologies used for processing, storing and transporting in digital form."[150]

Mit Blick auf die hohe Abhängigkeit der Unternehmen von der Verfügbarkeit und Qualität der IKT-Systeme ist der These von Carr, dass IKT Eigenschaften anderer Basistechnologien hat, eindeutig zuzustimmen. Ein längerer Ausfall zentraler IKT in Unternehmen wird ähnlich dramatische Auswirkungen haben wie z.B. der Ausfall der Energieversorgung.

„So auf dem Boden der eigentlichen Zweckbestimmung zurückkommend, bleibt internen IT-Organisationen oft nur die Flucht auf bekanntes Terrain und damit in den IT-Betrieb. Verunsichert bis orientierungslos investieren IT-Verantwortliche in neue Technologien, ohne das dafür erforderliche Fachwissen, erwerben weitere Infrastrukturtools und ergeben sich in therapeutischen Beschäftigungsaktionismus. Beliebt sind Evaluationen für neue Service-Management-, Reporting- bzw. Monitoring-Werkzeuge, Endgeräte Migrationen. Gern genommen auch die Entwicklung und der Rollout von SAP-basierten Templates. Immer wieder beobachtet wird der enorme Zeiteinsatz für das „Feuerwehrspielen", ein untrügliches Zeichen der IT-Manufaktur. Die Spitze aller Übertreibungen: ein IT-ERP System für die eigenen Abläufe, obwohl die IT die einzige Branche ist, die konsequent den Sinn von Prozessen in Frage stellt."[151]

Was soll Ihre IT-Organisation jetzt für Sie tun, um das Unternehmen in der Digitalisierung zu unterstützen?

---

[149] IKT = Informations- und Kommunikationstechnik

[150] [Carr 2003, S. 49]

[151] Bergmann et al.: Positionspapier: Transformation der IT. Auf dem Weg zum Service Provider. Ellta GmbH, 2015.

Zunächst einmal Verständnis dafür entwickeln, dass die IT ebenso ein diese Transformation unterstützender Teil des Unternehmens ist, wie auch HR, Finance, die Gebäudeinfrastruktur oder der Fuhrpark. Denn alle Bereiche sind heute nicht mehr nur technisch orientiert – sie arbeiten bereits mit moderner Technik, wenn auch manchmal „im Schatten" der Unternehmens-IT.

Darüber hinaus – und dies ist nur zum kleinen Teil vom jeweiligen Unternehmen abhängig – muss die IT die Fähigkeiten entwickeln, die in der Transformation jeweils förderlich sind.

Ein paar Anregungen dazu möchte ich auf den folgenden Seiten geben.

4.2 IT der zwei Geschwindigkeiten

„Die Analysten von Gartner haben 2012 die „Pace-Layered Application Strategy" eingeführt als eine Methodologie für die Kategorisierung, die Auswahl, das Management und die Governance von Applikationen, um Veränderungen im Business, Differenzierung im Markt und Innovationen zu befördern (...) Kernidee war, die Unterscheidungsmöglichkeit von unterschiedlichen Applikationsstrategien bei verschiedenen Applikationsklassen zu verbessern. Gartner unterscheidet die folgenden drei Klassen:

- **Systems of Record.** Systeme, die grundlegende und standardisierte Geschäftsprozesse, etwa über Standardsoftwaresysteme, abbilden. In diese Kategorie fallen Alt- oder Legacy-Systeme. Die Evolution dieser Systeme ist langsam und geordnet mit meist wenigen Release-Zyklen. Dies ist, nach Gartner, auch richtig so, da sich diese Geschäftsprozesse nicht oder nur unter dem Druck gesetzlicher Regelungen ändern.

- **Systems of Differentiation.** Systeme, die die Einzigartigkeit des Unternehmens in seiner Wettbewerbssituation ausprägen. Diese Systeme unterliegen einem konstanten Wandel, um die Einzigartigkeit des Unternehmens zu unterstützen.

- **Systems of Innovation.** Systeme, die neue und innovative Geschäftsmodelle und Experimente unterstützen sollen. Hier sind meist Lean-StartUp-Ansätze nötig, um die Ideen der Fachbereiche durch IT-Lösungen auszuprägen. Die neuen technischen Möglichkeiten von BigData und Digitalisierung sind gute Beispiele für solche Systeme."[152]

---

[152] Nach: Whitepaper „Software-Modernisierung mit Microservices. Neuer Architekturansatz hilft, Risiken beim Application Management zu reduzieren. Opitz Consulting, 2015. www.opitz-Consutling.de, 15.12.2015.

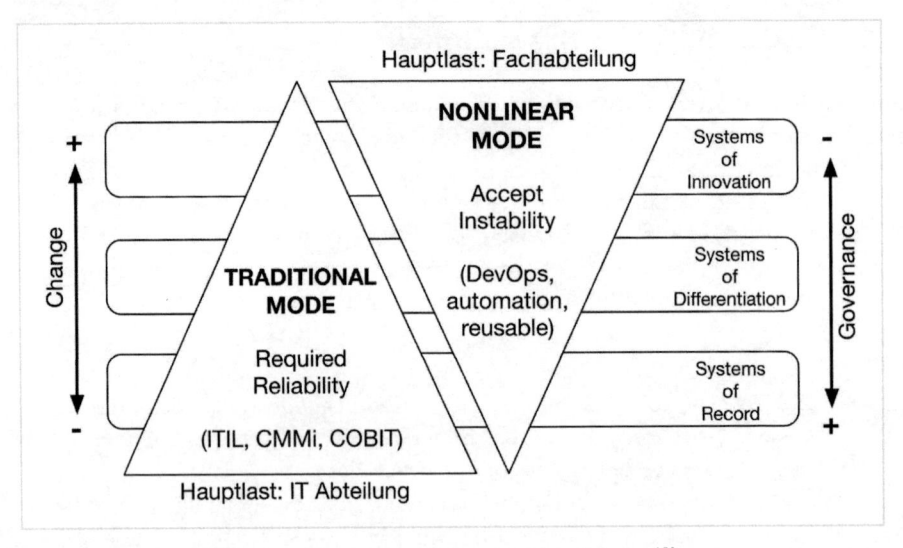

Abbildung 49: IT der zwei Geschwindigkeiten[153]

„Die Herausforderung an dieser Stelle liegt für die meisten Unternehmen in den unterschiedlichen Geschwindigkeiten, mit denen sich das Business und die IT bei der Digitalisierung bewegen.

Die Wirksamkeit und Effizienz der IT wird daran gemessen werden, wie solide und kostengünstig bestehende Kernsysteme (Legacy, Systems of Records) betrieben werden und wie schnell wichtige Innovationen für das Geschäft adaptiert, integriert und in den dynamischen Regelbetrieb (Systems of Innovation) übernommen werden.

Das Business nimmt neue Technologien, die vielleicht einfach aus dem Privatbereich „herüberschwappen", grundsätzlich schneller an und möchte diese auch im Geschäftsalltag nutzen. „Bring your own device" BYOD ist hierfür ein Beispiel, ebenso wie Cloud-Dienste im Arbeitsalltag wie Dropbox oder LinkedIn. Die eigene IT-Abteilung kommt dieser Geschwindigkeit nicht immer hinterher. Diese immer kürzer werdenden Technologiezyklen erhöhen den Bedarf der Fachbereiche an Innovationen und stellen die IT vor Herausforderungen."[154]

In der Konsequenz ist eine Neuordnung der IT in den Unternehmen nötig.

---

[153] Eigene Darstellung. Nach: Gartner.

[154] Quelle: Lünendonk-Whitepaper „5 vor 12 – Die digitale Transformation wartet nicht", http://www.luenendonk.de, 28.11.15.

Herstellung und Betrieb von IT-Services müssen einen hohen Automatisierungsgrad aufweisen und Prozesse durchgehend transparent sein. Externe Zulieferungen müssen sich nahtlos integrieren lassen.

"IT-Organisationen stehen vor der Herausforderung, sowohl klassische IT-Systeme (System of Records), als auch moderne IT-Systeme (System of Engagement, System of Innovation), parallel zu betreuen und einheitlich zu steuern", sagen die Experten von Materna.

	Release Strategy	Focus of Work	Business Impact
Systems of Innovation	- Short Release Cycles - Flexible Configuration of New Services & Products	- Agility & Low Time to Market	- New Business Models & Products - Foster Experiments & Innovation
Systems of Differentiation	- Medium Release Cycles (1-8 Weeks) - Connecting System of Innovation with System of Records	- Internal Platform Development	- Reusable, Cross-cutting Functions
Systems of Records	- Traditional Release Cycles (> 2 Months)	- Stability and Cost Efficiency	- Business Continuity - Consolidation & Compliance

Tabelle 1: Kann die Unternehmens-IT die Anforderungen koordinieren?[155]

An dieser Stelle wird gerne von der „bimodalen IT" gesprochen, verstanden als die Verknüpfung traditioneller und agiler Vorgehensmodelle. Sie erfordert neue Management-Lösungen, die die Administration heterogener Strukturen unterstützt.

---

[155] Nach: Digital Transformation: A case for lean Enterprise Architecture Management. Whitepaper LeanIX GmbH, 2015

Prinzipiell geht es bei der bimodalen IT um zwei unterschiedliche Methoden beziehungsweise eine „IT der zwei Geschwindigkeiten" – eine traditionelle, zuverlässige und sichere operative IT-Basis und eine nicht-lineare, nicht-sequenzielle agile IT, die auf hohe Geschwindigkeit ausgelegt ist. Gerne wird an dieser Stelle auch mit dem Vergleich „Dickschiff" und „Schnellboot" gearbeitet.

Digitale Unternehmen wollen das Schnellboot: Der Kunde will es jetzt! Geschwindigkeit und Bedienkomfort sind wichtiger als bunte Bildchen.

Ich gehe von der Annahme aus, dass Ihre Unternehmens-IT das „Dickschiff" im Griff hat. Nun gibt es da ja vielleicht auch schon eine Private Cloud mit hohen Fähigkeiten im IT-Service-Management.

Die „Schnellboote" erfordern, wie schon dargestellt, hoch dynamische, virtuelle Plattformen, die von den Entwicklertools über technische Schnittstellen direkt gesteuert werden können.

Das wäre eine Erweiterung Ihrer Private Cloud im Unternehmen.

Unterstützt Ihre IT-Organisation so etwas (schon) – oder sind an dieser Stelle die externen Provider aktiv? Lassen Sie sich doch mal Vergleichsberechnungen erstellen.

In jedem Fall sollte aber Ihre IT-Organisation mit einem workload-orientierten Ansatz die Leistungserbringung einheitlich lenken. Die „bimodalen Welten" müssen verbunden werden:

- Compliance / Governance
- IT(SM)-Prozess-Schnittstellen

Aus meiner Sicht ist das eine konsequente Weiterentwicklung Ihrer IT-Organisation, wobei das Gelernte aus dem Aufbau und Betrieb der Private Cloud optimal angewandt werden kann: Die bereits vorhandenen IT(SM)-Prozesse müssen weiterentwickelt und mit dem Fokus auf die Steuerung externer Dienstleister optimiert werden.

Das ist der Übergang in die Welt von „IT as a Service".

Das alles ist keine „Rocket Science" und wird technisch/organisatorisch heute von den Anbietern der Virtualisierungsplattformen unterstützt: Diese Art der Automatisierung mag noch Neuland sein, wird aber als letztendlich nur weitere Stufe der Automatisierung Vorteile für Ihr Unternehmen bringen.

4.3 Automatisierung der IT-Organisation

Bisher bestand der Fokus der Unternehmens-IT darin, die klassische Produktion zu digitalisieren: Die Geschäftsabläufe haben sich in diesem komplexen System über die Jahre eingespielt und fein austariert.

Ein hoher Automatisierungsgrad senkt die Kosten und erhöht die Qualität der IT-Leistungserbringung. Medienbrüche und manuelle Fehlerquellen werden reduziert. Wiederholbare Abläufe werden standardisiert.

So findet das Zusammenarbeiten in Organisationen vermehrt vermittelt über verschiedene digitale Medien statt (z.B. E-Mails, Videokonferenzen, Mobiltelefonie, soziale Medien wie Blogs und Microblogs) und Organisationen selbst weisen zunehmend virtuelle Strukturen auf (z.B. mobiles Arbeiten, virtuelle internationale Teams, Homeoffice).

Diese „Digitalisierung nach innen" ist weit fortgeschritten und kann heute durchaus als „Stand der Technik" bezeichnet werden, insbesondere auch in kleinen Unternehmen. Die schon angesprochene „Private Cloud" gehört sicherlich in irgendeiner Form dazu, inklusive automatisierter Prozesse zur Bereitstellung und Verrechnung virtueller Ressourcen.

Für die langsame IT, für das „Dickschiff", reichen diese silo-übergreifenden, ganzheitlichen Automatisierungskonzepte mit dem so erreichten Stand an Dokumentation und der Verrechnung aus: Diese software-definierte Infrastruktur, auch als Software-Defined Data Center (SDDC) bezeichnet, versetzt die IT in die Lage, die gesamte Infrastruktur über eine einfache Schnittstelle zu kontrollieren, die den Betrieb automatisiert und beschleunigt.

Gibt es in Ihrem Unternehmen bereits einen IT-Shop, über den virtuelle Systeme geplant, bestellt und gesteuert werden können? Und dies alles möglichst ohne manuellen Eingriff Ihrer IT-Organisation?

4.3.1 Das Software-Defined Data Center (SDDC)

„Der Begriff des Software-Defined Data Center (SDDC) bezeichnet die Virtualisierung des Rechenzentrumsbetriebs, indem über der physischen IT-Infrastruktur eine Softwareschicht eingezogen wird. Virtualisierung an sich ist nicht neu, SDDC geht hier jedoch einen Schritt weiter. Während die Virtualisierung von Servern, Netzwerken, Speichersystemen (Storage) und Security in vielen Unternehmen bereits teilweise oder sogar vollständig umgesetzt ist, wird durch SDDC nun eine sogenannte Abstraktionsschicht eingezogen, die die Steuerung, Kontrolle und Bereitstellung der IT-Infrastruktur vereinfacht und automatisiert. Kern des Konzepts ist es also, eine vollständig virtualisierte und durch Software gesteuerte IT-Infrastruktur zu schaffen."[156]

Die Technik zur einheitlichen, software-basierten Steuerung eines virtualisierten Rechenzentrums ist da: Das Konzept sieht vor, über die einzelnen, virtualisierten Bestandteile eines Data Centers, wie etwa Server, Netzwerke, Speicher, Security, eine Abstraktionsschicht zu legen, die die gesamte Infrastruktur steuert, kontrolliert, provisioniert und automatisiert.

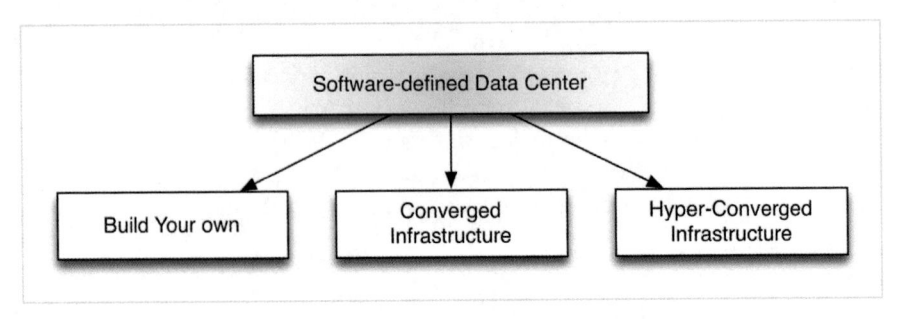

Abbildung 50: Ausprägungen eines SDDC[157]

Eine Mischung aus Eigenbau und Fertiglösung als SDDC ist ein sogenanntes Converged System. Sie zeichnen sich dadurch aus, dass sie Storage, Rechenleistung, Netzwerkkomponenten und Management in einer Box bieten. Bei Hyper-Converged-Infrastructure-Plattformen kommt noch Virtualisierungssoftware hinzu: Das Datacenter im Rack-Format[158].

---

[156] Nach: Whitepaper Software-Defined Data Center – erfindet sich das Data Center neu? Fujitsu, 2015. www.fujitsu.com/de/EVORAI, 10.11.2015.

[157] Eigene Darstellung.

[158] Hersteller solcher Systeme sind unter anderem VCE mit Vblocks, Nutanix (Virtual Computing Plaform NX), HP (ConvergedSystem) und EMC (VSPEX).

„Im Kern eines SDDC steht der Anspruch, dass Anforderungen der Fachbereiche besser bedient werden können, wenn die IT-Infrastruktur – egal, ob intern oder extern betrieben – zentral kontrolliert wird. Die Ressourcen werden ganz klar am Bedarf von Applikationen und Services ausgerichtet"[159], sagt EMA[160]-Berater Torsten Volk und führt weiter aus, „Ganz entscheidend für den Erfolg eines Software-Defined Data Center (SDDC) ist die Migration von einer manuellen Ressourcen-Zuteilung zu einem automatisieren Provisioning."

Für eine selbsttätige Zuteilung der erforderlichen Computing-, Netz- und Speichersysteme muss der Provisioning-Lösung bekannt sein, welche Anforderungen die jeweiligen Applikationen beziehungsweise die genutzten Services haben. Hier setzt auch die in jüngster Zeit vielfach von den Softwareherstellern zitierte „DevOp"-Idee an. Um solche Informationen liefern zu können, müssen Entwickler (Developer) schon in der Gestaltung der Applikationen eng mit den Betriebsexperten (Operator) kooperieren.

Volk nennt beispielhaft die zwei Tools „Puppet" (von Puppet Labs) und „Chef" (vom gleichnamigen Unternehmen), die beim automatischen Provisioning helfen".

Ein SDDC ist viel zu komplex, als dass Administratoren manuelle Workloads im Minutentakt konfigurieren könnten. Die Managementplattform muss also nicht nur Virtual Machines, sondern ganze Anwendungsumgebungen quasi auf Knopfdruck bereitstellen können.

Damit sind wir bei der bereits geforderten automatisierten Schnittstelle zwischen den Prozessen der agilen Softwareentwicklung und der Bereitstellung der dafür benötigten virtuellen Ressourcen, insbesondere für Testläufe!

Das SDDC ist die Plattform für Ihre „Schnellboot"-Softwareentwicklung.

Dass software-basierte Rechenzentren auch in Deutschland an Boden gewinnen, steht nach Einschätzung von IDC außer Frage: „Zwar haben erst 13 Prozent der befragten Organisationen mit der Umsetzung eines SDDC begonnen", so IDC-Analyst Matthias Kraus. „Allerdings gab ein Viertel an, SDDC in den kommenden 12 bis 24 Monaten zu implementieren. Weitere 20 Prozent beschäftigen sich intensiv mit der Technologie."[161]

---

[159] Nach: Hackmann, J.: Der Weg ins Software Defined Data Center. Computerwoche, Juni 2014. www.computerwoche.de, 17.12.2015.

[160] EMA: Enterprise Management Architecture.

[161] Reder, B.: Herausforderungen softwarebasierter Rechenzentren. COM-Magazin, Juni 2015. www.com-magazin.de, 1712.2015.

Ein Grund für die eher abwartende Haltung deutscher IT-Verantwortlicher ist sicherlich, dass Software-Defined Data Center ein relativ komplexes Thema ist. Zudem kommen Software-Tools und Technologien, mit denen sich ein software-basiertes Rechenzentrum aufbauen lässt, erst nach und nach auf den Markt.

Sehen Sie sich den Ansatz die „Hyper-Coverged Infrastructure" an, ein SDDC „out of the box".

Das SDDC ist aber auch zu verstehen als Baustein auf dem Weg zum „Software-Defined-Everything" der Zukunft, in dem zentrale (IT-)Services, Applikationen und Endgeräte – wie auch immer – selber virtuell werden.

Bleiben wir aber beim Thema SDDC: Vielleicht blättern Sie noch einmal zurück in dem Abschnitt, in dem es kurz um das „Mesosphere Datacenter Operating System" (Mesos) ging (Das Rechenzentrum als Computer).[162]

Für mich das SDDC.

4.3.2 Die Ressourcen der Private Cloud steuern

Die interne bzw. die Private Cloud automatisiert betreiben zu können, ist ein wichtiger Schritt auf dem Weg zum SDDC. Hier kann gelernt werden, wie solche Systeme Lastprognosen (Business Pattern of Activities, PBA) folgend gesteuert werden und darauf basierende dynamische Verrechnungen etabliert werden können – auch wenn diese (noch) auf den Fixkosten der eigenen Infrastruktur basieren.

Interne und (später dann auch) externe Cloud-Systeme integrierende Automatisierungsplattformen sind die heute auf dem Markt verfügbaren IT-Service-Managment- bzw. (ITSM)-Systeme mit einem hohen Grad an Integration, verbunden mit einem Reporting, das alle prozessbedingten und technischen Ereignisse zusammenfassend darstellen kann.

---

[162] Siehe Kapitel 1,2,5.1, Seite 43f.

Dynamic Cloud Configurator

Planen und kalkulieren Sie ihr eigenes virtuelles Data Center. Bestimmen Sie den Umfang der einzelnen Komponenten und sie erhalten sofort eine Abschätzung der anfallenden Kosten.

Die Preise in diesem Cloud Configurator sind unverbindliche Richtpreise. Verbindliche Preise nennen wir Ihnen gerne im Rahmen eines individuellen, auf Ihre Bedürfnisse zugeschnittenen Angebots.

Anzahl der Server	12	
Durchschnittliche Konfiguration je Server		
Serviceklasse	Silber, 07:00 bis 20:00 Uhr	
Bundle	(XS) 2 Core, 2GB RAM	
Erweiterung RAM	16	GB
Betriebssystem	Windows Server 2012R2	
Storage Betriebssystem	100	GB
Zusätzlicher Appl.-Storage	0	TB, Tier 3

Richtpreis	5.088,00 €	pro Monat

☑ Ich möchte mehr zum Ergebnis aus dem Cloud Configurator erfahren, bitte kontaktieren Sie mich

☑ Ich möchte meine individuelle Offerte gemäß meiner Konfiguration erhalten.

[SENDEN]

Abbildung 51: Dynamic Cloud Configurator[163]

---

[163] In Anlehnung an ein Angebot der Swisscom.
http://www.swisscom-cloud-computing.ch/de/konfigurator/, 10.12.2015.

„Prozessbedingt" steht an dieser Stelle für die im ITSM-Tool geführten Incident-, Request Fulfillment- und Change-Prozesse. Diese Prozesse sind Voraussetzung für einen hohen Automatisierungsgrad und für die Schaffung von Transparenz über die Qualität der Leistung der IT-Organisation insgesamt, also deren Wertbeitrag.

Ein Online-Shop soll die Planung, Bereitstellung und Abrechnung vollständig automatisieren.

Warum dies alles nicht schon für die Private Cloud einführen? Kosten? Ja, dies alles ist ein nicht unerheblicher Invest – aber einer in die Zukunft, in die Skills Ihrer Mitarbeiter und in das Toolset für Bereitstellung und dynamische Verrechnung von IT-Infrastruktur-Services (Infrastructure as a Service, IaaS).

4.4 Die Hybrid Cloud orchestrieren

Banken und Versicherungen sind zwei der Vorreiter der „Hybrid-Cloud-Nutzung": Für die in größeren Zeitabständen zu rechnenden Simulationen müssen die teuren IT-Ressourcen nicht mehr intern vorgehalten werden, sondern werden temporär auch extern abgerufen.

Gleiches gilt für die Business Intelligence (BI).

Die Hybrid Cloud ist eines der wichtigsten Vehikel der digitalen Evolution. Nur mit dem Einsatz dynamisch agierender und global skalierbarer Infrastrukturen können Unternehmen ihre IT-Strategien an die sich ständig verändernden Marktgegebenheiten anpassen und die Unternehmensstrategie damit von der technischen Seite agil unterstützen.

Genutzt werden flexible Cloud-Lösungen, die inzwischen auch verstärkt lokal aus Deutschland erbracht werden, und die es erlauben, auf kurzfristige Veränderungen in der Nachfrage durch entsprechende Verbrauchsanpassung zu reagieren.

Es gilt also, eine zunächst auf die Private Cloud fokussierte IT-Fabrik zu steuern und so zu lernen, wie diese Steuerungsfähigkeit für eine externe Cloud-Nutzung erweitert werden kann. Ob das funktioniert, hängt wesentlich vom technischen Reifegrad Ihrer IT(SM)-Organisation ab.

Sie als Kunde der Private Cloud (verstanden als der Fachbereich) müssen sich an dieser Stelle von der Vorstellung Ihrer Hoheit über Technologien und Standardprozesse verabschieden – diese sind schon lange IT-Commodity!

Der Anspruch an den internen und externen IT-Provider ist dabei gleich: Die erbrachte Leistung an geschäftserfolgs-bezogenen Parametern transparent zu machen und nutzungsabhängig zu verrechnen. Der interne IT-Broker kann dies am Beispiel der Private Cloud lernen.

Hier kann Ihre IT-Organisation wertvoller, unabhängiger Berater sein – oder zumindest werden.

Die konkreten Aufgaben für Ihre IT-Organisation sind:

- Pflichtenheft der Automatisierung erstellen
- IT-Service-Broker werden
- Effizienz „hoch 4"

Wichtige Voraussetzung dazu: Die IT-Strategie ist um Aussagen zur Nutzung von Hybrid-Cloud-Services zu erweitern: Die Private Cloud muss strategische Infrastruktur-Plattform sein!

„Trotz ihrer vielversprechenden Möglichkeiten sind die meisten Hybrid Cloud-Infrastrukturen komplex. Das gilt sowohl für den Aufbau, den Betrieb als auch der Administration der virtuellen Infrastruktur und beeinflusst die Entwicklung und Wartung von Web-Applikationen und Backend-Services gleichermaßen. Die Komplexität versteckt sich dabei in der Architektur der Applikation. Es liegt im Verantwortungsbereich des Kunden, dass eine Applikation selbst dafür sorgt, dass die Cloud-Infrastruktur bei Bedarf skaliert wird. Im Falle eines Ausfalls einer Cloud-Infrastruktur-Komponente ist zu berücksichtigen, dass entsprechend eine Ersatzkomponente (z.B. virtuelle Maschine) gestartet und die ausgefallene Einheit damit ersetzt wird. Die Applikation selbst stellt also die Skalierbarkeit und Hochverfügbarkeit der genutzten virtuellen Cloud-Infrastruktur sicher, damit die Web-Applikation selbst skaliert und ausfallsicher ist und den Charakter der jeweiligen Cloud eines Anbieters nutzt."[164]

Wirklich?

So war es zumindest mal.

Haben Sie den Abschnitt über *Mesos* gelesen? Dann hat der vorstehende Absatz schon fast einen historischen Charakter, zumindest für alle die Applikationen, die über diesen Loadbalancer skalieren können.

---

[164] Büst, R.: Whitepaper „Public Cloud. Dann klappt's auch mit der digitalen Transformation". Crisp Research AG, 2015, S. 5.. www.profitbricks.de, 18.12.2015.

Wie sieht in Ihrem Unternehmen der Bauplan für die Hybrid-Cloud aus?

- Wo und in welchem Land befindet sich die Public Cloud (um ggf. rechtliche Rahmenbedingungen zu gewährleisten)?
- Welche Frameworks werden genutzt, um die für Compliance und Governance relevanten Prozesse einzuhalten?

In der Digitalisierung dreht sich alles um Produkte und Services, die einmal entwickelt werden und sich anschließend einer unbegrenzten Anzahl von Kunden bereitstellen lassen. Eine moderne IT-Infrastruktur, basierend auf einer Hybrid-Cloud, hat die dafür benötigte Elastizität, insbesondere, wenn Reichweiten erfolgskritisch sind.

4.5 Geschäftsprozessbezogene Überwachung von IT-Services

Auch Ihr Unternehmen benötigt eine vollständige Transparenz über die unterstützenden IT-Service-Prozesse. Fehler und Störungen der technischen Systeme sollen von Ihrer IT-Organisation nicht nur schnell und optimal behandelt werden: Erforderlich ist eine hohe Transparenz der Auswirkungen auf die Geschäftsprozesse.

Dies bedingt deutlich mehr als nur moderne Monitoring-Systeme, die IT-Betriebsmittel wie Netzwerk, Server, Workstations, Applikationen, Systeme und Systemressourcen überwachen und verwalten.

Der Weg führt zu einem ganzheitlichen End-to-End-Monitoring und zur Integration des Monitorings in die IT-Service-Gesamtstrategie.

Prozesse sollen nicht nur am Output gemessen werden, sondern mit Hilfe von Kennzahlen danach bewertet werden, ob sie effizient und ob die Ergebnisse effektiv sind.

Mit der Geschäftsprozess- und Schnittstellenüberwachung sollen Prozesse optimal gesteuert sowie mögliche Probleme erkannt und gelöst werden, bevor kritische Situationen für das Unternehmen auftreten.

Eine wesentliche Voraussetzung für ein effizienteres Prozessmanagement ist ein klares, ohne inhaltliche Überscheidungen definiertes Geschäftsprozessmodell mit eindeutig festgelegten Verantwortlichkeiten in der (Aufbau-) Organisation.

Keine einfach zu lösende Aufgabe!

An dieser Stelle möchte ich Ihnen ein aus meiner Sicht hilfreiches Werkzeug vorstellen: OBASHI®[165]:

„OBASHI® hilft eine standardisierte, detailreiche und einfache Dokumentation der Datenflüsse und Services im Unternehmen zu erstellen. [...] Im Prinzip ist OBASHI ein Regelwerk, wie die Abhängigkeiten und Datenflüsse zwischen Geschäftsprozessen und IT dargestellt werden. Sie zeigt:

- Wie das Unternehmen arbeitet.
- Wie das Unternehmen durch die IT unterstützt wird.
- Welche IT-Assets dafür notwendig sind.
- Die Abhängigkeiten zwischen den Betriebsmitteln.
- Wie Daten durch das Unternehmen fließen.
- Wie kritisch IT für das Geschäft ist.
- Welche Auswirkungen ein Fehler in der IT hat."[166]

Auf dieser Basis können Sie Ihr Geschäft besser konzipieren, überwachen und optimieren; und das auf eine leicht verständliche und, was noch wichtiger ist, leicht innerhalb des Unternehmens kommunizierbare Art.

Die OBASHI®-Methodologie ist sequenziell und besteht aus 6 Schichten:

Ownership

Business Process

Application

System

Hardware

Infrastructure

---

[165] www.obashi.co.uk/

[166] Quelle: Sieber, R.: OBASHI – Datenflüsse und Services dokumentieren. http://different-thinking.de/obashi-datenflusse-und-services-dokumentieren/, 18.12.2015.

Diese Schichten sind in Geschäfts- und IT-Diagrammen (B&IT) dargestellt. Dadurch erhalten Sie ein Framework zum sinnvollen Speichern dieser Informationen"[167]:

```
Ownership:        Vertriebsleiter

Business Process: Bestellprozess

Application:      Angebot erstellen | Bonitätsprüfung | Lieferschein erstellen
                  CRM System | Workflow | ERP System
                  MS SQL Server

System:           Citrix XenApp
                  Windows 2008
                  VMWare ESX

Hardware:         HP DL380 G8

Infrastructure:   Network | Storage
```

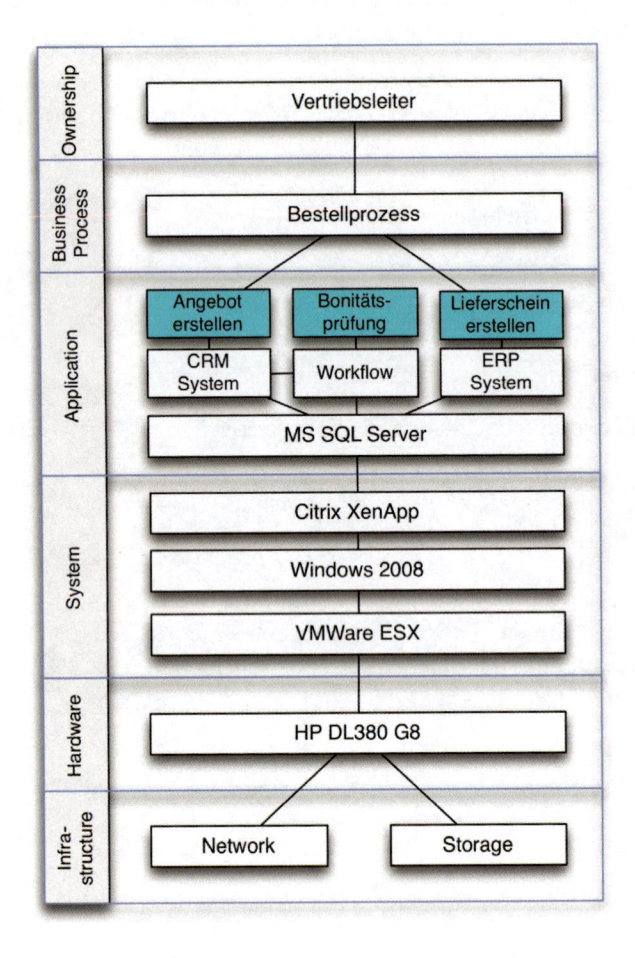

Abbildung 52: Beispiel für ein einfaches Business-IT-Diagramm mit OBASHI®[168]

---

[167] Nach: „Introducing OBASHI", APMG International.
http://www.apmg-international.com/de/qualifizierungen/obashi/obashi-de.aspx.
18.12.2015.

[168] Nach: Sieber, R.: OBASHI – Datenflüsse und Services dokumentieren. http://different-thinking.de/obashi-datenflusse-und-services-dokumentieren/, 18.12.2015.

5 Handlungsempfehlungen

Sie gehören sicherlich nicht mehr zu den Managern, für die es eine sehr große Herausforderung ist, zunächst überhaupt zu erkennen, dass sie transformieren müssen, dass sie digitalisieren müssen, sprich zu erkennen, dass Digitalisierung für Sie selbst und Ihr Unternehmen wichtig ist und sie Sinn macht.

Sie haben Ihre unternehmerische Vision.

„Wer eine Vision hat, der soll zum Arzt gehen."

„Es war eine pampige Antwort auf eine dusselige Frage.",

sagte Helmut Schmidt in einem Interview mit dem ZEITmagazin, im März 2010

Quelle: agentur-focus.de

Abbildung 53: Pampige Antwort auf eine dusselige Frage[169]

Dazu müssen Sie Ihr Management sowie die einzelnen Mitarbeiter auf diesem Weg mitnehmen und frühzeitig einbinden. Der digitale Wandel wird nicht durch das Grassroots-Prinzip[170] oder bottom-up zu bewältigen sein, sondern muss durch das Top-Management top-down initiiert und gesteuert werden.

Nur so kann sie entstehen, die „Creative Class" – das Zusammenführen von Technologien und Dienstleistungen zu kundenspezifischen, den Wertbeitrag steigernden Produkten.

---

[169] Quelle: Elleta München GmbH

[170] Unter dem Begriff „Grassroot" wird eine „Graswurzelbewegung" verstanden, die aus der Basis, also bottom-up, entsteht und sich mit der Hilfe von Informations- und Kommunikationsmitteln rasch verbreitet. Oft handelt es sich dabei um basisdemokratische Anliegen der Gesellschaft. (HMD 280). http://hmd.dpunkt.de/glossar/glossar_280.php, 18.12.2015.

Wie überzeugt sind Sie und Ihr Managementteam aber tatsächlich von der Notwendigkeit der digitalen Transformation für Ihr Unternehmen?

Tim Cole dazu: „Digitale Transformation hat allererst mit Unternehmenskultur zu tun, und die muss sich dringend ändern, wenn deutsche Unternehmen den Anschluss an die Zukunft halten wollen"[171], d.h.:

- Partizipation der Mitarbeiter an relevanten Entscheidungsprozessen,
- Agilität in der Planung von Geschäftsprozessen,
- Abschied nehmen von hierarchischen Organisationsformen,
- Aufbau vernetzter Strukturen im Unternehmen.

Sie als Führungskraft müssen die Erfolgsmodelle der Digitalisierung in Ihre tägliche Führungspraxis übernehmen.

Digitalisierung funktioniert nur „top-down". Viel Wissen in Sachen Privacy, Security, Compliance, Betriebsverfassungsgesetz, etc. ist aufzubauen, als Voraussetzung für den konformen Einsatz in Ihrem Unternehmen.

Es geht um die Digitalkompetenz der eigenen Mitarbeiter: Neue Skillsets werden benötigt, d.h. Weiterbildungen und richtiges, also zielgerichtetes, Recruiting.

Sprechen Sie in Ihrem Unternehmen noch von der „Generation Y", für die digitale Kommunikation das „Must-have" im Unternehmen ist und die – mehr oder weniger freiwillig – nahezu 24/7 „online" für das Unternehmen da waren? Für die Generation Y waren und sind erst Spitzengehälter von Top Managern Ansporn genug, richtig loszulegen und viel zu arbeiten.

Bereiten Sie sich auf „Generation Z" vor – überlegen Sie heute schon, wie Sie in Ihren Arbeitszeitmodellen eine geregelte Arbeitszeit ebenso garantieren wie die Möglichkeit, viel Zeit für Privates, insbesondere die Familie zu haben.

Es ist für diese Generation selbstverständlich, 24 Stunden online zu sein. Und der Ausdruck "YOLO – You Only Live Once" gilt als wichtige Leitlinie:

---

[171] [Cole 2015, S. 39]

„Personen der Generation Z sind wegen des selbstverständlichen Gebrauchs von digitalen Technologien (...) seit dem Kindesalter Teil der Digital Natives, und damit deren zweite Generation: Die vorhergehende Generation wurde im frühen jugendlichen Alter digital sozialisiert, und war deren Pioniergeneration. Anders als eine in Arbeit Sinn suchende Generation Y möchten Mitglieder der Generation Z etwas nach außen darstellen. Vermehrt möchten Sie im Berufsleben Karriere machen und Führungspositionen ausüben. Netzwerke sind ihnen wichtig. Die Generation Z wird nicht durch eventuelle spätere materielle Reichtümer angetrieben, sondern durch das Streben nach Anerkennung."[172]

Und was ist mit den Generationen vor X, Y, Z? Sicherlich gibt es auch in Ihrem Unternehmen Menschen, die sich wohlfühlen in den traditionellen Arbeitszeitmodellen und mit der Digitalisierung nach innen und außen mit Ihren neuen Prozessen konfrontiert werden: Die Produktivität der Arbeit soll durch den Einsatz dieser modernen Technologien steigen. Viele manuelle Arbeitsschritte fallen weg und die Mitarbeiter können sich auf wesentliche Dinge konzentrieren – wenn sie es denn wollen und können.

Vieles wird nur dann in Ihrem Unternehmen funktionieren, wenn Sie Ihre Digitalstrategie nicht nur formulieren, sondern diese auch für alle Menschen im Unternehmen vermitteln können.

Digitalisierung geht jeden im Unternehmen an. Jeder muss seine Aufgabe, seine Rolle in dieser Transformation kennen.

Digitalisierung bedeutet, von alten Wegen abzubiegen.

5.1 Entwickeln und vermitteln Sie Ihre Digitalstrategie

Die ergebnisorientierte Führung Ihres Unternehmens funktioniert nur, wenn jeder Mitarbeiter genau weiß, was vom ihm erwartet wird – und, noch besser, beim Definieren seiner Ziele selbst beteiligt war.

Dies bedingt Einsicht in die Zusammenhänge von Unternehmens-, Bereichs- und Abteilungszielen!

Und dies alles ausgerichtet an dem Nutzen für das Unternehmen.

---

[172] Quelle: Wikipedia, 18.12.2015.

Nutzen-Darstellungen mit IT-bezogenen Kategorien begrenzen sich dabei nach Kesten häufig auf technologiegetriebene Investitionen in die IT-Infrastruktur, die zu einer besseren Wartbarkeit, Ausfallsicherheit und einem geringeren Betriebsrisiko führen sollen. Diese Kategorien folgen der Systematik der bekannten Kostenkategorien. Konsequenterweise zeigt die nachstehende Abbildung mit „Kunden-/Marktbezogenen Wirkungen" auch nur eine nicht zu dieser Sichtweise gehörende Kategorie:

Prozessbezogene Wirkungen, z.B.:	Ressourcenbezogene Wirkungen, z.B.:
- Arbeitszeiteinsparung - Schnellere Reaktionsmöglichkeiten - Bessere Entscheidungsgrundlagen - Verbesserung der Prozessqualität	- Verringerung des Raumbedarfs - Verringerung des Materialbedarfs
Kunden-/Marktbezogene Wirkungen, z.B.:	**IT-bezogene Wirkungen, z.B.:**
- Verbesserung der Produktqualität - Erschließung neuer Märkte - Erhöhung der Kundenbindung	- Verbesserung der Datensicherheit - Steigerung der Systemstabilität - Senkung der Wartungskosten

Abbildung 54: Nutzenkategorien nach Kesten[173]

Hardjano stellte dazu bereits 1995 sein „Vier-Quadranten-Modell" vor, basierend auf den strategischen Referenzpunkten „interne/externe Sicht" und „Veränderung vs. Kontrolle". Das ist Voraussetzung für eine Kategorisierung, die auch den Nutzen des „neuen Geschäfts" berücksichtigt – und damit die vollständige Sicht auf die Digitalisierung nach innen und außen:

---

[173] Quelle: [Kesten et al. 2007, S. 141]

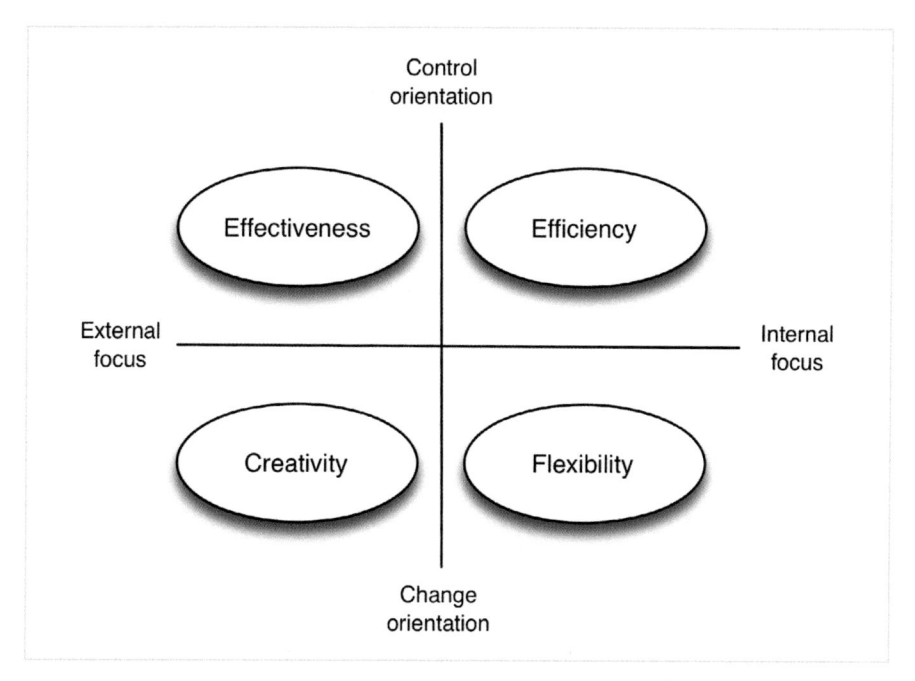

```
                Control
              orientation
                   |
    ( Effectiveness )  ( Efficiency )
                   |
External ──────────┼────────── Internal
 focus             |             focus
    (  Creativity  )  ( Flexibility )
                   |
                Change
              orientation
```

Abbildung 55: Strategische Referenzpunkte[174]

Der Ansatz von Hardjano gibt damit eine Struktur vor, mit der Sie den Nutzen für Ihr Unternehmen aus der Digitalisierung darstellen können. Gleichzeitig werden erste Hinweise auf Metriken gegeben, mit denen eine Beobachtung/Steuerung der Transformationen möglich ist:

- **Efficiency**: metrics to assess cost savings and costs displacements.
- **Effectiveness**: metrics to assess business and IT process improvements.
- **Creativity**: metrics to assess process, market and product innovations.
- **Flexibility**: metrics to assess responsiveness to market, competitive and technology changes.

---

[174] Quelle: [Renkema 2000, nach: Hardjano 1995]

Meine Empfehlung: Beginnen Sie die Formulierung Ihrer Digitalisierungsstrategie „top-down", d.h. ausgehend vom Nutzen für das Unternehmen und verwenden Sie die vorstehende Kategorisierung, eventuell weiter strukturiert, entsprechend der Digitalisierung nach innen und außen.

Was sollte Ihre Digitalisierungsstrategie noch beinhalten?

- Machen Sie deutlich, dass die Digitalisierung in Ihrem Unternehmen nicht nur IT- oder Technik-Thema ist, sondern jeden betrifft.
- Akzeptieren Sie die Dynamik der Veränderung durch die Digitalisierung – Fünf-Jahres-Pläne helfen da nicht wirklich.
- Treffen Sie Maßnahmen, um die Daten und das in Ihrem Unternehmen vorhandene Wissen zu nutzen.
- Stellen Sie dar, welche Fähigkeiten Ihr Unternehmen für die Digitalisierung benötigt – und welche bereits vorhanden sind.
- Identifizieren Sie die „Quick-Wins" in der Digitalisierung nach innen und nach außen.
- Prüfen Sie, ob Sie wirklich Ihre Unternehmens-IT im heutigen Umfang weiter betreiben, oder ob (und wenn ja, in welchem Umfang) Commodity-IT in die Cloud ausgelagert werden kann.

Stellen Sie für sich und Ihr Unternehmen eine Zeitplanung auf, so wie in der folgenden Abbildung beispielhaft gezeigt.

Entwickeln Sie Ihre Kommunikationsstrategie, definieren Sie den Kommunikationsplan und setzen Sie diesen um.

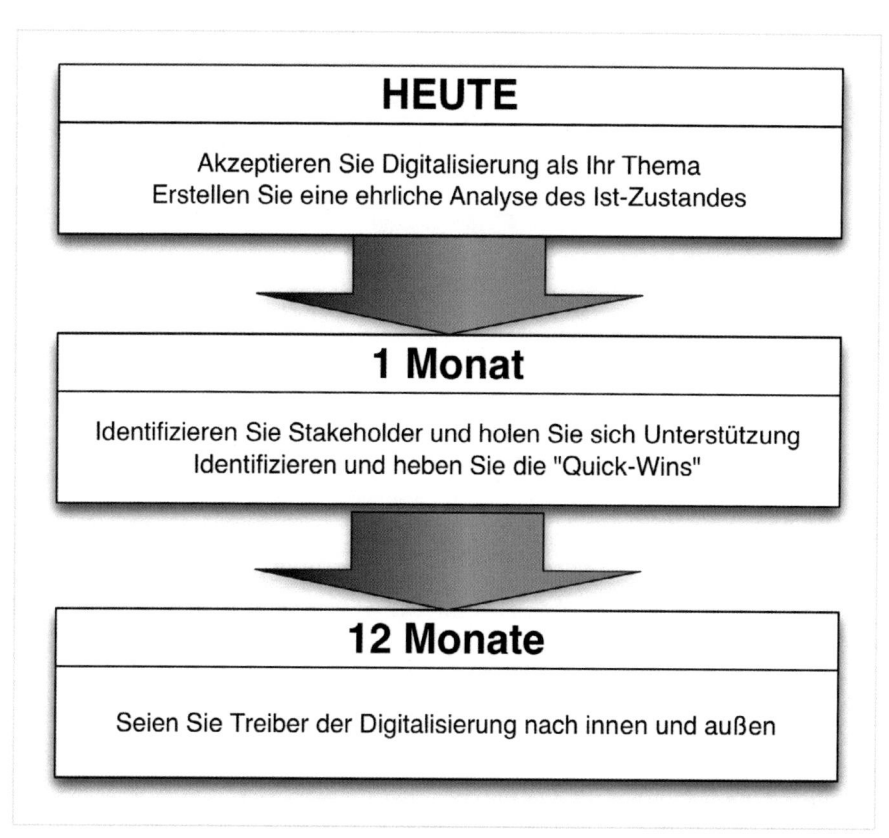

```
┌─────────────────────────────────────────────────────┐
│                     HEUTE                           │
│  Akzeptieren Sie Digitalisierung als Ihr Thema      │
│  Erstellen Sie eine ehrliche Analyse des Ist-Zustandes │
└─────────────────────────────────────────────────────┘
                         ▼
┌─────────────────────────────────────────────────────┐
│                    1 Monat                          │
│ Identifizieren Sie Stakeholder und holen Sie sich Unterstützung │
│ Identifizieren und heben Sie die "Quick-Wins"       │
└─────────────────────────────────────────────────────┘
                         ▼
┌─────────────────────────────────────────────────────┐
│                   12 Monate                         │
│ Seien Sie Treiber der Digitalisierung nach innen und außen │
└─────────────────────────────────────────────────────┘
```

Abbildung 56: Nächste Schritte[175]

Eine weitere gute Hilfestellung dafür ist in den „Acht zu implementierenden Schritten und wichtigen Gründen für das Fehlschlagen von Transformationsbemühungen (nach John P. Kotter[176], 1996)"[177] zu finden.

Insbesondere die 1:1 aus der Vorlage übernommenen Zitate sind „wahres Gold" für die Praxis der Digitalisierung: Sie geben wertvolle Hinweise darauf, was für den Erfolg auch Ihrer Digitalisierung wichtig ist:

---

[175] Eigene Darstellung

[176] John Paul Kotter ist Professor für Führungsmanagement an der Harvard Business School. Besonders bekannt ist er für seine Arbeiten im Bereich Veränderungsmanagement. Quelle: Wikipedia

[177] Quelle: ITIL Ausgabe 2011, Buch „Continual Service Improvement", S.181. Axelos, 2013.

Schritt		Grund für den Fehlschlag (Zitate)
1	Erzeugen eines Dringlichkeitsgefühls	„50% der Transformationen schlagen in dieser Phase fehl" „Ohne entsprechende Motivation gibt es keine Unterstützung seitens der Mitarbeiter, und die Bemühungen laufen ins Leere" „76% der Unternehmensführung sollten von der Notwendigkeit überzeugt sein"
2	Aufbau einer Führungskoalition	„Schwierigkeiten bei der Erstellung des Changes werden unterschätzt" „Mangel an effektiven und starken Führungskräften" „Der Führungskoalition mangelt es an Durchsetzungsvermögen ... der Widerstand führt schließlich zum Abbruch der Change-Initiative"
3	Entwicklung einer Vision	„Ohne eine sinnvolle Vision kann eine Transformationsinitiative leicht in einer Liste verwirrender, inkompatibler Projekte enden, die die Organisation in die falsche Richtung oder sogar in eine Sackgasse führt" „Eine fünfminütige Erläuterung sollte Verständnis und Interesse erzeugen"
4	Kommunikation der Vision	Ohne eine glaubwürdige und umfassende Kommunikation sind die Mitarbeiter nie mit Leib und Seele dabei" „Alle Kommunikationskanäle müssen genutzt werden" „Die Manager sollen mit gutem Beispiel vorangehen ... auf Worte Taten folgen lassen"
5	Ermächtigung, um entsprechend der Vision agieren zu können	„Strukturen zur Unterstützung der Vision ... Beseitigung von Hürden für den Change" „Je mehr Mitarbeiter sich beteiligen, desto besser das Ergebnis" „Initiativen sollten belohnt werden"
6	Planung und Förderung von kurzfristigen Erfolgen	„Eine echte Transformation braucht Zeit ... ohne kurzfristige Erfolge geben zu viele Mitarbeiter auf oder wechseln in die Reihen der Gegner des Change" „Aktiv nach Leistungsverbesserungen suchen und klare Ziele festlegen" „Erfolge sollten kommuniziert werden"
7	Konsolidierung von Verbesserungen und Ableitung weiterer Changes	„Bis Changes tief in der neuen Kultur verankert sind, sind die neuen Ansätze schwach und führen häufig zu Rückschritten" „In vielen Fällen kehren die Mitarbeiter zur alten Routine zurück" „Kurzfristige Erfolge helfen, noch größere Probleme anzugehen"
8	Verankerung des Changes in der Organisationskultur	„Es muss deutlich gemacht werden, wie neue Ansätze, ein verändertes Verhalten und eine Änderungen der Einstellung zur Leistungsverbesserung beigetragen haben" „Es muss sichergestellt sein, dass der neue Ansatz von Auswahl- und Förderungskriterien unterstützt wird."

Tabelle 2: Vorgehensweise nach Kotter[178]

---

[178] Quelle: ITIL Ausgabe 2011, Buch „Continual Service Improvement", S.181. Axelos, 2

In diesem Zusammenhang möchte ich Ihnen den Link auf ein sehr amüsantes „Anti-Kotter"-Video nicht vorenthalten, das ich gerne in Ausbildungen einsetze.

Der leider schon verstorbene Netzwerkforscher Prof. Dr. Peter Kruse erklärt darin die „8 Regeln für den totalen Stillstand" für Unternehmen:

https://www.youtube.com/watch?v=4f_mIRrns2U

5.1.1 Digitalisierung nach innen: Prozesse automatisieren

Bei der vergleichsweise noch einfach erscheinenden „Digitalisierung nach innen" werden Sie die ersten Hürden finden: Dagegen stehen wohlformulierte Bedenken von Datenschützern und Aussagen zu unkalkulierbaren (Betriebs-) Risiken, insbesondere – was mich nicht überrascht – aus Ihrer eigenen IT-Organisation.

Die Digitalisierung nach innen bietet also hohes Konfliktpotential: Es geht um veränderte Arbeitsabläufe, den Wegfall einfacher Tätigkeiten, um geänderte Skillsets, um die Unternehmenskultur. So sinnvoll wie Automatisierungsmaßnahmen auch zu sein scheinen, so intensiv erwartet Sie der Widerstand derjenigen in Ihrem Unternehmen, die sich wohlfühlen in den gelebten Abläufen und einer Veränderung skeptisch gegenüber stehen.

Dabei eröffnen „die Entwicklungen in der Informationstechnologie (IT) die Möglichkeit, die Geschäftsprozesse eines Unternehmens weitgehend zu automatisieren und damit dessen Wettbewerbsfähigkeit aufrecht zu erhalten und zu stärken. Technologien zur Automatisierung von Geschäftsprozessen fördern die Flexibilität von Unternehmen und stellen daher einen wesentlichen Baustein in heutigen wie auch in zukünftigen IT-Landschaften von Unternehmen dar"[179], heißt es im Wirtschaftslexikon Gabler.

Die lange so geschätzte Informatiker-Regel „Never touch a running system!" hat definitiv ausgedient.

Grundsätzlich sind zwei Typen von Geschäftsprozessen zu unterscheiden: *automatisierte* Prozesse, die nur für die Kommunikation mit Anwendungen anhand eines Satzes von Regeln verwendet werden, und *interaktive* Prozesse, für die Personen den Prozess initiieren und/oder ausführen und während der Prozessausführung entsprechende Entscheidungen treffen müssen.

---

[179] Quelle: Gabler Wirtschaftslexikon, Stichwort „Geschäftsprozesstechnologie". www.wirtschaftslexikon.gabler.de, 18.12.2015.

Zur Verbesserung der Qualität von Prozessen und zu deren Kostensenkung hat sich die Methode Kontinuierlicher Verbesserungsprozess (KVP)[180] etabliert, die auf dem Plan-Do-Check-Act-Zyklus (PDCA, Deming Kreis) abgestimmt ist und daher kombiniert werden sollte.

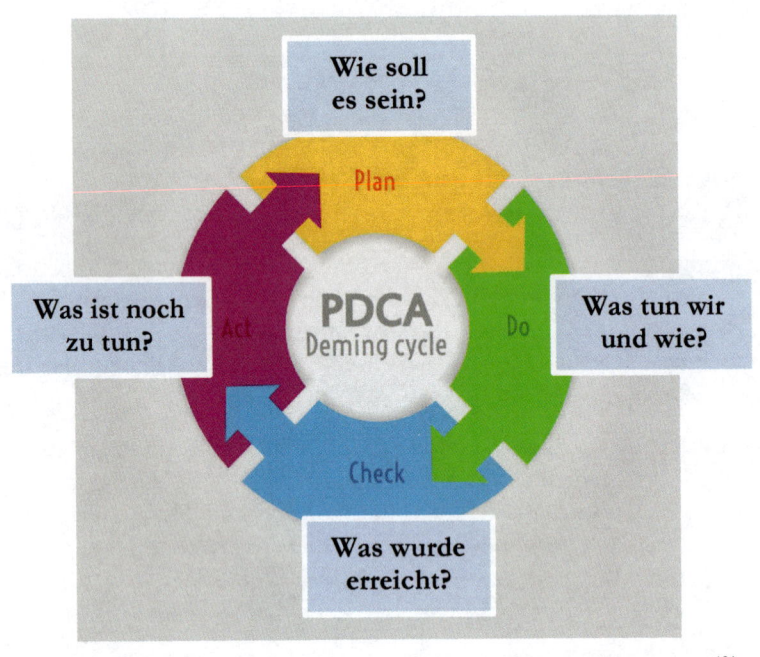

Abbildung 57: Der Lebenszyklus eines automatisierten Geschäftsprozesses[181]

Sind die Geschäftsprozesse in Ihrem Unternehmen gut dokumentiert? Wenn ja, welchen Reifegrad sehen Sie für Ihr Business Process Management (BPM)?

Geschäftsprozesse werden üblicherweise auf einem hohen Abstraktionsgrad spezifiziert bzw. modelliert. Dabei werden Sprachen wie die Ereignisgesteuerte Prozesskette (EPK) oder die Business Process Model and Notation (BPMN) eingesetzt.

---

[180] Auch: *Continual Service Improvement* (CSI) im Best Practice ITIL

[181] Foto: Alena Kubikova; shutterstock.com, ergänzt mit eigenen Texten

Gut modellierte Geschäftsprozesse sind wichtige Voraussetzung für eine erfolgreiche End-to-End-Automatisierung, da nur so Kennzahlen verfügbar werden, mit denen die Schwachstellen erkannt und Maßnahmen zur Optimierung nicht nur getroffen, sondern auch in ihrer Auswirkung mess- und damit sichtbar werden.

Was man nicht messen kann, kann man nicht steuern.

Eine alte Weisheit, aber Geschäftsprozesse sind da keine Ausnahme.

Deshalb ist es wichtig, die internen Prozesse unter der Nutzung geeigneter Kennzahlern immer weiter zu optimieren, um z.B. den Compliance-Richtlinien und Vorgaben des GMP (Good Manufacting Practice) gerecht zu werden:

- Anleiten und Unterstützen bei Dokumentation, Analyse und Entwurf von Geschäftsprozessen
- Bewerten und Umsetzen von Techniken zur End-to-End-Prozessüberwachung und -Optimierung.
- Analyse der IT-Abhängigkeiten und Integrationsvoraussetzungen bei organisationsübergreifenden Geschäftsprozessen.

Die Ziele der Digitalisierung nach innen sind dabei u.a.

- Reduzierung der Bearbeitungszeiten
- Eine Verbesserung der Informationserfassung und -zuordnung von Aufgaben
- Verbesserung in der Transparenz der Reklamationskosten
- Dokumentation, Nachverfolgung und Wirksamkeitskontrolle von Maßnahmen

An zwei Beispielen möchte ich deutlich machen, welche Ansätze es (technisch) dazu in der Praxis gibt – und wie Sie den dort entstehenden Herausforderungen begegnen können.

5.1.1.1 Beispiel 1: Digitales Kommunikationssystem

Im Rahmen eines im Jahre 2011 gestarteten Projektes zur Einführung eines neuen Kommunikationssystems UCC (Unified Communication and Collaboration) in einem Medienkonzern forderte mich die Geschäftsführung dazu auf, den Nutzen dieses Projektes darzustellen.

Die an sich einfache Fragestellung gab den Anstoß zu meiner im gleichen Jahr gestarteten Promotion bei Prof. Zarnekow, TU Berlin:

Denn es gab keine einfache Antwort.

Die in Verbindung mit der Einführung von UCC-Systemen von Analysten wie Gartner oder Forrester mit dem Fokus auf große und multi-national tätige Unternehmen prognostizierten, teilweise erheblichen wirtschaftlichen Effekte waren in ihrer Komplexität und Dynamik für ein Unternehmen mit etwas über 10.000 Mitarbeitern nicht zu verifizieren.

Und Prognosen zu „eingesparter Zeit" (insbesondere durch wegfallende Reisetätigkeiten) waren nicht wirklich praxisrelevant.

Für die interne IT-Organisation und einen im Projekt tätigen Dienstleister war es nur ein Re-Invest der alten Telefonie-Infrastruktur – also „business as usual": Material bestellen, Software installieren, Rollout planen und durchführen – Projekt fertig.

Dabei wollte der Vorstand mit diesem Projekt die Digitalisierung vorantreiben: Jeder im Unternehmen sollte mit einer modernen Kommunikationstechnik arbeiten, wie sie die Kunden „da draußen" auch 2011 schon selbstverständlich nutzten. Jeder sollte probieren, lernen und verstehen, wie digitale Kommunikation funktioniert.

Der Vorstand wollte jeden dazu befähigen, Teil der Digitalisierung dieses Unternehmens zu werden. Zumindest sollte jeder die Chance dazu haben.

Es war also definitiv nicht nur ein Re-Invest, es war ein Technologieprojekt, das erste Projekt der digitalen Transformation dieses Medienunternehmens.

Ein Change für jeden in diesem Unternehmen.

Abbildung 58: Digitale Kommunikation als Treiber der Transformation?[182]

Was habe ich aus diesem Projekt gelernt?

Zuerst einmal viel von dem, was Sie heute in diesem Buch lesen können: Die Hürde Mensch war eine überraschend und nahezu unüberwindbare Hürde. Viel zu wenig habe ich die Vorteile des Arbeitens mit „Use Cases" und „Quick Wins" genutzt, um Anwender von dieser Digitalisierung zu überzeugen bis hin zu der erst zum Projektabschluss erkannten Notwendigkeit, Erfolge und Misserfolge in der Vorgehensweise mit relevanten Kennzahlen mess- und sichtbar zu machen.

Die acht Schritte nach J.P. Kotter (und insbesondere die vorhin gezeigte Kommentierung) kannte ich damals leider noch nicht – diese Methodik hätte mir geholfen.

Das später noch vorgestellte ValueBoard® ist eine Weiterentwicklung auf Basis meiner im Jahre 2014 abgeschlossenen Promotion.

---

[182] Foto: Rawpixel.com; shutterstock.com

5.1.1.2 Beispiel 2: Posteingangsprozess

Ein in vielen Unternehmen vorhandener und grundsätzlich viel digitales Optimierungspotenzial bietender Prozess ist die Posteingangsverarbeitung, die viele und immer wiederkehrende Routinearbeiten umfasst – gleichzeitig aber auch ein sehr wichtiger Business-Prozess ist.

Idealerweise sollte dieser Prozess vollständig papierlos mit konsequent automatischer Weiterleitung nach den von Ihnen definierten Regeln sein – für mich ist der Posteingangsprozess häufig das Beispiel für Medienbrüche, die viel Zeit und damit Geld kosten.

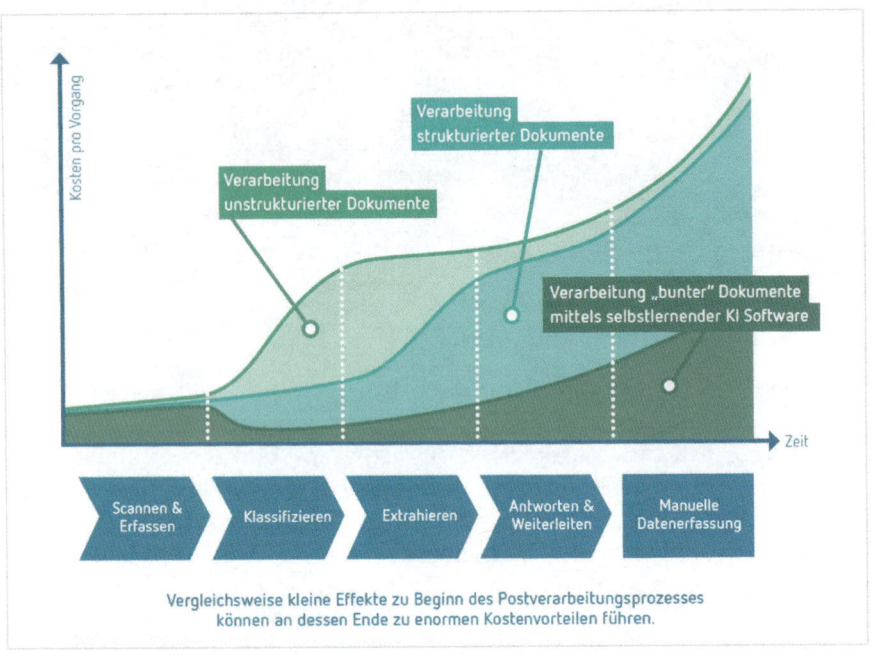

Abbildung 59: Optimierungspotenziale im Postverarbeitungsprozess[183]

---

[183] Quelle: Klug, A.: Input Management &ECM im digitalen Wandel. Vorgangsautomatisierung in der Digitalen Poststelle, S. 3. ITYX AG, www.itxy.de, 18.12.2015.

Dabei ist die Digitalisierung von Posteingangsprozessen über alle Branchen hinweg fortgeschritten: Ziel ist es, Inhalte in verwertbare Geschäftsinformationen zu transferieren, insbesondere bei den heute (noch) üblichen unstrukturierten Fließtexten (Brief, E-Mail, DE-Mail) und/oder ungenauen OCR[184]-Ergebnissen.

Der Ansatz: Content Analytics (CA).

„CA nutzt die auch an anderer Stelle zum Einsatz kommenden Methoden der Künstliche Intelligenz (KI) dazu, Dokumente zu verstehen, Fachdaten zu extrahieren und Prozesse automatisch anzustoßen. Dieses intelligente *Enterprise Input Management* wandelt Geschäftsvorfälle in verwertbare Daten und kann wiederkehrende Arbeitsschritte dynamisch automatisieren."[185]

Einige Beispiele zur Fachdatenextraktion:

- Bestellanfrage: Der Kunden-/Bestellvorgang wird manuell im ERP-System aufgerufen.

- Stammdatenänderung: Den Kunden im CRM suchen, Änderungsmaske aufrufen, eintragen.

- Beschwerde: Den Kunden im CRM suchen, Daten ermitteln und im Beschwerde-Management-System eintragen.

- Kundenhistorie: Eingehenden Geschäftsvorfall in der CRM-Kundenhistorie hinterlegen.

- Bestellung: Daten per „Copy & Paste" in einen neuen Bestellvorgang übertragen.

Die Frage ist also nicht, ob für die Digitalisierung des Posteingangsprozesses bereits die technischen Voraussetzungen geschaffen wurden, sondern eher, ob Sie in Ihrem Unternehmen den entsprechenden Nutzen daraus erhalten können.

---

[184] Optical Character Recognition, Texterkennung

[185] Quelle: www.ityx.de

5.1.1.3 Fazit

Die Digitalisierung nach innen dient der Automatisierung und Effizienzsteigerung der internen Prozesse. Viele Unternehmen haben hier bereits hohe Reifegrade erreicht.

Dies gilt insbesondere für die Konkurrenz der Unternehmens-IT, die externen Provider. Insofern ist genau zu überlegen, inwieweit ein Invest in die immer weiter getriebene Automatisierung Ihrer IT-Organisation noch zu rechtfertigen ist.

Für Ihre Business Prozesse ist die Digitalisierung ein wichtiges Hilfsmittel zur Optimierung in den Dimensionen Qualität, Performance und Kosten.

Arbeiten Sie nach den acht Schritten des J.P. Kotter! Identifizieren Sie über „Use Cases" die „Quick Wins" Ihrer Transformation, arbeiten Sie diese konsequent und schnell ab und überzeugen Sie damit die Menschen in Ihrem Unternehmen.

Erklären Sie jedem im Unternehmen Ihre Digitalstrategie und machen Sie so viele wie möglich zu Mitwirkenden. Betroffene, die Verlierer dieser Entwicklung, wird es auch geben – Sie müssen einen Weg finden, mit all diesen Menschen den Weg zu gehen.

5.1.2 Digitalisierung nach außen: Digitale Produkte

Wenn wir über die Digitalisierung sprechen, dann geht es in erster Linie um die Verknüpfung von Informationen und Dienstleistungen. Es werden Daten gesammelt und Inhalte vorausschauend analysiert, um darauf aufbauend neue Geschäftsmodelle entwickeln zu können.

Es geht um die Weiterentwicklung Ihrer heutigen Produkte, um die digitale Interaktion mit Ihren Kunden und um das Finden von Ideen für neue, lukrative digitale Produkte.

Diese Art der Automatisierung hat aber auch eine Kehrseite:

IDG-Experte Dirk Stähler beschreibt dies aus der Sicht des Kunden so: „Weil Unternehmen ihre Kosten senken wollen, übt die Möglichkeit der IT-gestützten Prozessautomatisierung starken Reiz auf sie aus. Die Ergebnisse haben wir als Konsumenten in den letzten Jahren zu spüren bekommen. Reiseunternehmen, Banken, Versicherungen und viele andere nutzen die Möglichkeiten der Digitalisierung. Wesentliche Arbeitsanteile wurden dabei auf uns Kunden übertragen. Wir geben Überweisungen selbst in Banksysteme ein, wir buchen Flüge und checken ein, wir bedienen die Kasse im Supermarkt, wir beschaffen unsere Medikamente online und vieles mehr.

Dafür mussten Prozesse so weit vereinfacht werden, dass jeder sie in eigener Regie ausführen kann. Im Ergebnis führte das zu einer Normierung auf niedrigem Niveau" und kommt zu dem Schluss, dass „diese Automatisierung somit dazu beigetragen hat, dass sich die Differenzierungsfähigkeit zwischen Unternehmen reduziert. Aus Kundensicht hat das eine Zunahme ähnlicher Angebote bei immer geringeren Wechselkosten zur Folge."[186]

Andere Automatisierungsansätze verfolgen das Ziel, das Kundenerlebnis durch Personalisierung zu verbessern und so ein Alleinstellungsmerkmal für das Unternehmen zu erhalten: Mit sogenannten Predictive Applications[187] können die Bedürfnisse und Wünsche des Einzelnen zunehmend genau berücksichtigt werden.

Medienhäuser und Online-Händler nutzen diese Technik intensiv, um immer besser „auf den Kunden zugeschnittene" Angebote dynamisch platzieren zu können.

5.1.2.1 Fazit

Vertrauen Sie den Kostensenkungsversprechen einer Prozessautomatisierung nur dann, wenn Sie in der Lage sind, den wirtschaftlichen Nutzen und das Risiko im Ganzen zu bewerten.

Geht es um eine Automatisierung, die für den Kunden abschreckend wirken könnte? Oder wird das Kundenerlebnis verbessert?

An dieser Stelle möchte ich gedanklich noch einmal zur agilen Softwareentwicklung zurückgehen, zum A/B-Testing und zu den Prozessen, die notwendig sind, um schnell auf geänderte Kundenanforderungen reagieren zu können.

Das Wissen darum, was der Kunde tatsächlich will, steckt nicht mehr in Ihrem Unternehmen: Im Zeitalter der Customerization ist der Kunde tatsächlich der König, der sagt, was er will – und was nicht.

In Ihrem Unternehmen brauchen Sie damit Methoden, mit denen Sie Ihre Angebote laufend „online" im Markt erproben können.

Nutzen Sie die Ideen des *Agilen Manifests*, nicht nur in der IT-Organisation, sondern überall in Ihrem Unternehmen.

---

[186] Stähler, D.: Prozessautomatisierung enttäuscht. Lohnt sich die Prozessautomatisierung? Computerwoche November 2011, www.computerwoche.de, 18.12.2015.

[187] Predictive Applications: Use machine learning algorithms for real-time classification of streaming data from connected apps, devices, and sensors.

5.1.3 Machen Sie Ihre Digitalstrategie im Unternehmen transparent: Das ValueBoard®

Wollen Sie ihre Digitalstrategie mit IT, Finance, HR, Gebäudemanagement (und wer noch alles bei Ihnen Mitwirkender ist bzw. unterstützende Funktionen hat) auf Basis einer einfachen Methode strukturiert diskutieren und weiterentwickeln?

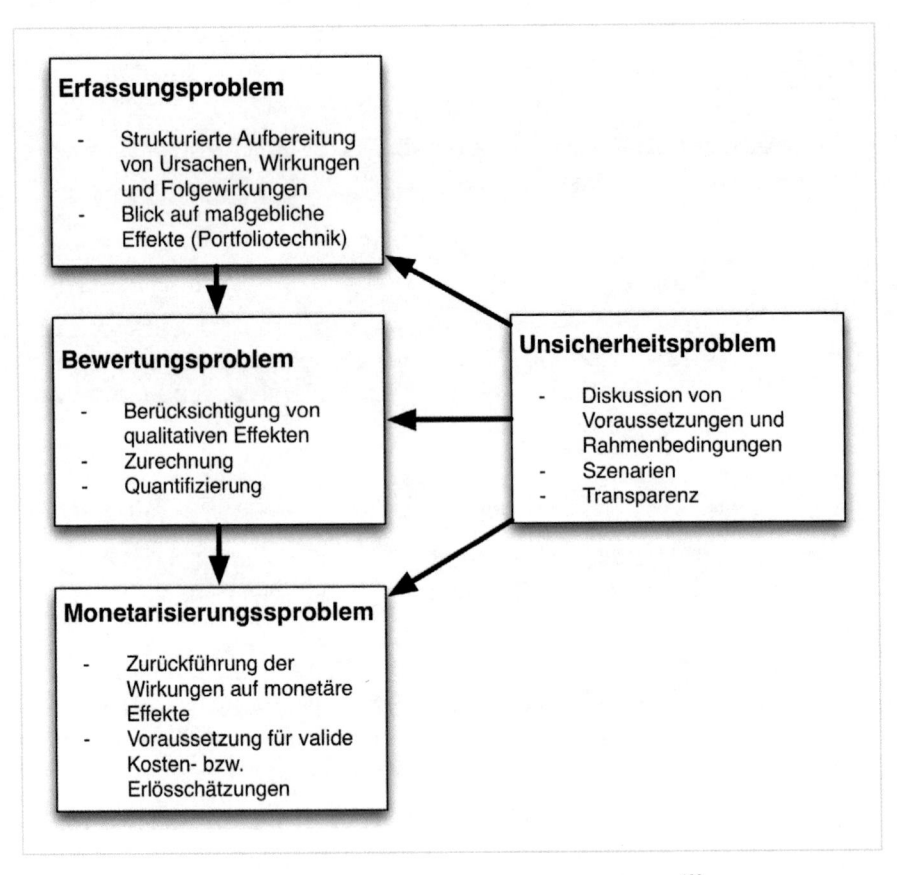

Erfassungsproblem
- Strukturierte Aufbereitung von Ursachen, Wirkungen und Folgewirkungen
- Blick auf maßgebliche Effekte (Portfoliotechnik)

Bewertungsproblem
- Berücksichtigung von qualitativen Effekten
- Zurechnung
- Quantifizierung

Unsicherheitsproblem
- Diskussion von Voraussetzungen und Rahmenbedingungen
- Szenarien
- Transparenz

Monetarisierungsproblem
- Zurückführung der Wirkungen auf monetäre Effekte
- Voraussetzung für valide Kosten- bzw. Erlösschätzungen

Abbildung 60: Problembereiche der Nutzenerfassung[188]

---

[188] Eigene Darstellung

Ich stelle Ihnen dazu eine Methode vor, die insbesondere das Gespräch „auf Augenhöhe" zwischen Ihnen, also dem Business, und den unterstützenden Funktionen (also nicht nur der IT) ermöglicht oder zumindest unterstützen kann.

Meine Sichtweise dabei ist „top-down", d.h. es geht darum, darzustellen, welchen Beitrag konkrete Aktionen der Digitalisierung auf den Nutzen für das Business haben.

Dies ist zunächst eine Sichtweise, für die man in der Literatur schnell viele Zweifler findet, die ausgehend von den Problembereichen dieser Sicht (siehe voranstehende Abbildung) sogar zum Schluss kommen, dass diese Nutzendarstellung nur „Illusion" sei:

„Hohe Komplexität und Dynamik sowie das Fehlen von belastbaren Zielsystemen in Unternehmen sind wesentliche Ursachen dafür, dass Versuche der IKT-Wertbetragsermittlung unter Verwendung einer allgemein gültigen Methode immer wieder scheitern. (...) Es erscheint somit notwendig, die Komplexität zu reduzieren und so Wertbeiträge sichtbar zu machen."[189]

Dass die IT-Organisation überhaupt einen Wertbeitrag liefert, ist dabei bis heute nicht in Frage gestellt: „A principal finding is that IT is valuable, but the extent and dimensions are dependent upon internal and external factors, including complementary organizational resources of the firm and its trading partners, as well as the competitive and macro environment."[190] Zeiner führt dazu aus, dass „der Wertbeitrag der IT alle Bereiche und Ebenen der Wertschöpfung eines Unternehmens durchzieht. Traditionell werden oft nur Aspekte der Effizienzsteigerung wie Steigerung der Produktivität und Reduktion der Kosten in Fachabteilungen beleuchtet. Die Erwartungen der Geschäftsleitung schließen jedoch oftmals Beiträge zur strategischen Ausrichtung und verbesserten Entscheidungsfindung ein."[191].

So kommen alle großen Beratungsunternehmen dieser Welt gerne zu Ihnen ins Unternehmen, um genauso eine „nutzenorientierte" Analyse durchzuführen. Methoden gibt es viele, nur sind sie alle – und dies ist ein Ergebnis meiner wissenschaftlichen Arbeit – in der Dynamik der Digitalisierung nicht anwendbar. Der Aufwand ist zu hoch, der Zeitbedarf immens und das Ergebnis ist die Darstellung eines statischen, über den Zeitraum der Analyse festgestellten Momentzustandes.

---

[189] [Samulat 2014a, S. 2]

[190] [Melville et al. 2004, S. 283]

[191] [Zeiner 2009, S. 4]

Insbesondere eine Steuerung agiler Prozesse auf Basis dynamisch verfügbarer Kennzahlen ist damit nicht möglich.

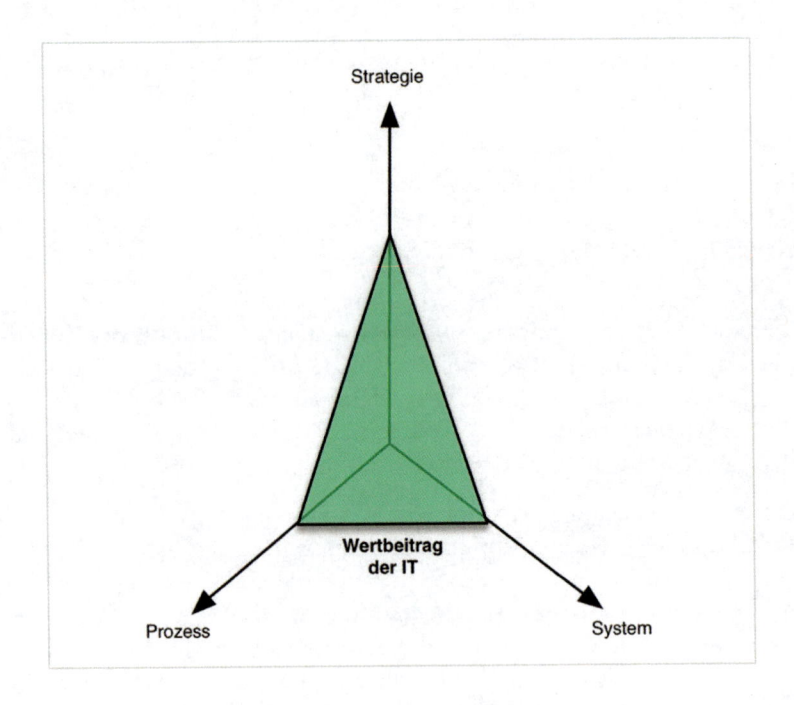

Abbildung 61: Dimensionen des Wertbeitrags der IT[192]

In der Phase, in der mit dem Fokus auf das IT/Business Alignment über die Genehmigung eines IT-Projektes entschieden wird, besteht zwischen Ihnen, dem Business, und der IT Konsens darüber, welcher Nutzen mit diesem Vorhaben erreicht werden soll.

Dieser Nutzen wird an dieser Stelle sogar monetär bewertet, z.B. im Rahmen des ROI.

Zu diesem Zeitpunkt ist es möglich, Indikatoren zu identifizieren, die als Messgröße den tatsächlich erreichten Nutzen dieses Vorhabens beobachtbar machen – denn es wurde ja gemeinsam und genau formuliert, welcher Nutzen entstehen soll.

---

[192] Eigene Darstellung.

Hilfreich an dieser Stelle ist eine Gruppierung, die den drei Gestaltungsbereichen des Business Engineering (BE) der Wirtschaftsinformatik entspricht: System, Prozess und Strategie.[193]

Die drei Gestaltungsbereiche unterstützen Business- und IT-Manager in dieser Phase dabei, die Vision zu konkretisieren und Projektziele so zu detaillieren, dass ausreichend einfach messbare Indikatoren identifiziert und vereinbart werden können.

Diese Indikatoren sind in ihren Ausgangswerten (der Baseline) bereits <u>vor dem Projektstart</u> erstmalig zu ermitteln, um dann während der Projektlaufzeit und insbesondere nach dem Abschluss des IT-Projektes kontinuierlich weiter beobachtet und zur Steuerung der Wirksamkeit dieses Vorhabens verwendet zu werden.

Diese Indikatoren liefern so Hinweise darauf, dass die Wirtschaftlichkeitsprognose zu einem IT-Projekt tatsächlich zutrifft – oder nicht.

Das Werkzeug dazu ist das *ValueBoard*®.

---

[193] [Österle / Winter 2003, S. 12]

5.1.3.1 Das ValueBoard®

Die Baseline ermitteln, Veränderungen messen und die erreichten Ergebnisse zu bewerten – dies ist mit Best-Practice-Methoden wie dem Continous Service Improvement (CSI) zu strukturieren.[194] Ausgehend von den CSI-Schritten und gruppiert in die drei vorgestellten Gestaltungsbereiche des BE – dies ist das von mir an dieser Stelle vorgeschlagene *ValueBoard*®:

CSI-Ansatz-Schritt	System	Prozess	Strategie
Was ist unsere Vision?			
Wo stehen wir jetzt?			
Wo wollen wir hin?			
Wie erreichen wir dieses Ziel?			
Haben wir dieses Ziel erreicht?			
Wie erhalten wir die Dynamik aufrecht?			

Tabelle 3: Die Struktur des ValueBoard®[195]

Das *ValueBoard*® mit den Schritten aus dem CSI-Ansatz nach Best Practice links und der Gruppierung in die drei Gestaltungsbereiche des BE rechts, schafft die Voraussetzungen dafür, dass projektbezogene Business- und IT-Ziele in einer Darstellung zusammengeführt werden können.

Entsprechend etablierter Methoden zur Strukturierung agiler Projekte kann dieses Board dazu dienen, auf Zetteln formulierte Ansätze zu formulieren, einzuordnen und zu bewerten. „Paper First" – eine haptische Methodik, ganz ohne technische Unterstützung:

---

194 ITIL Service Design 2013, S. 99

[195] Eigene Darstellung

Abbildung 62: Das ValueBoard® in der Praxis[196]

Im IT-Projekt formulierte Prozessmessgrößen wie das Prozessziel (Ergebnis, Produkt, Nutzungsintensität), Durchlaufzeiten (Performance), Kosten und die Auslastung der benötigen (IT-)Ressourcen werden so zu einem Satz von wenigen, aber relevanten Indikatoren, die für viele IT-Investitionen auf diesem Board schnell zu ermitteln sind.

---

[196] Grafik: Dennis Meyer

Aus der tabellarischen Darstellung lassen sich aber auch Aufgaben ableiten, die das Business unterstützend für dieses IT-Projekt leisten soll, z.B. Personal Change Activities der Personalabteilung und andere Maßnahmen aus dem Management, die den tatsächlichen Projekterfolg unterstützen – oder sogar erst ermöglichen.

Business und IT arbeiten gemeinsam am Nutzen dieses Vorhabens und das über das eigentliche Projektende hinaus.

Das *ValueBoard*® schafft für die IT die Voraussetzungen dafür, auch über den Projektabschluss hinaus, „im Gespräch" mit dem Business zu bleiben, indem auch nach dem Projektende die Ergebnisse (Outcome) weiter diskutiert und bewertet werden: Sind die Prognosen eingetroffen? Sind Folgeaktivitäten seitens des Business und/oder der IT erforderlich, oder wie waren die Auswirkungen zu bereits getroffenen Entscheidungen?"

5.1.3.2 Identifizierung und Bewertung von Prozessmessgrößen

Als Werkzeug für die Identifizierung und Bewertung der Relevanz von Prozessmessgrößen empfehle ich die von Kesten definierten Nutzenkategorien[197] und das Wirkungskettenverfahren.

Zusammenfassend ist festzustellen, „dass – wenn überhaupt – nur kombinierte Verfahren wie das mehrstufige Wirkungsmodell von Kesten, Müller und Schröder ausreichend anschaulich zeigen können, wie eine Abfolge unterschiedlicher Verfahren aussehen kann, um eine integrierte und umfassende Bewertung zu ermöglichen"[198]:

---

[197] Siehe dazu Abbildung 51

[198] [Samulat 2014a, S. 80]

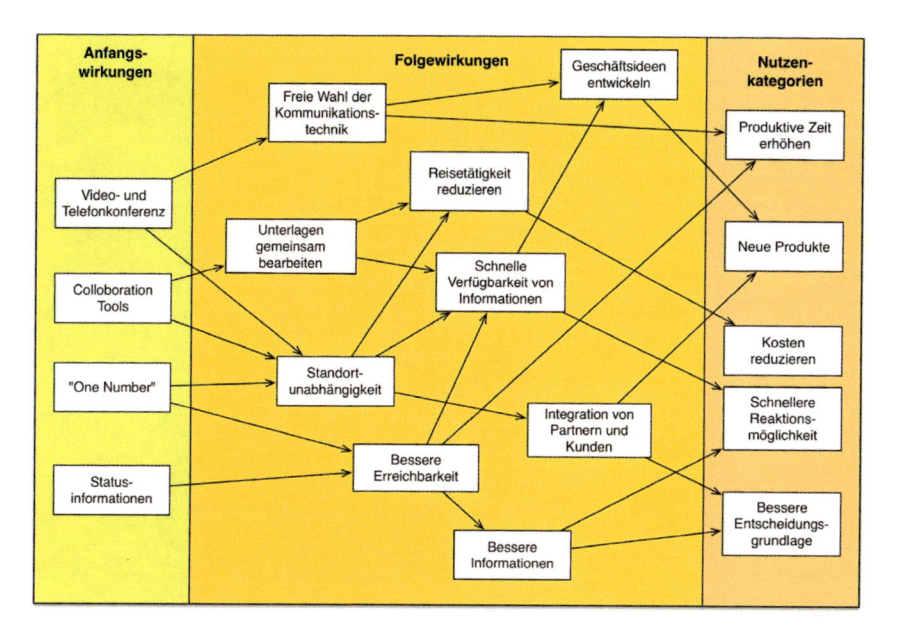

Abbildung 63: Wirkungskette nach Kesten, Müller und Schröder[199]

Dieses mehrstufige Wirkungsmodell ist als wirkungs- und nutzeffektorientiertes Verfahren an dieser Stelle wichtig, da auf dieser Basis komplexe und bereichsübergreifende Wirkungszusammenhänge berücksichtigt werden können – als Voraussetzung zur Identifizierung relevanter Kennzahlen zur Verifikation der Nutzenprognose eines IT-Projektes.

Tools zur praktischen Anwendung des Wirkungskettenverfahrens sind in großer Zahl verfügbar.

5.1.3.3 Visualisierung der Prozessmessgrößen

Zur Visualisierung der mit Hilfe des *ValueBoard*® definierten Indikatoren möchte ich die Methodik der industriellen Regelkarte vorstellen, mit der Messwerte in ihrem aktuellen Wert, dem historischen Verlauf und mit definierten Warn- und Eingriffsgrenzen dargestellt werden:

---

[199] Nach: [Kesten 2007, S. 137]

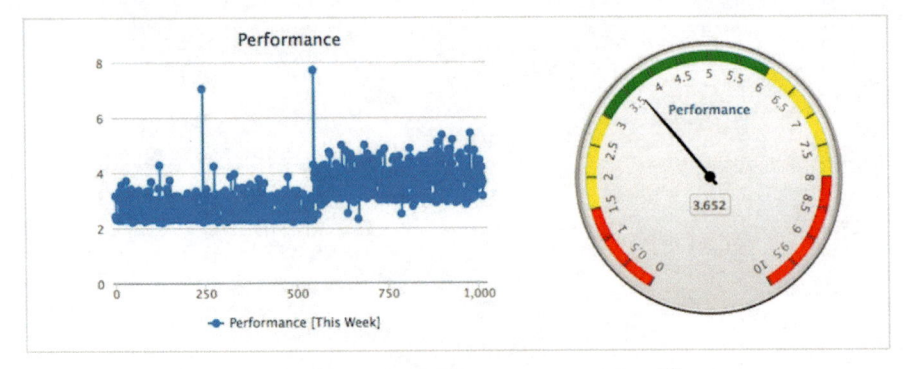

Abbildung 64: Visualisierung der Indikatoren[200]

Diese Art der kompakten Ergebnisdarstellung (Dashboard, Cockpit) wird in der produzierenden Industrie seit Langem verwendet. Die Farben in der Skala der Messuhr stellen die Warn- und Eingriffsgrenzen dar, nach denen gesteuert werden kann: Der „grüne" Sollkorridor, ergänzt um die Eingriffs- und Fehlergrenzen (gelb/rot), gibt Orientierung und zeigt die Auswirkung von Entscheidungen.

Die Spezifikation der Warn- und Eingriffsgrenzen ist Bestandteil der Definition der Indikatoren und gibt Orientierung bei der Beobachtung aktueller Werte und der Tendenzen aus dem historischen Verlauf.

Beachten Sie, dass diese Grenzen im Rahmen regelmäßiger Reviews überprüft werden – zunächst durch die Projektorganisation, später durch den „Owner" des Projektergebnisses, z.B. den Produkt-Owner eines neuen IT-Services.

Entsprechend der Gestaltungsbereiche des BE sollten nicht mehr als drei (maximal vier) Graphen zusammenhängend visualisiert werden.

---

[200] [Samulat 2014a, S. 203]

5.1.3.4 Anwendung der ValueBoard® in der Praxis

Das *ValueBoard®* schafft die Voraussetzungen dafür, dass ein IT-Service von der Planung bis zum Betrieb kontinuierlich von zwei Seiten betrachtet werden kann:

- <u>Von der IT aus Sicht der Effizienz</u>: Ist die Bereitstellung der Ressourcen optimal gesteuert, wie ist die Systemauslastung, wie sind die Betriebskosten? Korrelieren die IT-Ressourcen mit den Lastanforderungen aus dem Business-Prozess?

- <u>Vom Fachbereich aus Sicht der Effektivität</u>: Welche Rolle spielt dieser IT-Prozess im Arbeitsablauf, an welcher Stelle und wie intensiv wird er genutzt? Entspricht die Nutzung der Prognose aus dem IT-Projekt? Korrelieren Business-Anforderungen und IT-Kosten?

Beide Sichtweisen werden über die Korrelation der historischen Verläufe über bis zu vier Kennzahlen „verbunden". IT und Business können jeweils ihre Aufgaben ableiten:

- <u>IT-Organisation</u>: Wo und wie kann der Ressourceneinsatz optimiert werden? Ist dazu ein weiteres IT-Projekt erforderlich?

- <u>Business</u>: Ist die Nutzung der IT-Ressourcen über den Zeitverlauf optimal? Müssen Arbeitsabläufe angepasst werden oder ist ein (Personen-)Change-Prozess erforderlich? Sind Marketingmaßnahmen zu ergreifen?

5.1.3.5 Fazit

Das *ValueBoard®* nutzt etablierte Best-Practice-Methoden wie *CSI*, setzt auf den Gestaltungsbereichen des Business Engineering auf und visualisiert die Ergebnisse dynamisch, entsprechend der Prinzipien industrieller Regelkarten.

Realisiert wird eine ergebnisorientierte Sicht auf den tatsächlich erreichten Nutzen von IT-Investitionen, wobei die Gruppierung in die Gestaltungsbereiche System, Prozess und Strategie die Orientierung für das Business wie auch für die IT vereinfacht.

Indikatoren zur Verifizierung der in der Phase der IT-Projektplanung getroffenen Wirtschaftlichkeitsprognosen werden gemeinsam von Business und der IT identifiziert und über den Projektabschluss hinaus mess- und beobachtbar gemacht.

Entscheidungsträgern wird so ein „Cockpit" an die Hand gegeben, das sie in die Lage versetzt, die ökonomischen Konsequenzen ihres Handelns zu analysieren und eine wertorientierte Steuerung betrieblicher Informationssysteme vornehmen zu können.

5.1.4 Management of Change – den Wandel steuern

Haben Sie ein gut funktionierendes Veränderungsmanagement, ein Change-Management, das auf allen drei Ebenen der Veränderung greift: organisatorisch, persönlich und technologisch?

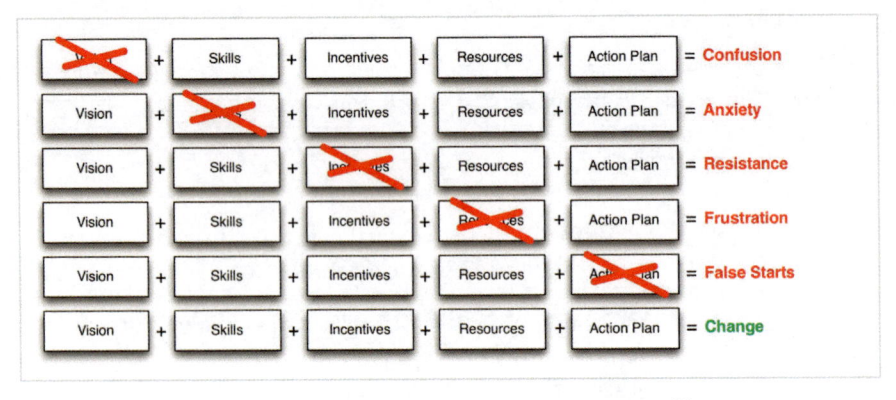

										=
~~Vision~~	+	Skills	+	Incentives	+	Resources	+	Action Plan	=	**Confusion**
Vision	+	~~Skills~~	+	Incentives	+	Resources	+	Action Plan	=	**Anxiety**
Vision	+	Skills	+	~~Incentives~~	+	Resources	+	Action Plan	=	**Resistance**
Vision	+	Skills	+	Incentives	+	~~Resources~~	+	Action Plan	=	**Frustration**
Vision	+	Skills	+	Incentives	+	Resources	+	~~Action Plan~~	=	**False Starts**
Vision	+	Skills	+	Incentives	+	Resources	+	Action Plan	=	**Change**

Abbildung 65: Warum scheitern so viele Changes?[201]

Berücksichtigen Sie die Rahmenbedingungen für erfolgreiche Changes, so wie sie in der vorstehenden Abbildung zusammengefasst sind?

Eine einfache Darstellung, die keines Kommentares bedarf.

---

[201] Quelle: Casali, D.: A Framework for Thinking About Systems Change. Nach: Villa, R.: Restructuring for Caring and Effective Education: Piecing the Puzzle Together. http://intenseminimalism.com/2015/a-framework-for-thinking-about-systems-change/, 28.12.15

Setzen Sie bereits auf agile Methoden und Arbeitsweisen? Fortschritte werden so früh sichtbar, da eine frühzeitige, inkrementelle Realisierung von Funktionalitäten erfolgt und die Kunden- (Anwender-) Orientierung durch ständiges Feedback verbessert werden kann.

Und agil heißt an dieser Stelle nicht gleich chaotisch! Im Gegenteil: Agile Methoden setzen eine Vielzahl von steuernden Funktionen. Der kleinste gemeinsame Nenner aller agilen Vorgehensmodelle – und damit auch *Scrum* – ist das *Agile Manifest* (Agile Manifesto):[202]

„Manifest für Agile Softwareentwicklung

Wir erschließen bessere Wege, Software zu entwickeln,
indem wir es selbst tun und anderen dabei helfen.
Durch diese Tätigkeit haben wir diese Werte zu schätzen gelernt:

Individuen und Interaktionen *mehr als Prozesse und Werkzeuge*
Funktionierende Software *mehr als umfassende Dokumentation*
Zusammenarbeit mit dem Kunden *mehr als Vertragsverhandlung*
Reagieren auf Veränderung *mehr als das Befolgen eines Plans*

Das heißt, obwohl wir die Werte auf der rechten Seite wichtig finden,
schätzen wir die Werte auf der linken Seite höher ein."

Auf www.scrum-master.de findet sich die für die Digitalisierung passende Übersetzung, wobei Software durch „Produkte" ersetzt wurde:

„Wir suchen nach besseren Wegen, Produkte zu entwickeln,
indem wir es selbst praktizieren und anderen dabei helfen, dies zu tun.

Individuen und Interaktionen *haben Vorrang vor Prozessen und Werkzeugen.*

Funktionsfähige Produkte *haben Vorrang vor ausgedehnter Dokumentation.*

Zusammenarbeit mit dem Kunden *hat Vorrang vor Vertragsverhandlungen.*

Das Eingehen auf Änderungen *hat Vorrang vor strikter Planverfolgung.*

Wir erkennen dabei sehr wohl den Wert der Dinge auf der rechten Seite an,
wertschätzen jedoch die auf der linken Seite noch mehr."

---

[202] http://agilemanifesto.org/iso/de/

Agilität in Produkten und Prozessen: Eine Herausforderung und Chance für Ihr gesamtes Unternehmen, der Dynamik der Digitalisierung nicht nur in der IT-Organisation zu folgen.

Abbildung 66: Ein agiles Prinzip: SCRUM[203]

Die große Herausforderung ist, die richtige Veränderungsgeschwindigkeit zu wählen und gleichzeitig die Veränderungen in der gesamten Breite einer Organisation umzusetzen.

Die Etablierung agiler Prinzipien, wie z.B. Scrum, ist ein Eingriff in die bestehende Unternehmenskultur. Und genau hier beginnt die Herausforderung: Der Eingriff von Scrum in die Unternehmenskultur ist ein Wandel (Change), den es im Unternehmen zu verbreiten gilt – die Agile Evolution.

Agile Prinzipien sind kein Selbstläufer – und agile Techniken wirken über IT-Projekte hinaus. Es reicht demnach nicht, einzelne agile Projekte aufzusetzen und darauf zu hoffen, dass die Organisation die weitere Verbreitung dann selbst regelt.

Veränderungen auf dem Papier sind schnell geschehen, aber die Veränderungen werden erst wirksam, wenn sie auch bei den betroffenen Menschen angekommen und umgesetzt sind.

---

[203] Foto: Karashaev; shutterstock.com

5.1.4.1 Beispiel: Agiles Produktmanagement

Agiles Produktmanagement unterscheidet sich stark von herkömmlichen Ansätzen, wie der nachstehende Vergleich zeigt:

Konventionell	Agil
Mehrere Rollen, wie Produktmanager, Produktmarketer und Projektmanager, sind dafür verantwortlich, dass ein erfolgreiches Produkt entsteht.	Eine Person, der Product Owner, ist für den Produkterfolg verantwortlich und leitet das Entwicklungsprojekt. Der Product Owner ist Unternehmer im Unternehmen.
Produktmanager arbeiten weitestgehend unabhängig von den Entwicklungsteams, oft getrennt durch Prozess- und Abteilungsgrenzen sowie separate Arbeitszimmer.	Der Product Owner ist ein Mitglied des Scrum-Teams und arbeitet eng mit Scrum-Master und Team zusammen.
Umfangreiche Marktforschungsarbeiten, Produktplanung und Geschäftsanalyse werden zu Beginn des Innovationsprozesses ausgeführt.	Nur minimale, zum Erstellen der Produktvision notwendige Aufwände werden vorab erbracht.
Die Produktfunktionalität wird vorab festgelegt: Anforderungen werden frühzeitig detailliert und eingefroren.	Produktdefinition ist ein kontinuierlicher Prozess: Durch Kunden- und Anwenderfeedback werden neue Anforderungen im laufenden Projekt entdeckt und existierende verändern sich.
Kundenfeedback stellt sich meist spät ein, typischerweise im Markttest und bei der Markteinführung.	Das Vorführen und Ausliefern von Produktinkrementen erlaubt, die Marktreaktion frühzeitig zu erkennen und das Produkt im Dialog mit den Kunden zu entwickeln.

Tabelle 4: Agiles und konventionelles Produktmanagement im Vergleich[204]

---

[204] Quelle: [Pichler 2013, S. 2]

5.1.5 Überfordern Sie Ihre IT nicht

Auch Ihre IT-Organisation digitalisiert: Diese Transformation umfasst alle Bereiche und macht die Menschen Ihrer IT-Organisation zu <u>Betroffenen</u> dieser Entwicklung, nicht jedoch automatisch zu Treibern:

- Organisations-Restrukturierungen
- Veränderungen in der Führungskultur und im Zusammenspiel zwischen Führungskräften und Mitarbeitern
- Tiefgreifende Veränderungen in den Arbeitsweisen
- Einführung von neuen IT-Systemen und damit einhergehende Anpassungen in den Arbeitsprozessen
- Einführung neuer Prozesse oder Gremien
- Zusammenführen von Teams aus unterschiedlichen Organisationsbereichen

Dabei ist die IT-Organisation ebenso nur eine unterstützende Funktion wie HR, Finance, Gebäudetechnik, etc. Gehen Sie davon aus, dass Betroffene eher zur Seite „Hürde Mensch" tendieren – und für Ihre Organisation zur Herausforderung werden können.

So lässt sich auch erklären, warum in vielen Studien die Unternehmens-IT als „Verhinderer" der Digitalisierung gesehen wird: Es geht schlichtweg um die Existenz vieler Personen, die heute noch in der IT arbeiten und nicht unbedingt eine persönliche Perspektive in dieser Transformation sehen.

Berücksichtigen Sie das und überfordern Sie Ihre IT nicht: Arbeiten Sie mit externer Unterstützung, insbesondere wenn Organisations-Veränderungen anstehen.

5.2 Passen Sie die Organisation an

„Erfolg bei der digitalen Transformation benötigt daher – wie schon alle großen Änderungen in der Wirtschaftsgeschichte vorher – den wahren Unternehmergeist als schöpferischen Zerstörer. Und bei diesem sind der Held und der Narr zwei Seiten derselben Medaille."[205]

---

[205] Quelle: Hattendorf, I.: Digitale Transformation. Fünf Erfolgsfaktoren für Entscheider", QSC Whitepaper, 2015

Wenn im vorangegangenen Abschnitt die Rede davon war, die Unternehmens-IT nicht zu überfordern: Was ist die Konsequenz daraus?

Welche Organisationsform ist die Richtige für die eigene IT?

Welche Rollen, Fähigkeiten und Prozesse sind für Ihre Digitalisierung im Unternehmen relevant?

„Generell besteht ein gewisser Trend, die IT aus dem Verantwortungsbereich des CFOs herauszulösen. Da IT nur in begrenztem Maße Geld kostet, sondern vielmehr Werte schafft, ist eine kostenerzeugende Perspektive auf die IT im digitalen Zeitalter nicht mehr aktuell. Sowohl Business als auch IT sollten in den entsprechenden Unternehmen diese Rolle neu überdenken und der IT die Möglichkeit geben, die Digitalisierung zu gestalten."[206]

Was bisher herausgearbeitet werden konnte:

1. IT ist zu großen Teilen tatsächlich zu einer Commodity geworden, die im eigenen Rechenzentrum nichts mehr zu suchen hat.
2. Die Digitalisierung nach innen und außen erfordert agile Prozesse in allen Bereichen des Unternehmens, auch in der IT. Die Unternehmens-IT muss die dazu notwendige Elastizität liefern, was zu einer Hybrid-Cloud-Infrastruktur führt.
3. Das für den Unternehmenserfolg relevante Wissen muss verfügbar gemacht werden: Die gilt insbesondere für die Erkenntnisse aus der Customerization.

Große Hürde dabei: Das Silodenken, vor allem in Großunternehmen.

„Besonders virulent ist das Silodenken in Großunternehmen mit mindestens 2000 Mitarbeitern. 83 Prozent der Befragten aus diesen Firmen benennen das Problem. Hays und PAC berichten, dass in diesen Firmen in der jüngeren Vergangenheit der Umbau der Fachbereiche zu Profitcentern im Mittelpunkt gestanden habe. "Der internen Vernetzung wurde dagegen nur wenig Beachtung geschenkt,, heißt es in der Studie. "Mit der aktuellen Betriebsstruktur stehen sich Unternehmen im digitalen Zeitalter nun selbst im Weg.""[207]

---

[206] [Lünendonk 2015, S. 15]

[207] Kurzlechner, W.: Silodenken und starre Prozesse. Woran Digitalisierung scheitert. www.cio.de, 10.12.2015

5.3 Von legitimierter Hierarchie zur digitalen Selbstorganisation

Legitimationsmacht ist die Basis klassischer Top-down-Führung: Eine Führungskraft ist quasi Hierarchie mit Anweisungsbefugnissen ausgestattet und darüber legitimiert, andere Akteure in einer Organisation direkt zu beeinflussen.

„Die formalisierte und statische Variante (Hierarchie) steht mit einer Reduktion der Ausführungsmöglichkeiten durch Standardisierung, Bürokratisierung und Algorithmisierung nach rationalen Kriterien in bürokratischen Organisationen wie Unternehmen in Verbindung."[208] – Und genau das behindert Ihre Digitalisierung.

Ein Blick in die Praxis zeigt, dass Digitalität zunehmend dazu führt, dass sich ein traditionelles Verständnis von hierarchischen Organisationsstrukturen verändert: Wenn man Aufgaben definiert und komplexe Projekte in die Einzelaufgaben zerlegt hat, ist es sinnvoll ähnliche Aufgaben zu gruppieren.

Wir sind gewohnt, uns Unternehmen als abgeschlossene, integrierte Gebilde vorzustellen. Sie sind physisch in Bürogebäuden und Fabrikanlagen untergebracht, in denen sich ihre Mitglieder aufhalten und in denen sich die erforderlichen Materialien, Betriebsmittel und Informationen befinden.

Digitale Unternehmungen überschreiten diese Grenzen ständig, indem sie auf Märkten agieren. Diese Grenzüberschreitungen korrespondieren mit einer klaren Vorstellung von innen und außen, von zugehörig und nicht zugehörig, von Schnittstellen von Unternehmung und Märkten.

Die digitale Transformation braucht eine neue Organisation!

„Durch die Nutzung digitaler Kommunikationstechnologien verkleinert sich der Bereich der für eine reine hierarchische Leistungserstellung spricht. Vor allem bei mittlerer Spezifität sind netzwerkbasierte Formen der interorganisationalen Zusammenarbeit vorteilhaft – hybride Koordinationsformen –, indem sie die Vorteile von Markt und Hierarchie verbinden."[209]

Wenn Digitalisierung das Aufbrechen von Silos ermöglicht, warum sollte dieser Prozess dann vor dieser Abteilung haltmachen?

---

[208] Quelle: Brand, A.: Softareentwicklung im Netzwerk. Kooperation, Hierarchie und Wettbewerb in einem Open Source-Projekt. Reiner Hampp Verlag, 2009.

[209] Michelis, D.: Die grenzenlose Unternehmung – Organisieren ohne Organisation?. In: Die digitale Unternehmung, Dezember 2009. www.digitale-unternehmung.de, 19.12.2015.

Neben wir als Beispiel einmal das mir vertraute Medienhaus, das sich vorgenommen hatte, die Digitalisierung voranzutreiben: Eine Maßnahme war der Bau eines Großraumbüros, eines Newsrooms, in dem über 150 Menschen miteinander agierten, die vorher in ihren Silos (meint: eigenen Büros) getrennt agierten. Dort teilt man sich Kaffeemaschine und Meetingtische und arbeitet gemeinsam an den großen Stories. Das ist nämlich der eigentliche Kern der Veränderung: geplant und produziert wird nicht auf Basis von Kanälen sondern auf Basis von Themen, die dann für die einzelnen Zielgruppen umgesetzt werden. Nur: Die Abteilungsstrukturen, hier heißen sie „Ressorts", werden dadurch nicht verändert.

„Meine Vorstellung einer dynamischen Unternehmenskommunikation im Rahmen der Digitalen Transformation geht über das räumliche Newsroom Konzept hinaus.

Wenn Themen die Basis sind, dann sollten Themen auch die Organisationsstruktur bestimmen. Ich stelle mir eine sehr flache, atomisierte Struktur von Experten in einer gemeinsamen Abteilung vor – sozusagen eine Kommunikationscommunity – in der sich immer wieder Gruppen von Experten mit den jeweils benötigten Skills zu Themenprojekten zusammenfinden. Die so entstehenden Subcommunities kommen abhängig vom Thema mal lang- und mal kurzfristig zusammen. Ein Experte – für eine bestimmte Zielgruppe, ein Tool, ein Thema, einen Kanal, ein Skill wie Schreiben oder Grafik oder für alles in einem – kann Mitglied in mehreren Subcommunities sein.

Unterstützt wird diese Arbeit von entsprechenden Social Software Strukturen.

Es entsteht so eine agile, matrixartige Organisation, die weitestgehend ohne feste Abteilungen und vor allem auch ohne Abteilungsleiter auskommt. An ihre Stelle tritt der Community Manager, der für die Laufzeit eines Themenprojektes eine gewisse Autorität besitzt, der im nächsten oder in einem anderen Projekt aber auch als „einfacher" Experte arbeiten mag"[210], so die Sichtweise von Carsten Rossi, die ich vollständig teile: Der Großraum ist nur ein hilfreicher Baustein, aber noch lange nicht die digitale Selbstorganisation ohne die Hierarchie der Vergangenheit – oder nur mit sehr wenig Hierarchie.

Ihre internen Strukturen müssen anschlussfähig und agil sein.

---

[210] Rossi, C.: Digitale Transformation // Teil 2: Eine neue Organisation für die Kommunikation. Kuh, Kammann & Kuhn, Mai 2014. www.kkundk.de, 19.12.2015.

5.4 Die eigene IT auf Vordermann bringen

„Es gibt noch genau einen Industriezweig weltweit, der den Sinn von Prozessen in Frage stellt – die Unternehmens-IT."[211]

Diese Aussage stellt die aktuelle und aus Sicht der Digitalisierung oft völlig unterschätzte Situation der unternehmenseigenen IT in wenigen Worten treffend dar: Obwohl die IT schon lange industriell arbeiten sollte (und es in vielen Bereichen auch bereits tut), versuchen viele IT-Organisationen weiterhin die Manufakturen zu bleiben, die sie heute noch sind.

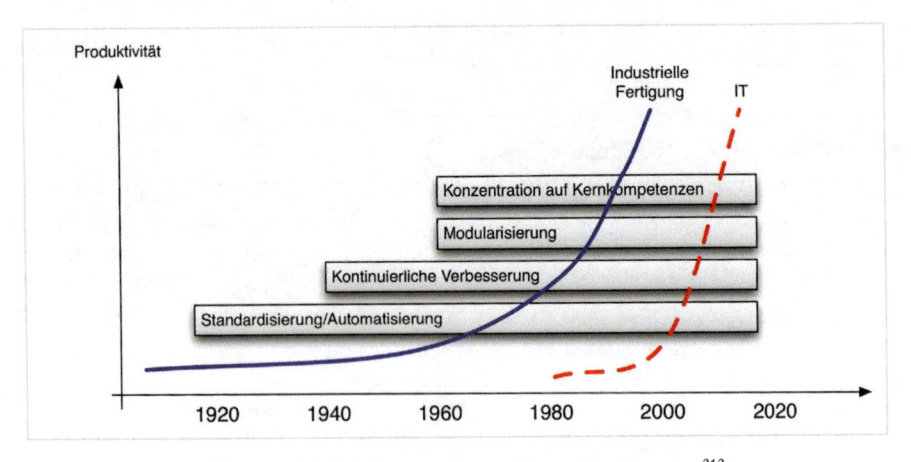

Abbildung 67: Die Unternehmens-IT hat Aufholbedarf[212]

Verständlich, denn dahinter stehen Menschen, die mit dieser „alten" IT aufgewachsen sind und deren technisches Spezialwissen in der aktuellen, industriellen Umgebung immer weniger gebraucht wird.

---

[211] Diesen Satz habe ich auf einer Veranstaltung gehört. Die Quelle kenne ich leider nicht.

[212] Nach: Computerwoche 15/2007, S. 5

So brachte eine Studie von Forrester 2014 zum Vorschein, dass Business Manager mehrheitlich den Eindruck vertraten, dass die eigene IT-Abteilung dem Erfolg des Unternehmens im Weg steht. Prinzipiell wird der IT im Allgemeinen durchaus viel zugetraut, aber nur mit externer Unterstützung. So sehen es auch deutsche Entscheider und schlagen immer öfter einen radikaleren Weg des IT-Umbaus ein[213].

5.4.1 IT as a Service

„IT as a Service" (ITaaS) verschafft Ihrem Unternehmen mehr Freiraum für das digitale Kerngeschäft und für Innovation.

70 Prozent der Entscheider weltweit glauben, dass Technologie in den letzten fünf Jahren weitaus wichtiger für den Geschäftserfolg geworden ist, aber nur 42 Prozent von ihnen sind davon überzeugt, dass ihre IT-Abteilung die Integration neuer Lösungen ausreichend schnell vorantreibt.

DIE UNTERNEHMENS-IT BRAUCHT EINEN PLAN FÜR EIN ITAAS-MODELL, DER ÜBER TECHNISCHE ASPEKTE HINAUSGEHT.

„Auf dem Weg zu ITaaS gilt es, das hergebrachte Data Center in eine „Virtual Computing Capability" (VCC) zu transformieren"[214], rät Philippe A. Abdoulaye in einem Artikel der Computerwoche und fordert IT-Organisationen dazu auf, sich mit diesen Fragestellungen auseinanderzusetzen:

- Wie soll die übergreifende VCC-Architektur aussehen? Hier geht es vor allem um einen kosteneffizienten IaaS-Layer. Der PaaS-Layer (Platform-as-a-Service) stellt eine Delivery-Plattform zur Verfügung, die es ermöglicht, Applikationen schneller bereitzustellen.
- Wie werden das operationale Management und die Kontrolle des VCC sichergestellt?

Wichtige Schritte auf dem Weg zur elastischen IT-Organisation.

---

[213] Alastair Behenna, Principal Analyst: Was der europäische CEO 2014 von seinem CIO braucht.

[214] Quelle: SaaS ist nicht genug: IT as a Service: Was CIOs dafür tun müssen. Computerwoche, Oktober 2015. www.computerwoche.de, 20.12.2015.

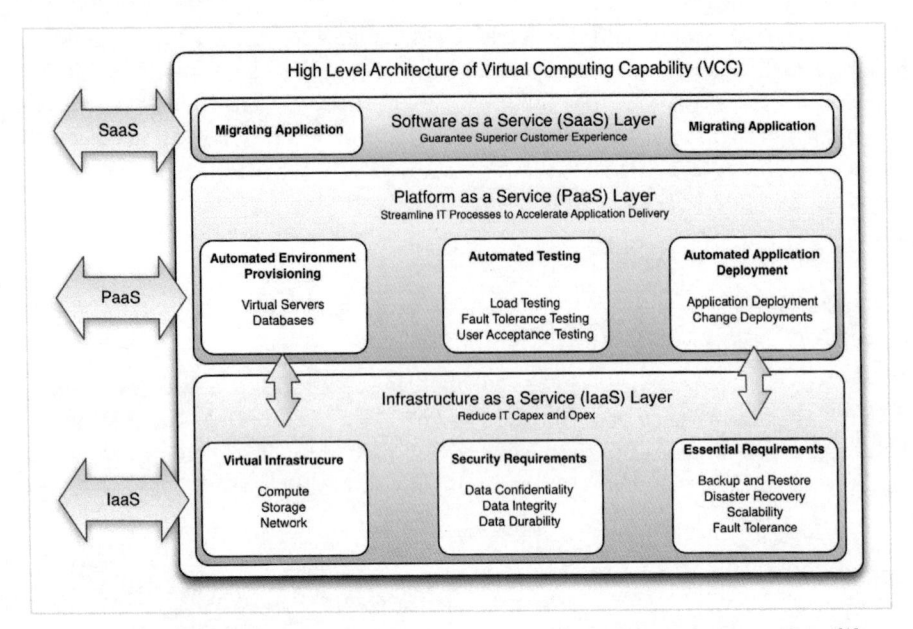

```
                    High Level Architecture of Virtual Computing Capability (VCC)
        ┌──────┐   ┌──────────────────┐  Software as a Service (SaaS) Layer  ┌──────────────────┐
   <——  │ SaaS │   │Migrating Application│                                    │Migrating Application│
        └──────┘   └──────────────────┘  Guarantee Superior Customer Experience└──────────────────┘

                              Platform as a Service (PaaS) Layer
                         Streamline IT Processes to Accelerate Application Delivery
        ┌──────┐   ┌─────────────────┐  ┌──────────────────┐  ┌──────────────────┐
        │ PaaS │   │Automated Environment│ │ Automated Testing│ │Automated Application│
   <——  │      │   │   Provisioning   │  │                  │  │    Deployment    │
        └──────┘   │ Virtual Servers  │  │  Load Testing    │  │Application Deployment│
                   │   Databases      │  │Fault Tolerance Testing│ │ Change Deployments│
                   └─────────────────┘  │User Acceptance Testing│ └──────────────────┘
                                        └──────────────────┘

                              Infrastructure as a Service (IaaS) Layer
                                    Reduce IT Capex and Opex
        ┌──────┐   ┌──────────────────┐  ┌──────────────────┐  ┌──────────────────┐
        │ IaaS │   │Virtual Infrastrucure│ │Security Requirements│ │Essential Requirements│
   <——  │      │   │    Compute       │  │Data Confidentiality│ │Backup and Restore│
        └──────┘   │    Storage       │  │ Data Integrity   │  │Disaster Recovery │
                   │    Network       │  │ Data Durability  │  │    Scalability   │
                   └──────────────────┘  └──────────────────┘  │ Fault Tolerance  │
                                                               └──────────────────┘
```

Abbildung 68: Das klassische RZ wird zur Virtual Computing Capability (VCC)[215]

Zum anderen lagern Unternehmen, die den digitalen Wandel erfolgreich gemeistert haben, klassische (Commodity)-IT-Themen mehr und mehr aus, bauen altes IT-Personal ab, aber stellen dafür neue „Digitalisierungsexperten" ein.

Können Sie für Ihr Unternehmen die Commodity-IT und die IT, die Sie für das relevante Alleinstellungsmerkmal Ihres Unternehmens im Markt brauchen, organisatorisch trennen?

Kommt die Commodity-IT etwa noch aus dem eigenen Rechenzentrum?

Warum?

---

[215] Nach einem Foto von Philippe A. Abdoulaye

5.4.2 Value-orientierte IT-Organisation

Die Frage nach dem tatsächlichen „Wertbeitrag der IT" (Busines Value of IT) wird in vielen Unternehmen gestellt und ist heute Vorgabe für das Handeln interner IT-Organisationen.

Aber worum geht es hier genau, was ist zu tun?

„Das Ziel eines jeden Unternehmens ist es, langfristig zu überleben und erfolgreich zu sein. In einer sich ständig verändernden Umwelt ist es hierzu notwendig, Strukturen und Prozesse im Unternehmen laufend anzupassen und nachhaltig effizienter zu gestalten, wobei Effizienz sowohl durch erhöhten Nutzen als auch durch verringerten Aufwand verbessert werden kann."[216]

An dieser Stelle ist die Antwort auf die, an sich einfache, Frage „Wie ist der Wertbeitrag oder Nutzen der IT im Unternehmen?" in den zu berücksichtigenden Abhängigkeiten und Wechselwirkungen von einer Komplexität, die heute regelmäßig kaum mehr beherrschbar ist.

Aber nahezu jede IT-Organisation sieht sich damit konfrontiert.

5.4.2.1 IT-Organisationen verändern sich

Diese Transformation wird zunächst getrieben durch eine Hype, die eigentlich schon lange keine mehr ist, sondern sich zum Stand der Technik entwickelt hat: die Cloud.

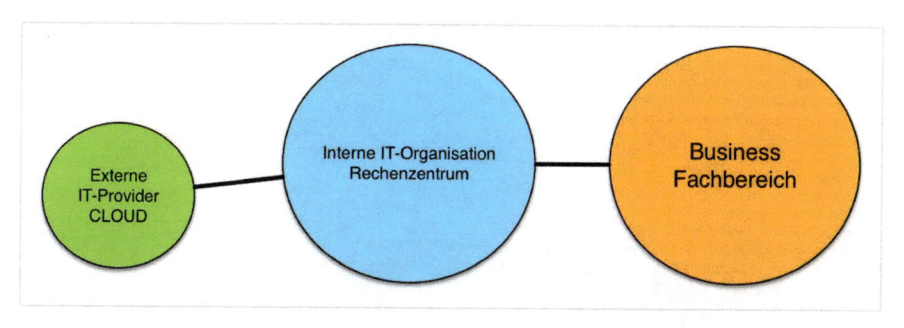

*Abbildung 69: Traditionelle IT-Organisation
mit eigenem Rechenzentrum und externen Dienstleistern[217]*

---

[216] Vergl. Walter 2009, S. 7 ff.

[217] Quelle: [Samulat 2014b]

Die heute geforderte Mobilität bedingt Cloud-Services und lässt viele bisher im eigenen Rechenzentrum geleistete IT-Dienste „nach außen" wandern. IT-Organisationen mussten schnell lernen, diese „Multi-IT-Provider"-Strukturen zu steuern.

Mit der Managed Enterprise Cloud verschwimmen die Grenzen zwischen interner und externer IT zunehmend: Nur diese industriellen „„..as a Service"-Angebote – vom Arbeitsplatz (Desktop as a Service, DaaS) bis hin zum zentralen IT-System (Software as a Service, SaaS) – bieten die heute notwendige Flexibilität und Elastizität zu Kosten, bei denen kein internes Rechenzentrum mehr konkurrenzfähig ist. Diskussionen um das vermeintliche Risiko oder die mögliche Gefahr aus der Nichtbeachtung rechtlicher Rahmenbedingungen werden zwar teilweise sehr emotional geführt –verzögern diese Entwicklung doch kaum.

Damit werden immer mehr IT-Services zu der Commodity, wie sie Carr schon 2003 beschrieben hat.[218] IT-Organisationen mussten lernen, diese hybriden, zunehmend von externen IT-Dienstleistern dominierten, Umgebungen zu orchestrieren. Standardisierte Schnittstellen zu internen und externen IT-Providern werden so durch ein zunehmend kleineres, aber hochspezialisiertes IT-Service-Management bedient, das in enger Zusammenarbeit mit Business und Unternehmenseinkauf zum „IT-Service-Broker" transformiert:

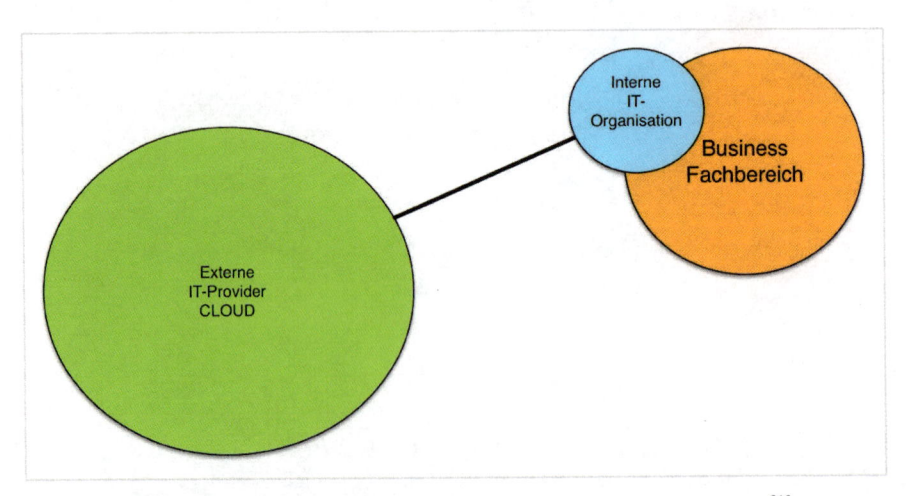

Abbildung 70: Hybrid-Cloud Orchestration, gesteuert vom Fachbereich[219]

---

[218] Vergl. Carr 2003

[219] Quelle: [Samulat 2014a]

Die Frage nach dem tatsächlichen Wertbeitrag der IT wird an dieser Stelle gerne mit Kostensenkungen und einem Mehr an Flexibilität beantwortet.

Dagegen laufen aus Unternehmenssicht aber weiterhin die Kosten der internen IT-Organisation – rechnet sich die also überhaupt noch? Oder kann der Fachbereich das alles nicht auch ohne teure IT-Organisation steuern?

Die Plattform für vorhandene Geschäftsprozesse zu optimieren und die IT-Kosten zu senken, reicht heute allein nicht mehr aus. Externe IT-Provider können dies zunehmend kostengünstiger und mit mehr Flexibilität leisten. Dies gilt zunehmend auch für die Prozesse im IT-Service-Management.

5.4.2.2 IT doesn't matter – business processes do

Heute haben Unternehmen verstanden, wie wichtig das Business Process Management (BPM) ist.

Keine neue Erkenntnis: Schon 1974 steht für Drucker „die Effektivität von Prozessen an erster Stelle (doing the right things)."[220] Erst danach geht es ihm um die Frage, ob ein Prozess effizient abläuft (doing the things right).[221]

Mangelhaft funktionierende Geschäftsprozesse sind zügig zu verbessern, um wirtschaftlichen Schaden zu vermeiden. Und genau das ist die Chance für die IT-Organisation, ihren tatsächlichen Wertbeitrag zu leisten und darzustellen!

Die Umsetzung der für BPM angewandten Methodik soll dabei ein Regelkreis sein, dessen Phasen organisatorische und technische (IT-)Dimensionen abbilden und so Optimierungspotenziale sowohl auf der Seite des Business wie auch seitens der IT zeigen. Drei Prozesstypen sind dabei nach Fischermann zu unterscheiden:[222]

---

[220] Vergl. Drucker 1974, S. 45.
[221] Drucker 1974, S. 45.
[222] Vergl. Fischermanns 2010, S. 99 ff.

- **Führungsprozesse** dienen der Koordination zur Sicherstellung der geplanten Qualität der Ausführungs- und Unterstützungsprozesse, sowie der Führungsprozesse selbst (z.B. Personalführungsprozess).

- **Ausführungsprozesse** sind die operativen Prozesse der Produktion bzw. der Dienstleistung, d.h. sie stellen die tatsächliche Wertschöpfung dar. Ein Beispiel ist der Auftragsabwicklungsprozess.

- **Unterstützungsprozesse** sorgen für die Ressourcenbereitstellung (z.B. Sachmittelbereitstellungsprozess), damit alle Prozesse störungsfrei laufen können. Sie tragen nicht unmittelbar zur Wertschöpfung bei.

Den Beitrag der IT dazu, also den Wertbeitrag der IT, definiert Melville im Jahre 2004:

> *„The term business value of IT is commonly used to refer to the organizational performance impacts of IT, including productivity enhancement, profitability improvement, cost reduction and other measures of performance."*[223]

Nur, mit der Digitalisierung ändern sich die Geschäftsprozesse so schnell, dass „traditionelle" Methoden zur Modellierung wie das Business Process Modell and Notation (BPMN) im Regelkreis versagen: Zu hoher Zeitbedarf, zu wenig Flexibilität. Auch birgt die BPMN-Sichtweise entweder „von oben" (top-down) oder „von unten" (bottom-up) regelmäßig die Gefahr, dass sich die Modellierungen nicht „in der Mitte treffen". Es bleibt damit die Sicht des Business oder die der IT – beide Seiten verstehen sich nicht.

Der IT-Organisation gelingt es so nicht, den eigenen Wertbeitrag „in der Sprache des Business" dazustellen.

Agile Geschäftsprozesse benötigen Prozessmessgrößen, die als Kennzahlen schnell und technisch einfach messbar sind. Und dies mit dem Fokus auf Prozesse, die benutzer- oder produktzentrisch sind.

---

[223] Melville et al. 2004, S. 287.

Damit werden Prozessmessgrößen wie das Prozessziel (Ergebnis, Produkt), Durchlaufzeiten (Performance), Kosten und die Auslastung der benötigen (IT-)Ressourcen zu einem Satz von Kennzahlen, die für viele agile Prozesse, z.B. mit der Methode *ValueBoard®*, schnell zu ermitteln und einfach zu visualisieren sind:[224]

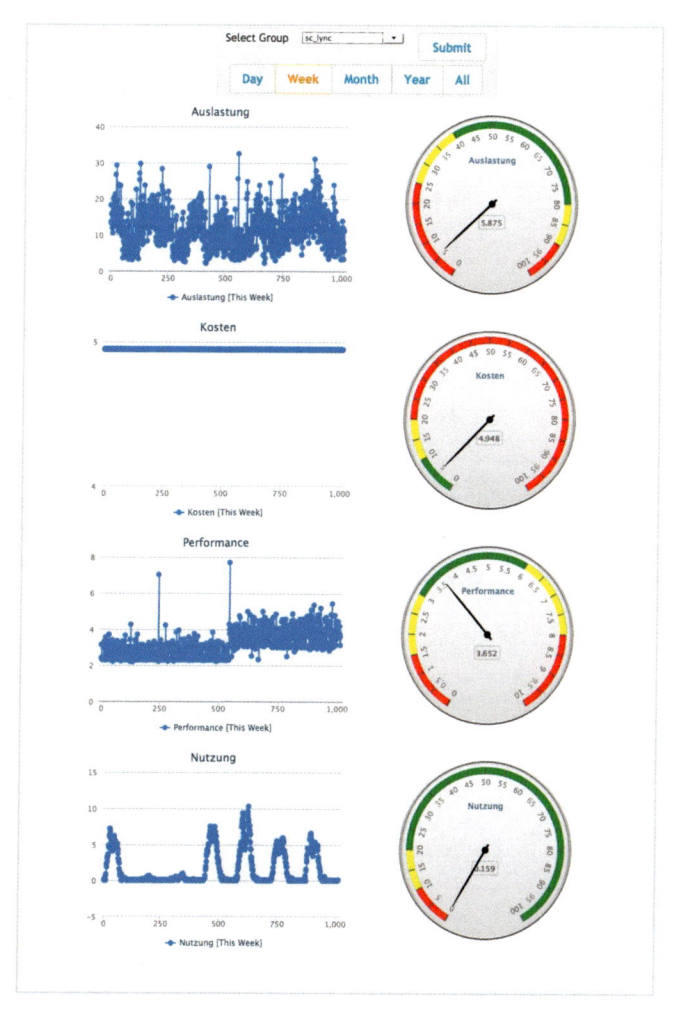

Abbildung 71: Visualisierung agiler Prozessmessgrößen[225]

---

[224] Vergl. Samulat 2014, S. 76 ff

[225] Quelle: [Samulat 2014, S. 93].

Was jetzt nur noch fehlt, ist eine agile Methodik zur Modellierung der Geschäftsprozesse in der organisatorischen und technischen Dimension.

Sehen Sie sich doch mal das subjektorientierte Geschäftsprozessmanagement S-BPM an.

Es kombiniert *Bottom-up-* und *Top-down-*Ansätze je nach Bedarf, indem Subjekte bzw. Akteure (Personen oder Systeme, die in Geschäftsprozessen handeln), deren Handlungen (das Prädikat, Nachrichten) und die Gegenstände der Handlungen (das Objekt, die Funktion) in den Mittelpunkt der Betrachtungen gestellt werden:[226]

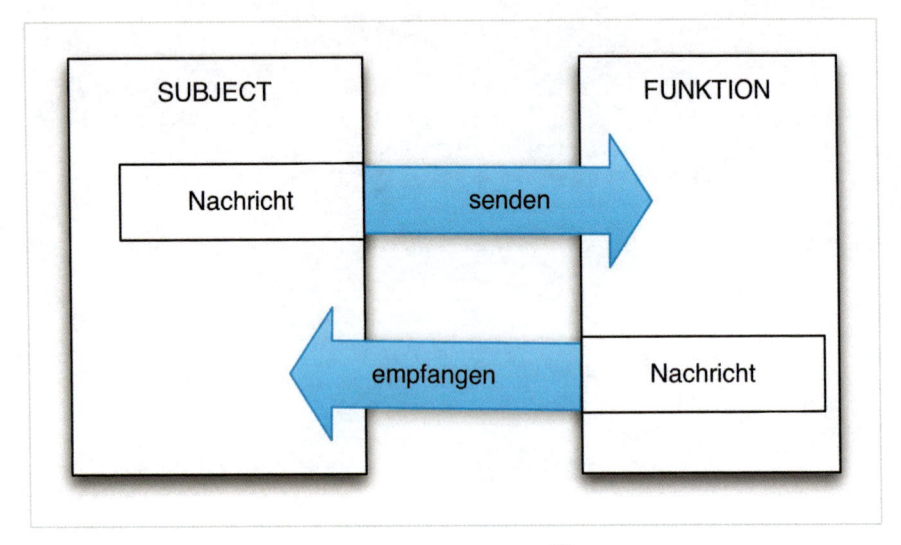

Abbildung 72: S-BPM[227]

Metasonic schreibt dazu: „Die Modellierung und Optimierung von Prozessen ist mit S-BPM einfach und intuitiv. Denn die S-BPM-Modellierungsbausteine (Subjekte, Prädikate und Objekte) gleichen denen der natürlichen Sprache. Das Modellierungskonzept orientiert sich also an der Wirklichkeit, anstatt eine weitere künstliche Modellierungssprache in die Welt zu setzen, mit der nur geschulte Spezialisten umgehen können.

---

[226] Vergl. Kubernus 2013, S. 15 ff

[227] Eigene Darstellung

S-BPM-Modelle bestehen aus Subjekten (Akteure im Prozess), drei verschiedenen Typen von Prädikaten bzw. Aktionen (Senden, Empfangen, interne Funktion) und Objekten, die verschickt oder manipuliert werden können."[228]

„Die Art und Weise, wie die Subjekte bzw. die Akteure des Prozesses ihre Aufgaben erledigen, können diese selbst bestimmen. Sie müssen nur am Ende die definierten Teilergebnisse liefern und übergeben. Somit kann jeder menschliche Akteur mit den drei S-BPM-Zustandstypen „Tun", „Senden" und „Empfangen" sein eigenes individuelles Subjekt modellieren."[229]

Damit besteht jetzt die Chance für die IT-Organisation im Unternehmen, den eigenen Wertbeitrag tatsächlich anhand relevanter Geschäftsprozesse darzustellen. Die Modellierung per S-BPM ermöglicht es dem Anwender sogar, die für ihn relevanten Geschäftsprozesse eigenständig zu modellieren, wobei ihn Spezialisten aus dem Business und der IT-Organisation nur noch beratend unterstützen müssen.

5.4.2.3 Benefits Management

Die Bewertung des Erfolges von IT-Projekten basiert in der Praxis nicht auf dem tatsächlich erreichten Nutzen für das Unternehmen, sondern darauf, ob das Vorhaben in Time, in Budget abgeschlossen wurde und die inhaltlichen Projektziele erreicht werden konnten.

Je besser dies gelingt, umso erfolgreicher wurde das IT-Projekt abgeschlossen.

Damit ist der Output des IT-Projektes beschrieben und messbar: Das Projektergebnis ist definiert, der Grad der Erreichung dieser Projektziele wird überprüft und bewertet.

Jedes IT-Projekt folgt aber einer unternehmerischen Vision, beschreibt detailliert den Stand der Dinge vor dem Projektstart und ein Business-Ziel, das mit diesem Vorhaben erreicht werden soll.

Was aber nicht erfolgt, ist die Quantifizierung genau dieser Folgewirkungen des IT-Projektes, seines Outcome: Diese ergebnisbasierte Sicht auf IT-Projekte entspricht dem, was sich das Business als Nutzen, aus diesem Projekt heraus versprochen hat.

Dies zu verbessern, ist Ziel des Benefits Managements & Benefits Realization Managements:

---

[228] https://www.metasonic.de/easiness, 10.12.2015.

[229] Quelle: Metasonic AG

„Als Weiterentwicklung der klassischen Investitionsbewertung (Business Case mit ROI, NPV, TCO, etc. als Rechtfertigung für das Investment) fokussiert Benefits Management auf die aktive Planung wie die Benefits auch tatsächlich realisiert, gemessen und auch über das Closing der Initiative hinaus nachgehalten werden können:"[230]

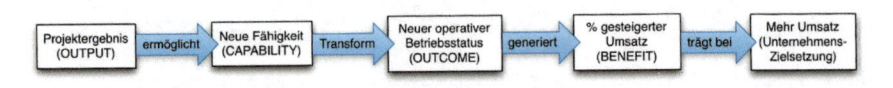

| Projektergebnis (OUTPUT) | ermöglicht | Neue Fähigkeit (CAPABILITY) | Transform | Neuer operativer Betriebsstatus (OUTCOME) | generiert | % gesteigerter Umsatz (BENEFIT) | trägt bei | Mehr Umsatz (Unternehmens-Zielsetzung) |

Abbildung 73: Vom Projektergebnis zum messbaren Nutzen[195]

„Im Kontext des Programm Management Frameworks *MSP®* - Managing Successful Programmes nimmt das Thema Nutzengenerierung im Rahmen der Prinzipien „Fokussierung auf den Nutzen und dessen Bedrohungen", der Führungs- und Steuerungsprinzipien „Benefits Management" und des Prozesses „Realizing the Benefits" einen bedeutenden Raum ein. Vergleichbares gilt für den PMI-Standard *The Standard for Program Management 3rd Ed.*, in der Benefits Management explizit als *Program Management Performance Domain* aufgeführt wird."[231]

Damit reiht sich das Benefits Management nahtlos in die etablierten Best-Practice oder Standards zur Steuerung der IT ein: Ohne Ausnahme wird gefordert, alle Aktivitäten an dem Nutzen für das Business auszurichten. Nur wie das genau funktioniert, wird nicht erklärt – auch an dieser Stelle nicht.

Genau hier soll ein neuer Ansatz weiterhelfen: Das IT-CMF.

---

[230] Gotscharek, W.: Benefits Management & Benefits Realization Management – Wie Sie wirklich Nutzen aus Ihren Projektinvestments ziehen. www.gotscharek-company.com/Donwloads, 08.10.2015.

[231] Gotscharek, W.: Benefits Management & Benefits Realization Management – Wie Sie wirklich Nutzen aus Ihren Projektinvestments ziehen. www.gotscharek-company.com/Donwloads, 08.10.2015.

5.4.2.4 IT-CMF (IT Capability Maturity Framework)

Das Innovation Value Institute[232] definiert mit dem IT-CMF (IT Capability Maturity Framework) einen Ansatz, in dem aus Business-Sicht definiert wurde, was eine Value-orientierte IT-Organisation leisten muss, um einen messbaren Beitrag zum Erfolg des Unternehmens liefern zu können:

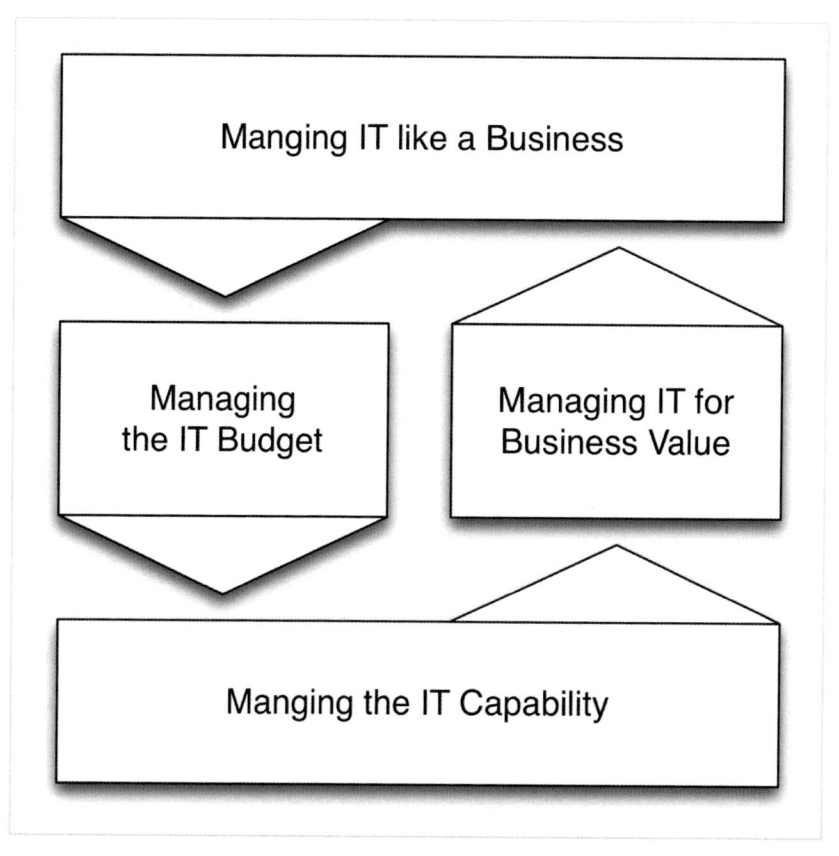

Abbildung 74: IT-CMF Macro-Capabilities[233]

---

[232] Das Innovation Value Institute (www.ivi.ie/it-cmf) ist ein Zusammenschluss aus Wissenschaft und Wirtschaft. Gemeinsam mit der National University of Ireland haben sich verschiedene Unternehmen (u.a. Intel, Microsoft, Boston Consulting Group, BP, Merck und viele andere) zum Ziel gesetzt, ein übergreifendes Modell zu schaffen, das die Lücke zwischen Business und IT schließen und dem CIO so ein wertvolles Werkzeug an die Hand geben kann.

[233] Nach: [Curley et al. 2015, S.9]

Das Modell besteht aus vier Makro-Prozessen (macro processes) und insgesamt 36 den Makro-Prozessen zugeordneten, kritischen Prozessen (critical processes). Die Bewertung des Reifegrades erfolgt für jeden einzelnen dieser Prozesse auf Basis von fünf generischen Reifegradstufen (Initial – Basic – Intermediate – Advanced – Optimizing). Für jeden Prozess werden spezifische Reifegradstufen abgeleitet:

	Manage IT like a Business	Managing the IT Budget	Managing the IT Capability	Managing IT for Business Value
Optimizing	Value Centre	Sustainable Economic Model	Corporate Core Capability	Optimized Value
Advanced	Investment Centre	Expand Funding Options	Strategic Business Partner	Options & Portfolio Management
Intermediate	Service Centre	Systematic Cost Reduction	Technology Expert	ROI and Business Case
Basic	Cost Centre	Predictable Performance	Technology Supplier	Total Cost of Ownership
Initial	Beginning			

Tabelle 5: Die Reifegradstufen der IT-CMF Makro-Prozesse[234]

An dieser Stelle soll der Fokus auf den Makro-Prozess „Managing IT for Business Value" genügen, dort finden sich aktuell drei kritische Prozesse:

- Total Cost of Ownership (TCO)
- Benefits Assessment & Realization (BAR)
- Portfolio Management (PM)

„Investments in IT must be linked to overall business benefits. This means that the investments should not be viewed simply as technology projects, but as projects that generate business value and innovation across the organization. The Managing IT for Business Value macro-capability provides a structure within which the IT function provides the rationale for investment in IT and measures the business benefits accruing from it."[235]

---

[234] [Curley et al. 2015, S. 10]

[235] https://www.ivi.ie/it-cmf/managing-it-business-value

CC	Goal	Value
TCO	The Benefits Assessment and Realization (BAR) capability aims to forecast, crystalize, and sustain the business benefits arising from IT-enabled change initiatives.	The Benefits Assessment and Realization (BAR) capability helps an organization forecast and manage the realization of benefits from IT-enabled change initiatives.
BAR	The Portfolio Management (PM) capability aims to monitor and report on the status of an investment portfolio of IT programmes.	The Portfolio Management (PM) capability helps ensure that the status of programmes is closely tracked to support early identification of potential issues and to minimize programme delivery conflicts.
PM	The Total Cost of Ownership (TCO) capability aims to collect, analyse, and disseminate data on all costs associated with an IT asset or IT-enabled business service throughout its life cycle, from initial acquisition, to deployment, operations, and maintenance, to its eventual removal.	The Total Cost of Ownership (TCO) capability analyses the life cycle costs associated with IT assets and IT-enabled business services. It facilitates investment selections, drives service improvements, and helps control costs.

Tabelle 6: Critical Capabilities of Managing IT for Business Value[199]

Leider ist die „Business Value"-Sicht auch im IT-CMF sehr kurz ausgefallen: Im seit September 2015 verfügbaren *Knowledge Guide* widmen sich nur etwa 30 von 600 Seiten diesem Thema.

Auch in dieser Methode werden keine Hinweise darauf gegeben, wie der tatsächliche Wertbeitrag gemessen werden kann.

5.4.2.5 Fazit

INFRASTRUKTUR-IT IST COMMODITY UND GEHÖRT IN SPEZIALISTENHAND.

Identifizieren Sie die im Unternehmen genutzte Commodity-IT.

Die Ära der IT-Dienstleister hat begonnen.

5.4.3 Commodity-IT-Services identifizieren und auslagern

Sie haben schon darüber gelesen, dass die Unternehmens-IT das hergebrachte Rechenzentrum in eine „Virtual Computing Capability" (VCC) transformieren soll, um agile Prozesse unterstützen zu können.

Bleibt da in Ihrem Rechenzentrum noch Platz für Standard-IT-Dienste, für Commodity-IT? Nein!

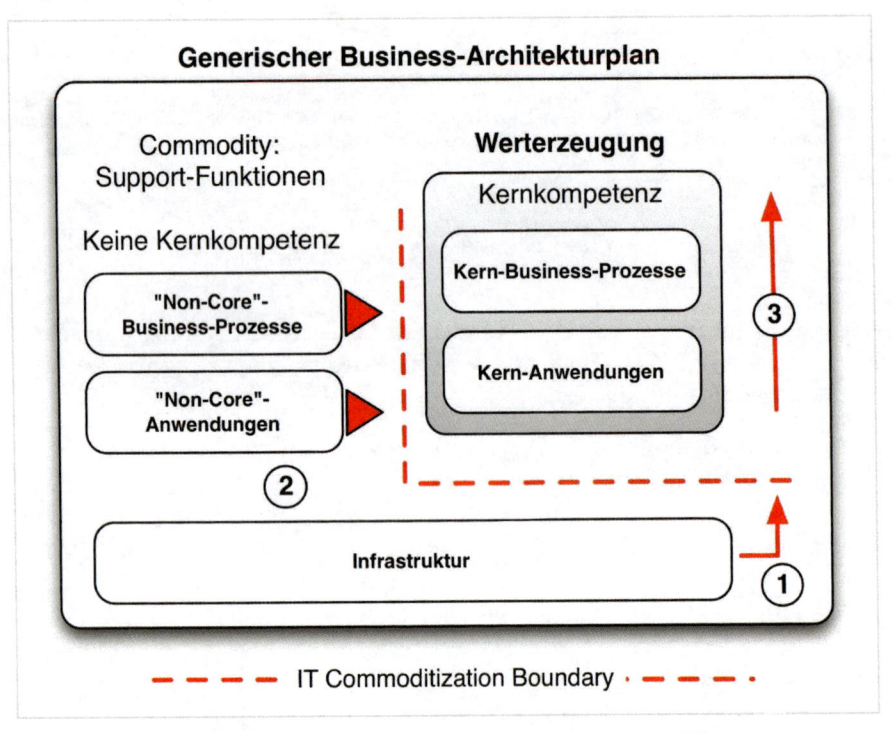

Abbildung 75: Die „IT Commoditiziation Boundary"[236]

(1) Die Grenzlinie zwischen Commodity und Werterzeugung verschiebt sich: Industrialisierung der IT-Infrastruktur.

(2) Die Vereinheitlichung der Nicht-Kernprozesse schreitet voran.

(3) Spezialisierung und Dezentralisierung der Kernprozesse schaffen Mehrwert und helfen bei der Differenzierung im Markt.

---

[236] Quelle: Accenture. In: IT-Strategie. Was gute Unternehmen besser machen. Computerwoche, Januar 2007. www.computerwoche.de, 20.12.2015.

Der Begriff „Commodity-IT" hat einen Bedeutungswandel erfahren: Wurden darunter früher nur die Netzinfrastruktur und das reine Rechenzentrum, allenfalls noch Desktop-Services und Druckerwartung, subsumiert, so gelten heute zunehmend auch Softwaredistribution, Middle- und Groupware sowie Archiv- und Sicherheitssysteme als „nicht wettbewerbsentscheidend".

„Zudem ändert sich der Blickwinkel auf die IT: In die Nähe einer Commodity rücken mittlerweile nicht nur Systeme, sondern auch Unternehmensfunktionen wie Human Resources, Finanzen und Buchhaltung oder Einkauf. Dadurch verschiebt sich die Grenze zwischen Kernkompetenz und Unterstützungsfunktion."[237]

Ihre Aufgabe: Identifizieren Sie IT-Services, die externe Provider besser bereitstellen können und die keinerlei Einschränkungen für eine Auslagerung haben:

- Wo nutzt Ihr Unternehmen Daten, die eine besondere Absicherung benötigen, z.B. nicht in die Hände der Konkurrenz kommen dürfen?
- Welche rechtlichen Rahmenbedingungen sind einzuhalten?
- Governance- oder Compliance-Einschränkungen?
- Geschäftsprozesse, die ein Alleinstellungsmerkmal gegenüber der Konkurrenz bilden?

Haben Sie Commodity-IT identifiziert?

Raus damit!

---

[237] Quack, K.: IT-Strategie. Was gute Unternehmen besser machen. Computerwoche, Januar 2007. www.computerwoche.de, 20.12.2015.

5.4.4 Die Ära der Dienstleister

Die in den letzten Jahren breit und gut aufgestellten sowie mit einer hohen Prozessreife und nach industriellen Prinzipien tätigen externen Service Provider schauten ab, lernten hinzu und machen es inzwischen (überwiegend) besser als die IT-Organisationen im Unternehmen.

Während die interne Unternehmens-IT noch immer von technisch geprägten Leistungen spricht und von abenteuerlichen Vollkostenverrechnungen träumt, reden die Anbieter mit Unternehmensentscheidern und Geschäftsverantwortlichen über Business und nicht über Technik.

Jetzt soll die Unternehmens-IT ebenso industriell arbeiten, wie es die Provider vormachen? Und die eigenen Leistungen und Preise mit denen im Markt üblichen konkurrenzfähig machen?

Diese Transformation überfordert regelmäßig die Unternehmens-IT: Lässt die effizienzbedingte hohe Auslastung der internen IT-Mitarbeiter schon nur wenig Raum für Neues, so geht es hier um den eigenen Arbeitsplatz, um die eigene Existenz im Unternehmen: Neue Skillsets, neue Rollen.

So ist es nicht verwunderlich, dass starke Widerstände insbesondere aus der Infrastruktur kommen: Man will diese Veränderung nicht. Lieber in die interne Cloud investieren, die ITIL-Prozesse weiter optimieren ...

Die Ära der Dienstleister ist da: Nur mit externer Unterstützung kann die Unternehmens-IT zu der Manufaktur werden, die Commodity nutzt und Enabler für die Weiterentwicklung des Unternehmens ist.

5.4.5 Nutzen Sie ihre Schatten-IT

Das CIO-Magazin definiert den Begriff „Schatten IT" als „informationstechnische Systeme, welche als Zweitsysteme in Fachabteilungen existieren. Die Schatten IT umfasst informationstechnische Organisationseinheiten, Prozesse und Systeme, welche neben der offiziellen IT-Infrastruktur angesiedelt sind und oftmals nur einem begrenzten Personenkreis zugänglich sind. Die IT-Instanzen sind zumeist strategisch und technisch von den herkömmlichen IT-Einheiten abgegrenzt und zur Kommunikation von vertraulichen Informationen gedacht. Eine zu geringe Ausstattung mit IT-Möglichkeiten führt in größeren Betrieben regelmäßig zur selbstständigen Bildung von IT-Systemen in kleineren Arbeitsgruppen."[238]

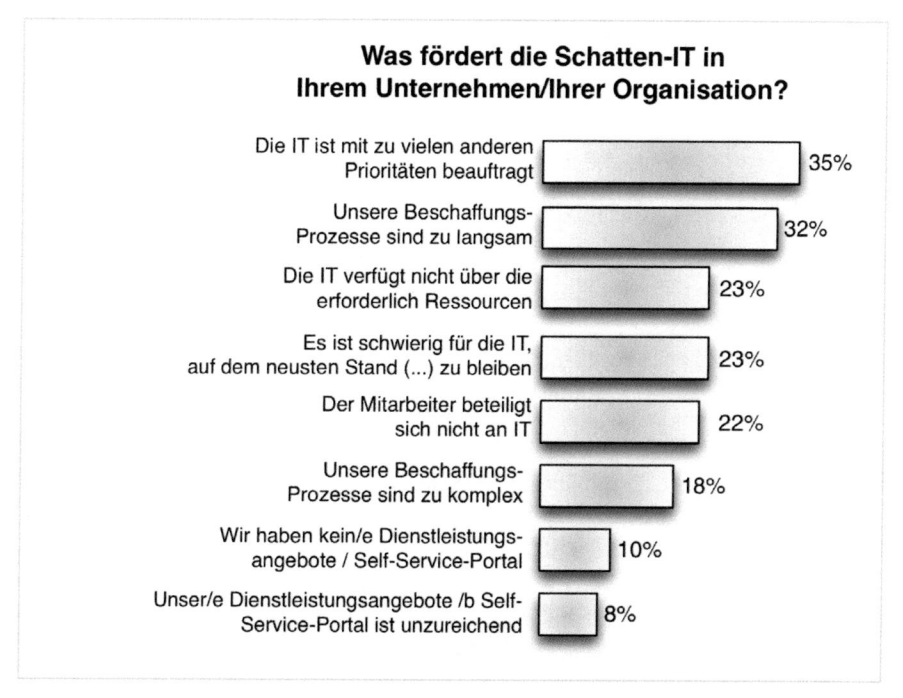

Was fördert die Schatten-IT in Ihrem Unternehmen/Ihrer Organisation?

Faktor	Prozent
Die IT ist mit zu vielen anderen Prioritäten beauftragt	35%
Unsere Beschaffungs-Prozesse sind zu langsam	32%
Die IT verfügt nicht über die erforderlich Ressourcen	23%
Es ist schwierig für die IT, auf dem neusten Stand (...) zu bleiben	23%
Der Mitarbeiter beteiligt sich nicht an IT	22%
Unsere Beschaffungs-Prozesse sind zu komplex	18%
Wir haben kein/e Dienstleistungsangebote / Self-Service-Portal	10%
Unser/e Dienstleistungsangebote /b Self-Service-Portal ist unzureichend	8%

Abbildung 76: Antriebsfaktoren der Schatten-IT[239]

---

[238] Thema „Schatten-IT". In: CIO-Magazin Topics. **www.cio.de**, 20.12.2015.

[239] Foto: Forrester im Auftrag von Landesk, 2014. In: Manhart, K.: IT-Services in der Besenkammer: So verhindern Sie Schatten-IT. CIO-Magazin, Oktober 2015. www.cio.de, 20.12.2015.

Wenn die Unternehmens-IT keine passenden Services bereitstellt oder zu langsam arbeitet, warten Ihre Mitarbeiter heute nicht lange, sondern nutzen Dienste, Software und Privatgeräte oft auf eigene Faust: Backups, Filesharing und Datenarchivierung sind beliebte Anwendungen, die gern an der offiziellen IT vorbei verwendet werden.

Das nicht genehmigte Speichern von Unternehmensdaten bei Cloud-Storage-Providern wie Dropbox ist das klassische Beispiel für Schatten-IT.

Neben Sicherheitsproblemen ergibt sich damit auch ein Wildwuchs an IT-Services, der unkontrollierbar ist:

> „The term *shadow IT systems* refers to autonomous software solutions or extensions to existing solutions that are neither developed nor controlled by a central IT department." [240]

Was also tun? Wenn Sie bereits wissen, was den Mitarbeitern fehlt, sollten Sie offizielle Alternativen anbieten, abgesichert und unter der Kontrolle der Unternehmens-IT. Die IT könnte, das wäre die beste Lösung, zu einer anerkannten Beratungsstelle transformieren – und Anlaufstelle für den IT-Bedarf der Fachabteilungen sein. Das wäre die optimale Lösung – aber auch die schwierigste.

Ist Schatten-IT damit grundsätzlich schlecht? Oder gibt es auch so etwas wie eine „gute" Seite?

Warum Monate warten, bis die interne IT z.B. ein CRM-System zur Verfügung stellt, wenn man selbst die Lösung per Mausklick bestellen und sofort benutzen kann? Oder eine virtuelle Serverplattform wird noch am gleichen Tag benötigt – und das geht nur über einen externen Provider?

Hier liegt, aus meiner Sicht, der Kern des Problems – und gleichzeitig auch die „gute Seite" der Schatten-IT: Sie ist Herausforderung für die interne IT! Die Services der internen IT seien im Vergleich zu den Angeboten zahlreicher Cloud-Provider zu langsam und zu sperrig.

Man kann die Mitarbeiter im Zeitalter von Consumerization of IT und Social Business nicht rigoros an die Kette legen. Sie bräuchten vielmehr einen unternehmenskonformen und somit anforderungsgemäßen Spielraum für produktives und vor allem sicheres Arbeiten mit neuen Medien.

---

[240] [Zimmermann et al. 2014].

5.4.6 IT-Manufaktur und IT-Industrie trennen

„Von der IT-Abteilung wird nicht weniger als ein sehr schwieriger Spagat gefordert: Zum einen müssen die laufenden IT-Services für das Unternehmen solide, sicher und kostengünstig geleistet werden, zum anderen müssen wichtige IT-Innovationen schnell und dynamisch eingesetzt und integriert werden.

Die IT in den Unternehmen soll sich somit in der Zukunft im besten Falle potenziell in zwei Richtungen entwickeln: als interner Dienstleister, der die bestehenden IT-Services solide betreibt und als wichtiger Business Innovation Enabler für zukünftige Innovationen durch und mit IT."[241]

Nur: Wie soll das gehen?

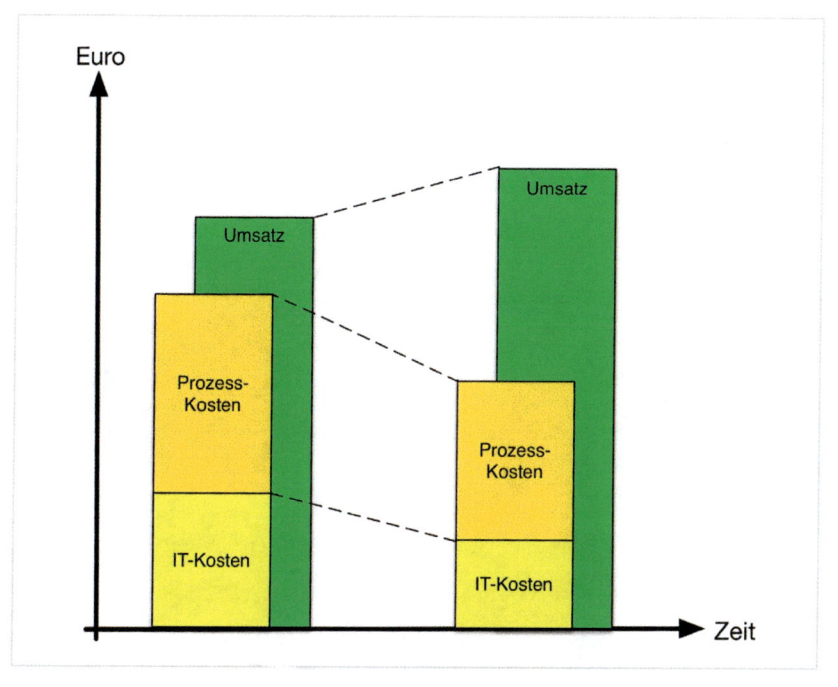

Abbildung 77: Möglicher Wertbeitrag[242]

---

[241] Zilch, A.: Die IT-Trends von PAC. Was 2016 auf die IT zukommt. CIO-Magazin, Dezember 2015. www.cio.de, 17.12.2015.

[242] Eigene Darstellung

Die vorstehende Abbildung zeigt, dass, dem eben angesprochenen Spagat folgend, zwei Arten des Wertbeitrages betrachtet werden können:

- Wertbeitrag aus Effizienzverbesserung und Kostensenkung
- Wertbeitrag aus Umsatzerhöhungen, z.B. durch neue Produkte

Können Effizienzsteigerung und Kostensenkung das Ergebnis der Industrialisierung von IT-Prozessen sein, so entstehen Umsatzerhöhungen und neue Produkte eher durch genau auf Ihr Unternehmen zugeschnittene, spezielle (und einmalige) IT-Services – das ist keine Industrie, das ist die Leistung einer Manufaktur.

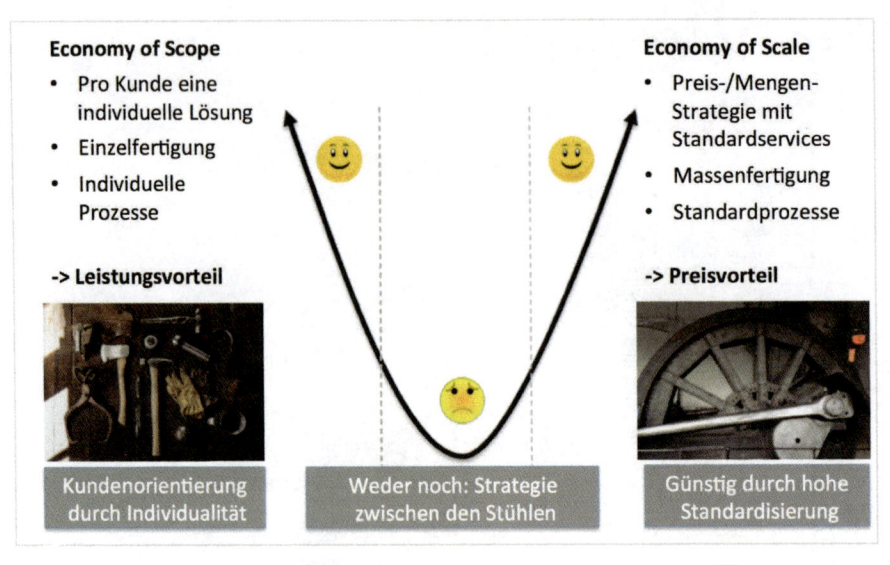

Abbildung 78: Die Porterkurve – IT „zwischen den Stühlen"[243]

---

[243] Eigene Grafik

Die typische Unternehmens-IT möchte heute beide Arten von Wertbeiträgen bedienen – und genau das funktioniert in der Praxis nicht. Warum das so ist, hat Michael E. Porter in seiner sogenannten U-Kurve[244] (oder auch: Porter-Kurve) anschaulich dargestellt:

Die Porter-Kurve macht es deutlich: Die Unternehmens-IT darf nicht gleichzeitig Industrie und Manufaktur sein. So führen optimierte IT-Prozesse hoher Fähigkeitsgrade zu einer Transparenz in Qualität und Kosten, die zu den (Commodity-)Angeboten externer Provider führt: Die eigene Infrastruktur ist zu teuer, der Steuerungsaufwand ist zu hoch. Der Automatisierungsgrad ist zu niedrig. Agile Entwicklungs- und Bereitstellungsprozesse werden nicht vollständig unterstützt.

Folgerung: Trennung von Commodity und wertstiftenden IT-Services:

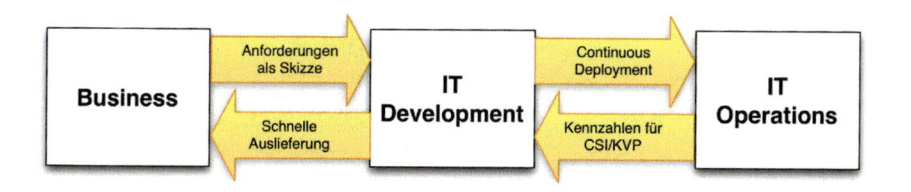

Abbildung 79: Agilität und DevOps in der Unternehmens-IT [245]

„Gegenwärtig herrscht ein aufbauorganisatorisches Paradigma vor, das die Organisation in drei Teile ordnet:

---

[244] Die U-Kurve (Stuck in the Middle) bezeichnet den Zusammenhang zwischen Marktanteil und Rentabilität im Rahmen der branchenbezogenen Erfolgsforschung. Quelle: Wikipedia.

[245] Eigene Darstellung

- Nachfrageorientierte Organisationseinheiten, welche die Schnittstelle zum Kunden darstellen und gemeinsam mit diesem an Lösungen arbeiten, für die aus den Geschäftsabläufen ein konkreter Bedarf besteht.

- Lieferorientierte Organisationseinheiten, welche die Applikationen und Infrastruktur für die Lösungen bereitstellen und betreiben; gleichzeitig wird die Umsetzung neu erarbeiteter Lösungen übernommen.

- Steuerungsorientierte Organisationseinheiten, welche die genannten Funktionen planen, koordinieren und kontrollieren, sodass diese den Zielen der Organisation entsprechen." [246]

Erster Schritt:

Entwicklung und Betrieb werden eins: DevOps. Die Zielsetzung sind kurze Iterationszyklen, also die schnelle Verfügbarkeit von neuen Software-Versionen und kurzfristige Übernahme in die Produktion.

Zweiter Schritt:

Herbeiführung der organisatorischen Dreiteilung. Danach Zentralisierung oder Dezentralisierung einzelner Organisationseinheiten entsprechend der Erfordernisse des Unternehmens.

5.4.6.1 IT-Development: Wertschöpfende, interne IT – dicht am Business

Ihr Unternehmen braucht diese Art von IT für die Digitalisierung: Als gestaltendes Element, zur Umsetzung der technischen Seite der Digitalisierung – als Berater.

Das Alleinstellungsmerkmal dieser IT ist einfach zu beschreiben: Hier werden wertschöpfende Unterstützungsleistungen für das Unternehmen erbracht, hier wird das exakt auf die Erfordernisse des Unternehmens zugeschnittene Set an IT-Services bereitgestellt.

Das ist die IT-Manufaktur, die die dafür notwendigen „Zulieferungen" orchestriert und diese mit eigenen Leistungen „anreichert".

---

[246] Quelle: Burmeister, L.; Gschwendtner, M.: Digitalisierungstrends und Handlungsfelder der Enterprise-IT. Whitepaper, Horvath &Partners, 2015. www.docplayer.org/2534614, 20.12.2015.

Konsequenterweise wird auch hier auf die Kosten geachtet – aber es geht vielmehr darum, das Unternehmen voranzubringen: Enabler sein für neue oder verbesserte Geschäftsmodelle, mehr Umsatz.

Das ist die IT, in der die Providersteuerung stattfindet, die DevOps die schnelle Bereitstellung von Software ermöglichen und das Enterprise Architecture Management (EAM) die dafür relevanten technischen (IT-)Voraussetzungen schafft.

„Statt einer bisher mit technischer Kompetenz, in größeren Umgebungen auch mit Steuerungsaufgaben versehenen und ausgestatteten Unternehmens-IT, konzentrieren sich die Bemühungen auf die Schaffung einer Service Broker Organisation, die sich selbst als unternehmensinterner Service Provider versteht. Unabhängig davon, ob IT-Betriebsabteilungen weiterhin intern verbleiben, besitzt die künftige *Service Provider Organisation* (SPO) kein Betriebsmandat mehr.

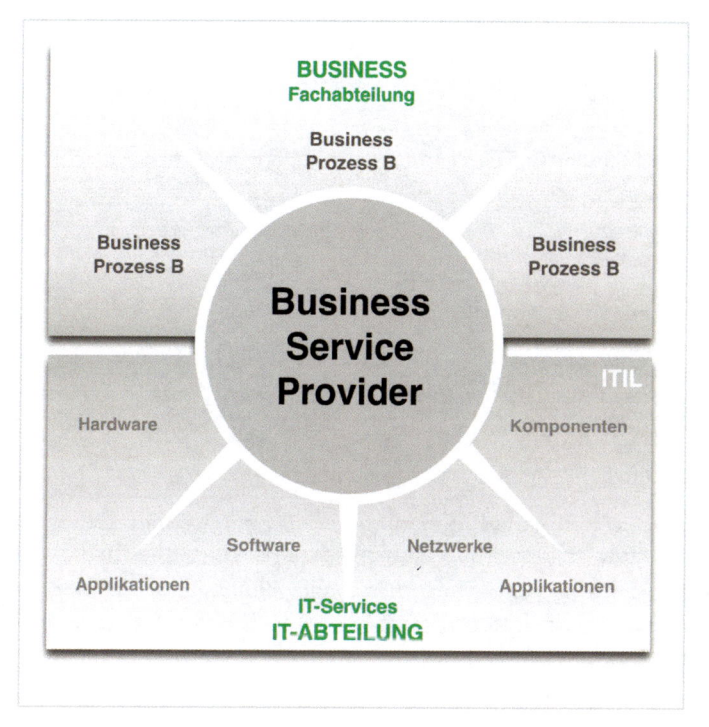

Abbildung 80: Business Service Provider[247]

---

[247] Nach: Elleta München GmbH, München

Ausgesprochen neu ist die strikte Separation von Fachbereichen und IT-Betriebseinheiten durch die SPO. Während die IT-Bereiche (intern oder extern) weiterhin ihren Teil zu(r) Servicelieferkette(n) beitragen, übernimmt die SPO nach dem „Source-Make-Deliver"-Modell für integriertes Informationsmanagement das Account Management und das Supplier Management. Die SPO ist somit voll für alle strategischen, planerischen und Steuerungsaufgaben für die Sicherstellung der Service-Abrufbereitschaft sowie die Leistungserbringung verantwortlich."[248]

Service-Providing ist Kompetenz- und Kulturwandel. Diese Transformation der IT verlangt nach einem radikalen organisatorischen Umbruch:

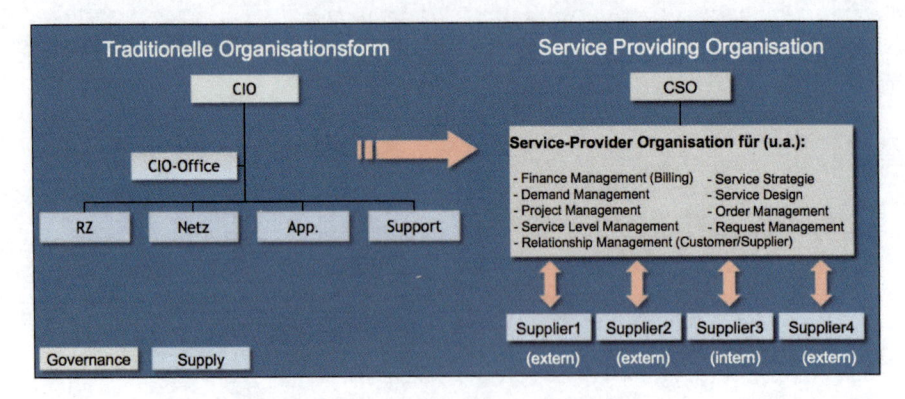

Abbildung 81: Service Providing Organisation[249]

Durch die Organisation muss der Zielkonflikt zwischen agiler Steuerungsfähigkeit und dem Zeitbedarf komplexer Einkaufsprozesse (u.a. Ausschreibungen) gelöst werden.

Hier muss der tatsächliche Wertbeitrag sichtbar (messbar) gemacht werden!

Diese „Vorwärtsverteidigung" der internen IT-Organisation klappt nur auf einem Weg: Es gilt, den Wertbeitrag der IT-Organisation zu den Geschäftsprozessen zu quantifizieren. Wenn dies nicht gelingt, fehlt der internen IT-Organisation die Daseinsberechtigung, sie wird als schlanke Retained Organization (RTO) enden."[250]

---

[248] Bergmann et al.: Positionspapier: Auf dem Weg zum Service Provider, Elleta GmbH, 2015.

[249] Quelle: Elleta München GmbH, München

[250] Quelle: Brenner, A.: Wertbeitrag der IT – das ungelöste Rätsel. In: CIO Newsletter, 08.09.2010.

„Im Kontext des Programm Management Frameworks MSP® (Managing Successful Programmes nimmt das Thema Nutzengenerierung im Rahmen der Prinzipien "Fokussierung auf den Nutzen und dessen Bedrohungen", der Führungs- und Steuerungsprinzipien "Benefits Management" und des Prozesses "Realizing the benefits" einen bedeutenden Raum ein. Vergleichbares gilt für den PMI-Standard "The Standard for Program Management 3rd Ed." in der Benefits Management explizit als Program Management Performance Domain aufgeführt wird. Das unterstreicht das Gewicht, das dieses Thema einnimmt"[251].

Der Weg dazu führt von der internen IT-Kostenverrechnung zum *Business Value Management*: Den Wertbeitrag von IT-Services erfassen und darstellen. Das ist das Einsatzszenario des ValueBoards®.

5.4.6.2 IT-Operations: Interner Provider in Konkurrenz zur Commodity-IT

Das ist der lieferorientierte, industriell geprägte Teil der Unternehmens-IT.

Damit steht diese IT in Konkurrenz zu externen Providern und muss es sich gefallen lassen, dass Qualität und Kosten mit dem verglichen werden, was der Markt bietet.

Interne IT-Organisationen haben kaum eine Möglichkeit, die erbrachten Leistungen dynamisch zu verrechnen. Ein erster Schritt dazu ist die Einführung eines service-basierten IT-Financial-Management – nur es bleibt die Abhängigkeit von den Basiskosten der im eigenen Rechenzentrum laufenden Infrastruktur.

Die Verrechnung von IT-Dienstleistungen per Pauschale war gestern, heute soll (und muss) nutzungsbezogen abgerechnet werden.

Wie kann das erreicht werden? Hilfreich ist an dieser Stelle der Blick in eine andere industrielle Branche, zu den Energieversorgungsunternehmen.

Eine etabliertes Werkzeug der Energieversorger zum Planen des Energieverbrauchs sind statistische Lastprofile (Abbildung 79). Diese Lastgangsdaten werden nicht nur visualisiert, sondern auf Basis dieser Prognosen werden Kraftwerke so gesteuert, dass die Kosten optimal dem tatsächlichen Verbrauch entsprechen:

---

[251] Gotscharek, W.: Benefits Management & Benefits Realization Management – Wie Sie wirklich Nutzen aus Ihren Projektinvestments ziehen. www.gotscharek-company.de, 15.11.2015.

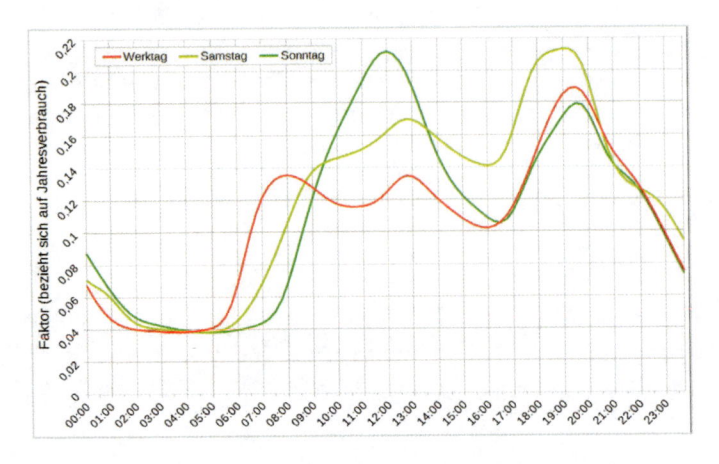

Abbildung 82: Lastprofil eines Niederspannungsnetzes[252]

Energieversorger werden nun mal nicht nach den bevorrateten bzw. nicht genutzten Ressourcen bezahlt, sondern nur nach den Kilowattstunden tatsächlichem Verbrauch – und den gilt es möglichst genau vorherzusehen und abzudecken.

Bei der internen IT ist das heute (noch) anders.

Dabei kommen aus der internen (Private) Cloud die „IT-Kraftwerke", die ebenfalls aus Lastgangsprognosen heraus gesteuert werden könnten. Auch die Nutzung der virtuellen Ressourcen – und damit die zu verrechnenden Kosten – können dem Lastprofil der Nutzung durch den Fachbereich folgen.

Die Methodik der Energieversorger ist hier definitiv anwendbar.

Im Verbundprojekt *GreenIT Cockpit* wurde ein solcher Ansatz mit Fokus auf den Energieverbrauch und CO_2-Ausstoß der IKT-Ressourcen evaluiert: „Mit Hilfe einer Auslastungsprognose wird die Zuordnung der (virtuellen IT-) Dienste zu den physikalischen Servern künftig möglichst so gesteuert, dass durch Abschalten ungenutzter Server möglichst viel Energie (und damit CO_2) gespart und die Wärmelast reduziert wird." [253]

---

[252] Standardlastprofil H0 nach VDEW. Quelle: Wikipedia.

[253] http://nachhaltigkeit.axelspringer.de/de/oekologie/green-it.html

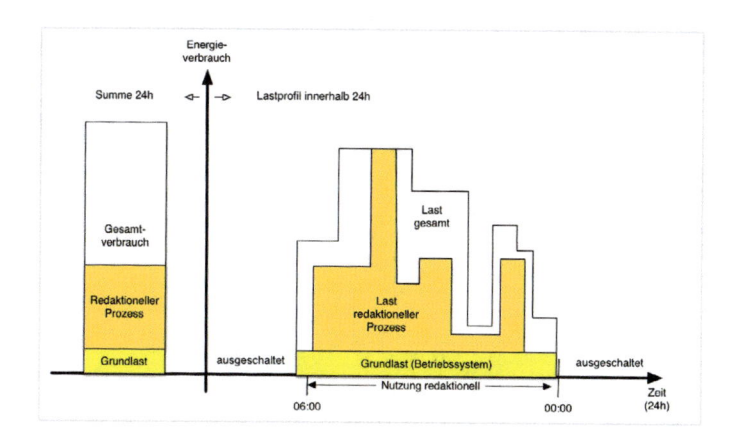

Abbildung 83: IT-Kostenverrechnung ohne (links) und mit Lastprofil[254]

IT-Organisationen stehen hier allerdings, auch wenn es die Private Cloud bereits in Ihrem Unternehmen gibt, vor großen technischen, organisatorischen und kaufmännischen Herausforderungen.

So verfügt der interne IT-Provider – auch wenn bereits eine interne Cloud vorhanden ist – nur selten über Steuerungsmechanismen, die IT-Services der tatsächlichen Nutzung entsprechend zum „Stückpreis" berechenbar machen.

Externe Cloud-Dienstleister bieten dieses heute durchaus schon marktübliche Feature aber an, egal ob über Infrastructure as a Service (IaaS), Platform as a Service (PaaS) oder Software as a Service (SaaS) gesprochen wird.[255]

---

[254] Eigene Darstellung

[255] Der Vollständigkeit halber seien an dieser Stelle noch *High Performance Computing as a Service* (HPCaaS) und *Landscape as a Service* (LaaS) ergänzt.

Helfen kann der Unternehmens-IT an dieser Stelle die Methode der IT(SM)-Fabrik[256]. Deren acht Bausteine sind:

- Digitalisierung von Prozessen
- Automatisierung
- Performance
- Effizienz
- Lifecycle Management
- Innovations Management
- Stabilität
- Best Practice Prozesse

Die IT-Organisation muss sich an dieser Stelle zu einem Manager von IT-Ressourcen entwickeln, zu einem „IT-Broker".

Dies setzt Werkzeuge voraus, mit denen interne und externe IT-Provider in beliebigen Kombinationen gesteuert werden können.

Auf der Agenda dieser IT stehen demnach viele und immer wiederkehrende Themen:

- **Automatisierung**: Das Ende der „handmade-Mentalität" ist eine grundsätzliche Voraussetzung, den fehleranfälligen manuellen Anteil an Routineabläufen zu minimieren. Individuelle Leistungen sind unflexibel, dauern zu lange und sind definitiv zu teuer. Sie stärken die Abhängigkeit zu den „Admins from hell" und fördern Monopolwissen.
- **Standardisierung**: Standards erscheinen weniger flexibel, bedeuten aber in der IT oft mehr. Besonders mit technologischen Standards lassen sich mit geringem Aufwand, verschiedenste Systeme und Anwendungen verbinden und betreiben. Gerade im Betrieb muss die Aufgabe von eigens entwickelten Schnittstellen, Scripten und Hilfsanwendungen oberstes

---

[256] IT(SM) Fabrik. ServiceProviding für das Business von morgen. Präsentation 14. itSMF Jahreskongess, Karlsruhe, 24./25.11.14.

Ziel sein. Aus betrieblicher und betriebswirtschaftlicher Sicht lässt sich Individualität künftig nicht rechtfertigen.

- **Harmonisierung**: Gerade im IT-Betrieb erfreuen sich jede Menge Infrastrukturinstrumente und diverse Anwendungen größter Beliebtheit. Aber nicht nur: Oft wird die mächtigste Anwendung nur für wenige Bedarfsfälle genutzt. Mit der Harmonisierung aus funktioneller und technologischer Perspektive geht eine Reduzierung der installierten Basis einher. „Weniger ist mehr!" – ist durchaus eine gängige These, doch wird sie vor allem im IT-Umfeld aus Statusgründen ungern befolgt.

- **Professionalisierung**: IT-Organisationen betrachten sich meistens sehr schnell als professionell. Das mag für den operativen Teil ihrer Aufgaben durchaus zutreffen, stimmt jedoch in Hinsicht auf Zuverlässigkeit, Stabilität und Berechenbarkeit nur bedingt. Deshalb sind Fähigkeiten im Bereich von Prozessverständnis (=Prozessreife) und Servicementalität notwendige Ergänzungen zum technischen Know-how. Gelingt das nicht, dann bleiben die Externen konkurrenzlos effektiver und effizienter.

Die Unternehmens-IT verfügt also über viele Stellschrauben, die in der Konkurrenz zu anderen (externen) Providern das eigene Überleben gewährleisten können.

Wichtige Voraussetzung dafür ist es, eine vollständige IT-Kostentransparenz zu gewährleisten: Ehrliche Vollkostenberechnungen und Beherrschung des IT-Budgets.

Der Mehrwert der eigenen Leistung muss dargestellt werden. Die Unternehmens-IT sollt nicht davor zurückschrecken, dies mit geeigneten Marketingmaßnahmen zu tun – möglichst mit professioneller Unterstützung.

Insbesondere muss die Unternehmens-IT die Alleinstellungsmerkmale als Abgrenzung zu externen Providern ausarbeiten!

5.4.7 Den Chief Digital Officer (CDO) etablieren

„Star Bucks macht es, die Deutsche Bank beruft mit Henry Ritchotte erstmals einen Vorstand für Digitales. SAP benennt seinen bisherige Marketingchef Jonathan Becher künftig als CDO. Bis 2015 hätte jedes fünfte Unternehmen eine CDO, so Gartner in einer Studie."[257]

Ist die Bündelung von strategischer und fachlicher Expertise auch für Ihr Unternehmen relevant? Dann sollten Sie überlegen, ob Sie den CIO in die Geschäftsführung holen oder einen Business-Manager mit technischer Expertise als CDO (auch: CTO Digital Transformation Offficer) etablieren.

„Digital Company und Realtime Business fordert die Transformation des Unternehmens in allen Bereichen. Damit wird die Rolle einer koordinierenden Instanz immer wichtiger, was sich in dem Trend manifestiert, dass immer mehr Unternehmen die Rolle des Chief Digital Officers (CDO) besetzten. Hier allerdings sind eine klare Rollendefinition sowie eine Abgrenzung zum CIO und zu den Geschäftsbereichsverantwortlichen notwendig."[258]

Wer identifiziert in Ihrem Unternehmen zukunftsträchtige Technologien und fördert die Implementierung geeigneter technologischer Plattformen?

Wer unterstützt das Management mit Wissen zu aktuellen Markttrends und State-of-the-art-Technologien; ermöglicht Wissenstransfer innerhalb der Organisation und fördert den gegenseitigen Austausch von Best Practices?

Wer ist Mentor der internationalen Entwicklungsteams – Motivator, Coach, Mentor, ist fachlich versiert, empathisch und teamorientiert?

Die letzten drei Absätze stammen übrigens aus einer Stellenausschreibung für einen CDO in einem Schweizer Unternehmen. Ich meine, dass man die Anforderungen an einen CTO/CDO kaum besser auf den Punkt bringen kann.

---

[257] Singh, S.: Der CDO. Die Lösung oder das Symptom des Problems? Oder nur Haifutter? www.linkedin.com/pulse, 07.12.2015.

[258] Die wichtigsten IT-Trends für 2016. CIO-Agenda von Experton. www.cio.de, 09.12.2015

5.4.8 Brauchen Sie den „Technology Evangelist"?

Oder brauchen Sie ergänzend zum CTO/CDO (oder als Alternative dazu) einen Technik-Evangelist(en) als Treiber und Unterstützer der Kommunikation „auf Augenhöhe" zwischen Business und IT?

„Mit dem englischen Ausdruck Technology Evangelist (wörtliche Übersetzung: „Technik-Prediger" oder „Technik-Missionar") bezeichnet man eine Person, die versucht, unentschlossene Personen für eine Technologie zu interessieren und zu begeistern. Um dies zu erreichen, beteiligt sich der „Technology Evangelist" als Ansprech- und Diskussionspartner aktiv in Foren, Konferenzen oder Benutzertreffen (z.B. Usergrouptreffen, Barcamps). Auch Fachvorträge, Artikel in einschlägigen Medien, Erstellung von Podcasts, Webcasts oder Blogs sowie der Betrieb fachbezogener Communitys und die Bereitstellung von Beispielen gehören zu typischen Tätigkeiten."[259]

In großen Softwarehäusern hat sich die Rolle des Evangelisten inzwischen etabliert. Dort gibt es für immer mehr Themen Personen, die ihr Fachgebiet weiterentwickeln „vorantreiben". Sie machen das zusammen mit den Anwendern und Kunden, die dieses Produkt nutzen (sollen).

Das ist der Weg vom Kunden Ihres Unternehmens zum Fan Ihrer Produkte, so wie es Apple vorbildlich gelöst hat.

Die Parallele zu Ihrem Unternehmen, Ihren Produkten ist durchaus gegeben?

Oder gewünscht?

Dann wäre nur noch zu entscheiden, wo der Fokus des Evangelisten liegt: In der Digitalisierung nach innen – oder der nach außen?

---

[259] Quelle: Wikipedia

5.5 Geben Sie dem CIO ein starkes Mandat

Unternehmen, die jetzt nicht beherzt eine umfassende digitale Transformation angehen, werden im Wettbewerb weiter zurückfallen. Dabei braucht die Unternehmens-IT, insbesondere die CIOs, ein starkes Mandat von oben, damit die notwendigen Veränderungen auch die gesamte Wertschöpfungskette im Unternehmen erfassen können.

Digitalisierung funktioniert nur top-down!

5.6 Nehmen Sie den Menschen mit

In dem Papier *Being digital: Embrace the future of work and your people will embrace it with you* bezeichnet Accenture die Belegschaft eines Unternehmens als „Achillesferse" der Digitalisierung. Das Papier basiert auf Angaben von rund 700 Entscheidern weltweit sowie circa 2.500 Angestellten.[260]

Die agile Organisationsform einer Unternehmung ist dabei für mich der Nährboden, der eine zukunftsgerichtete Unternehmenskultur erst möglich macht:[261]

1. Teams

Teams bilden Funktionen ab oder kümmern sich um Projekte. Diese Teams sind in der Regel permanent, können aber auch projektbezogen respektive temporär zusammengestellt werden. Die Teams sollten nicht mehr als zehn Personen umfassen, um eine Verbindlichkeit innerhalb der Gruppe erhalten zu können.

2. Selbstbestimmung, Selbstverwaltung & Verantwortung

Diese Teams bestimmen und verwalten sich weitgehend selbst.

3. Ultraflache Hierarchien

In einer agilen Organisation sollte es möglichst keine Hierarchien geben – respektive nur zwei Level. Das bedeutet: Wegfall des Middle-Managements und damit Wegfall der oft beklagten „Lehmschicht".

---

[260] Kurzlechner, W.: Silodenken und starre Prozesse. Woran Digitalisierung scheitert. www.cio.de, 10.12.2015.

[261] Nach: 5 Tipps für besseres Arbeiten: So wird dein Unternehmen agil. www.tn3.de, 18.12.15.

4. Servant-Leadership

Die Mitglieder des Managements verstehen sich dabei nicht als Vorgesetzte im herkömmlichen Sinne, sondern als Unterstützer für die Teams. Das heißt, sie machen den Weg frei für die Mitarbeiter, indem sie diese in Ruhe arbeiten lassen.

5. Liquid Processes

Prozesse im agilen Unternehmen sind nicht starr. Vielmehr werden Prozesse in den Teams laufend geändert. Durch den kleinen Kreis der Beteiligten und der relativ überschaubaren Anzahl von Prozessen kann das schnell und lean erbracht werden.

Agile Organisationsformen sind nicht nur etwas für Software-Development-Unternehmen!

Dabei machen es Vorschriften aus der digitalen Steinzeit deutschen Unternehmen nicht gerade leicht in Sachen Digitalisierung: Bildschirmrichtlinie und Arbeitsplatzverordnung gehören auf den Prüfstand – nur wann passiert das endlich?

Dabei hat die moderne Arbeitsorganisation die deutsche Behördenwirklichkeit schon längst überholt: Hoffentlich entspricht der Sitz in dem Zug, in dem dieser Text gerade entsteht, der DIN EN 1335-1 (Büro-Arbeitsstuhl) aus den 1970er Jahren ...?

5.6.1 Der „Personal Change": Hürde Mensch

Die Digitalisierung trifft jeden im Unternehmen und wird nur dann erfolgreich sein, wenn der „Faktor Mensch" berücksichtigt wird. Der „People Change" muss helfen, Ängste und Widerstände zu überwinden:

- Jeder im Unternehmen muss Ihre Digitalstrategie verstehen und daraus seine eigene Rolle, die eigene Aufgabe ableiten.
- Der Betroffene muss die eigene Rolle in der Transformation verstehen und für sich eine persönliche Perspektive gezeigt bekommen.
- Die Mitwirkenden sollen den eigenen Erfolg (so klein auch immer er sein mag) selber erkennen und nach außen darstellen können – so werden sie zu wertvollen Unterstützern der Transformation.

Digitalisierung verändert die Art der Kommunikation im Unternehmen: Weil digitale Interaktion jederzeit möglich ist, hat insbesondere der Zeitpunkt des Sendens und Empfangens von Nachrichten eine stark lenkende Wirkung.

Mitarbeiter müssen zunehmend eigenverantwortlich handeln: Sie müssen ergebnisorientiert arbeiten und daran messen lassen, ob das Wunschergebnis erreicht worden ist.

Sie werden lernen müssen, in vernetzten Teams zu arbeiten. Die Teammitglieder sitzen auf der anderen Seite der Erde, oder nebenan.

5.6.2 Kritischer Faktor Führungskräfte

Hier soll eine besondere „Klasse" von Anwendern betrachtet werden, die, ihrer Rolle im Unternehmen entsprechend, hohen Einfluss auf Mitarbeiter nehmen: Die Führungskräfte.

„Digitale Transformation verlangt von den Vorgesetzten ein Umdenken. Und wer als Chef dazu nicht bereit oder in der Lage ist, macht sich selbst zum Problem, für das eine Lösung gefunden werden muss. Und zwar möglichst schnell..."[262]

So finden sich Kritiker des Cloud Computing vor allem „im Kreis der etablierten IT-Manager und Abteilungsleiter, die Sicherheitsbedenken anführen und zur großen Vorsicht mahnen. Bei näherer Betrachtung scheint es hier aber in erster Linie sehr oft um die Sicherung historischer Besitzstände in den klassischen Rechenzentren zu gehen."[263]

Fördert Ihr Top-Management die digitale Prozessorganisation? Oder ist es bei Ihnen eher so, wie es in einer Studie der *gfo* heißt „Prozessorganisation wird in den obersten Führungsebenen nicht praktiziert, und in die unteren Führungsebenen delegiert. Damit fehlt der wichtigste Erfolgsfaktor für die Umsetzung der Prozessorientierung: die Vorbildfunktion durch das Management."[264]

---

[262] [Cole 2015, S.17]

[263] [Baun et al. 2010, S. 3]

[264] Studie der Gesellschaft für Organisation (gfo): Durchdingung der Prozessorganisation in Deutschland. In: QZ-Online.de, 04.11.2014.

„Führungspersonen sind Schlüsselakteure in Organisationen, deren Aufgabe es nicht nur ist, selbst Leistung auf verschiedenen Ebenen zu erbringen, sondern auch durch spezifisches Verhalten Mitarbeiter zu Leistung zu motivieren und optimale Rahmenbedingungen für die Leistungserstellung in Organisationen zu gestalten. Führung ist damit ein kritischer Erfolgsfaktor im Rahmen der betrieblichen Leistungserstellung."[265]

5.6.3 Lernformate nutzen, die Menschen begeistern

Die betrieblichen Abläufe erfordern ständige Effizienzsteigerungen in eng verzahnten Abläufen bei oftmals komplexen Strukturen und Abhängigkeiten. Digitalisierung und permanente Konnektivität verändern das Kommunikationsverhalten und bieten neue Potenziale in der betrieblichen Weiterbildung. Die technischen Möglichkeiten erstrecken sich vom Computer Based Training bis zu komplexen Simulationen.

BuGaSi: „Nutzen Sie Lernformate, die Menschen begeistern und Organisationen weiterentwickeln: Lernen soll so gestaltet sein, dass Lernende sich darauf freuen und gar nicht merken, dass sie lernen – bis zum Ende der Lernstrecke. Nur das, was aus eigener Erfahrung als hilfreich erlebt wurde, wird im realen Leben instinktiv richtig angewendet."[266]

Gamification als Motivationselement.

Action Learning statt passiven Wissenskonsums: Anspruchsvolle Herausforderungen, in denen das „Um-die-Ecke"-Denken und eine Problemlösungskompetenz wichtige Bestandteile sind.

So ist das Feedback aus „Action Learning"-Veranstaltungen (BuGaSi) durchweg positiv:

„Es führt kein Weg am Erfolg daran vorbei, die Ziele gemeinsam zu verfolgen"

„Der Sinn einer guten Teamarbeit und -kommunikation wird live erlebt"

---

[265] [Zeichhardt 2015]

[266] BuGaSi = Business Games and Simulations. The Digital Learning Company. www.bugasi.de, 03.12.2015.

Das überragende Thema der kommenden Jahre ist laut Alphabet-Chef Eric Schmidt das Machine Learning, also die Entwicklung von Maschinen und Computern, die selbstständig lernen können. Schmidt: „Wir werden dem Computer in Zukunft keine Fragen mehr stellen müssen, weil er gelernt hat, was wir fragen werden. Es beginnt gerade etwas ganz Großes".[267] Schmidt vertraut den Maschinen.

5.7 Pflanzen Sie „innovative Keime"

Auch im „Dickschiff" Unternehmen werden zunehmend Organisationseinheiten geschaffen, die neue Ansätze in kurzen, iterativen Zyklen den Anwendern präsentieren und deren Feedback als Entscheidungskriterium für das weitere Vorgehen verwenden.

Das Zulassen von Fehlern *„Fail often and early in order to succeed sooner"* ist dabei zwingend. Es beschleunigt den Ideenprozess und schafft Raum für Innovationen.

Was heißt das für die Digitalisierung in Ihrem Unternehmen? In der betrieblichen Praxis hat sich gezeigt, dass Innovation im Unternehmen

- sich nicht durch Prozesse erzwingen lässt und
- eine Halbwertszeit hat.

Hier stößt das „Dickschiff" traditionell an seine Grenzen, die IT-Organisation folglich erst recht.

Die „Halbwertszeit" ist an dieser Stelle ein guter Indikator: Wie hoch ist der Zeitbedarf von der Formulierung einer businessrelevanten Idee bis zu deren Akzeptanz und zum Start einer Evaluation in Ihrem Unternehmen?

Aus meiner Sicht sind vor allem solche Unternehmen bei der digitalen Transformation erfolgreich, die schon früh neue „innovative Keime" gepflanzt haben. Sprich, die früh alternative Geschäftsmodelle in Tochterunternehmen oder in Beteiligungen parallel ausprobiert haben.

---

[267] Alphabet-Chef Eric Schmidt, Ansprache in der TU Berlin, 03.12.2015.

5.7.1 Lassen Sie ihre Kunden für Ihr Unternehmen arbeiten

Die treibende Rolle des Kunden, die Customerization, ist eine der wichtigen Rahmenbedingungen der Digitalisierung nach außen – insbesondere für die Weiterentwicklung Ihrer Produkte oder das Identifizieren neuer, lukrativer Geschäftsideen.

Es gilt, Plattformen zu schaffen, über die Ihre Kunden selber Produkte (weiter-)entwickeln können. Beispiele aus der Praxis gibt es dazu viele: Von Befragungen über Wettbewerbe bis hin interaktiven Plattformen, auf denen Kunden selber Produkte vorschlagen und entwickeln.

5.7.1.1 Den Anwender nutzen: Crowdsourcing

Anwender/Kunden können helfen, Produktentwicklungen zu forcieren. Diese „Crowd" innerhalb und insbesondere außerhalb des Unternehmens birgt große Potentiale.

Im Gegensatz zum Outsourcing werden beim Crowdsourcing[268] bisher traditionell interne Teilaufgaben an User im Internet ausgelagert, die diese freiwillig und häufig umsonst bzw. zu atemberaubend geringen Konditionen bearbeiten.

Crowdsourcing umfasst z.B. das Testen von neuen Apps und Webanwendungen. Etabliert hat sich auch das Sammeln von Ideen und Rückmeldungen von außerhalb und Prognosen.

„Der hinter Crowdsourcing stehende Ansatz ist, dass eine heterogene Masse von individuell entscheidenden Personen die Qualität von Expertenentscheidungen erreichen kann, was sich bereits in der Praxis bewiesen hat."[269]

Crowdsourcing ist aber auch keine große Überraschung mehr, wenn man dem Everything-as-a-service-Paradigma (XaaS) folgt, das als eine Schicht sogar den Human-as-a-Service (HuaaS) definiert, wie in der nächsten Abbildung gezeigt.

---

[268] Der Begriff Crowdsourcing wurde vom amerikanischen Journalisten Jeff Howe (Wired Magazin) geprägt.

[269] CrowdWorx, Kundenreferenzen. www.crowdworx.com/de/downloads/

„Innerhalb der HuaaS-Schicht ist das Crowdsourcing die dominierende Unterkategorie, bei dem eine Gruppe von menschlichen Ressourcen im Internet Aufgaben von unterschiedlicher Komplexität und variierendem Umfang für die Auftraggeber übernimmt. Ein Beispiel dafür ist kommt aus dem Hause Amazon: Der *Amazon Mechanical Turk* bietet eine Schnittstelle, über die meist fein granulare Aufgaben auf interessierte menschliche Ressourcen übertragen werden können, die dafür gleichermaßen kleine Entlohnung erhalten."[270]

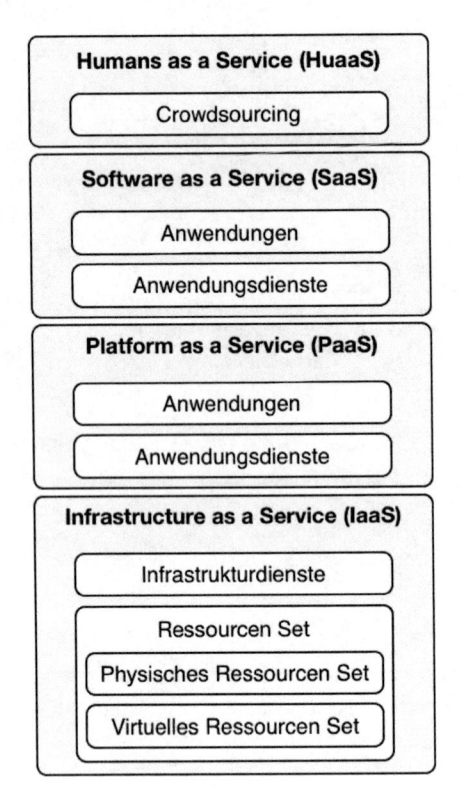

Abbildung 84: Cloud-Architektur-Schichtenmodell[271]

---

[270] Baun et al. 2011, S. 39f

[271] Nach: Baun et al. 2011, S. 30

Auch das ist eine große Veränderung für Ihr Unternehmen, für Ihre IT-Organisation: Wer steuert das Crowdsourcing? Ist das die Aufgabe der Fachabteilung, die neue Produkte ausprobiert?

Wem gehört in Ihrem Unternehmen eigentlich der Marktplatz für Crowdsourcing-Angebote?

Gibt es den überhaupt schon?

5.7.1.2 Beispiel 1: LEGO

Ein aus meiner Sicht sehr kreatives Beispiel dafür. wie man den eigenen Kunden zur Weiterentwicklung der Produkte einsetzt, liefert LEGO:

Abbildung 85: Customerization bei Lego[272]

Auf dieser Plattform können „Spieler" eigene Kreationen vorstellen, die aus LEGO-Bausteinen bestehen und diese dann zur Abstimmung in die Community stellen. Bei positiver Resonanz, d.h. es wären auch potentielle Käufer in dieser Gruppe zu finden, befasst sich das „LEGO Review Board" mit diesem Vorschlag. Kommt es tatsächlich zu einer Produktion, wird der Ideengeber beteiligt.

Eine faszinierende Idee, ich denke da nur an die ganzen Buzzwords und Trends der Digitalisierung und die vielen Menschen, die Spaß an der Entwicklung technischer „Gimmicks" haben ...

---

[272] Foto: Startseite www.ideas.lego.com, 21.12.22015.

Share your ideas for new LEGO sets.

Create an awesome model, take great photos, and write a convincing project description, and people won't be able to help but support you. Not so fast, though! Before you put two bricks together, check out the Project Guidelines and House Rules to see the types of ideas we allow.

Gather Support—10,000 supporters qualifies your project for review.

Tell everyone you know (and even those you don't know) to support your project. 10,000 is a big number, but it's doable if you have a great project and some old-fashioned persistence. The best results come from knowing how to ask for support from the right fan sites, blogs, and online communities.

LEGO Review—the LEGO Review Board chooses which projects become new LEGO sets.

After reaching 10k, your project enters a special phase called the LEGO Review. A review board of set designers and marketing representatives evaluates projects according to our review criteria and hand-picks projects to become new LEGO Ideas sets. We can't make everything, but every project in review gets a fair shot.

New LEGO Product—our team transforms your design into an actual LEGO product sold around the world.

Projects selected in the LEGO Review go into production. You give input to our professional LEGO designers, whose job it is to create the final set based on your project. Once complete, it goes to the factory, then it's shipped around the world and released for sale. You're featured in set materials, receive a royalty on sales, and are recognized as the product creator. Your supporters can now own the LEGO set they helped make happen on LEGO Ideas.

Project Guidelines & House Rules
Some do's and don'ts about what you may include in your project and how to make it even...awesomer!
Learn more

Prizes & Rewards
If your project reaches 10,000 supporters and is chosen to be made into an official LEGO product, you will receive...
Learn more

Abbildung 86: Von der Kundenidee zum LEGO Produkt[273]

Der Ablauf bei LEGO ist vorbildlich: Der „Mitspieler" kann nicht nur eigene Produkte entwickeln und vorstellen, er ist gleichzeitig auch Teil der Crowd, die über alle Ideen entscheidet: Ein Selbstgänger.

---

[273] Quelle: https://ideas.lego.com/howitworks, 21.12.2015

5.7.1.3 Beispiel 2: Deutsche Bahn

Ende 2015 entwickeln Kunden und Deutsche Bahn im Dialog den „Digitalen Reisebegleiter von morgen" – zu gewinnen gibt es Bahncards 100.

Aus den 30 Ideen mit den meisten „Likes" werden drei Gewinner ins DB Innovationslabor eingeladen, „um die Idee weiter zu verfolgen...

> **DB Digital**
>
> # Die DB Bahn Ideenschmiede zum Mitmachen
>
> Kunden und DB entwickeln im Dialog auf einer neuen Social-Media-Plattform den »Digitalen Reisebegleiter von morgen« – zu gewinnen gibt es BahnCards 100.

Abbildung 87: Die Bahn Ideenschmiede[274]

Auf der Startseite des Ideenwettbewerbs heißt es dazu: „Mit der »Ideenschmiede« wird die DB ihrer konzernweiten Digitalisierungsoffensive eine weitere Plattform hinzufügen. Um dort Ideen von Ihnen, den Bahn-Kunden zu sammeln – etwa Vorschläge für neue Smartphone-Apps oder Social-Media-Ideen, durch die das Reisen mit der DB besser wird. Gesucht werden Kundenideen für die digitale Begleitung von morgen, die Ihre persönliche -Navigation beim Reisen unterstützen."[275]

---

[274] Quelle: www.dbmobil.de/ideenschmiede, 21.12.2015.
[275] Quelle: www.dbmobil.de/ideenschmiede, 21.12.2015.

Der Ablauf ist ähnlich dem bei LEGO: Die Community bewertet zunächst die eingegangenen Ideen und auf Basis dieser Vorauswahl (Top 30) entscheidet dann die DB-Jury über die drei Gewinner, „die je eine BahnCard 100 [2. Klasse] erhalten. Diese werden ins DB Innovationslabor in Frankfurt eingeladen, um die Idee weiter zu verfolgen."[276]

Ob das genug Anreiz ist?

5.7.2 Nutzen Sie die Performance des Start-ups

Die „Lean-Start-up-These" des amerikanischen Start-up-Guru Steve Blank macht deutlich, „dass ein Startup keine kleine Version eines großen Unternehmens ist, sondern eine Organisation, die sich ausschließlich mit der Suche nach einem Business-Modell beschäftigt." [277]

In der Konsequenz arbeitet also ein Start-up ohne Compliance und Governance – und damit frei von den Zwängen, wie sie in großen Unternehmen den Handlungsspielraum und die Geschwindigkeit einer Umsetzung einschränken.

„Dickschiff" versus „Schnellboot".

Warum aber nicht die Geschäftsideen von Start-ups und von Kleinunternehmen für die (Weiter-) Entwicklung Ihrer Produkte nutzen?

Gehen wir mal davon aus, dass Sie die Idee für ein neues Produkt, für einen neuen digitalen Service haben – nur nicht wissen, ob es überhaupt eine Technik zur Umsetzung gibt oder wer die beste Plattform für Ihr Unternehmen bieten könnte.

Jetzt gibt es Agenturen, die sich darauf spezialisiert haben, Start-ups zu suchen, die eine skizzierte Thematik abdecken.

Also: Pitch organisieren, in dem Ihnen die Lösungsansätze dargestellt werden – mit Beteiligung von Start-ups, aber auch etablierter Unternehmen. Für die „Dickschiffe", die in einem solchen Pitch antreten sollen eine besondere Herausforderung ...

---

[276] Quelle: www.dbmobil.de/ideenschmiede, 21.12.2015

[277] In: E-Commerce Magazin, 08/14, S. 9

So suchte am 07.12.2015 die SBB[278] unter der Überschrift „Weitere Startups für gemeinsame Projekte gesucht" nach Jungfirmen für die Entwicklung von Test-Cases: „Mit dem Pitchanlass „Kundeninformation plus" will die SBB Startups aus dem Segment Kundeninformation die Möglichkeit geben, sich vor einer SBB Fachjury zu präsentieren."[279]

Es gilt also, die zu Ihren Ideen passenden Start-ups zu finden. Denn Dickschiffe, wie Ihr Unternehmen vermutlich auch eines ist, werden nie die Dynamik entwickeln können, wie sie Eric Schmidt skizziert:

Für Studenten, die ein Start-up gründen wollen, hat der Alphabet-CEO Eric Schmidt am 03.12.2015 in der TU Berlin ein paar Ratschläge zur Hand: Ein Marketing- oder Wirtschafts-Studium sei verschwendete Zeit. „Es zählt nur ein unglaubliches Produkt. Techniker und Designer müssen fantastisch sein. Und im Moment, wo es funktioniert, muss es blitzschnell globalisiert werden." Blitz-Scaling nennt Schmidt das nach einem Buch von Reid Hoffman, dem LinkedIn-Gründer.

5.7.3 Warum interne Start-ups nicht funktionieren

Viele Unternehmen nutzen eigene Innovation Studios oder Labs für eine kollaborative Form des Produktdesigns und der Neuausrichtung von ganzen Geschäftsmodellen.

„Think Tanks" werden etabliert und spezielle Räume für das kreative Arbeiten geschaffen. Dafür werden allerdings nicht nur neue Methoden, sondern auch Fähigkeiten bei den Mitarbeitern benötigt, insbesondere – und diese Sicht ist in Unternehmen immer wieder zu finden – sollen die Mitarbeiter bei der Entwicklung digitaler Geschäftsmodelle „denken wie ein Start-up".

Funktioniert aber so gut wie nie, warum?

Der oder die Gründer eines Start-ups haben eine klare persönliche Motivation: In kurzer Zeit viel Geld verdienen, idealerweise das eigene Unternehmen schnell zu hohem Preis verkaufen.

Das ist, eingebunden in die Organisation des Unternehmens, nicht möglich. Hier greifen z.B. die Prozesse eines betrieblichen Vorschlagswesens oder es winkt eine Sonderzahlung. Zu wenig, keine ausreichende Motivation.

Interne Start-ups funktionieren nicht.

---

[278] SBB = Schweizerische Bundesbahnen

[279] http://startupticker.ch/en/news/december-2015/sbb-weitere-startups-fur-gemeinsame-gesucht, 07.12.2015

5.8 Be „always on": Omni-Channel

Nur mit einem Omni-Channel-Ansatz steht der Kunde, so wie er es heute fordert, im Mittelpunkt aller Aktivitäten und professionelles E-Commerce wird ein gleichberechtigter Absatzkanal in Ihrem Unternehmen.

Verknüpfen Sie mit einer Omni-Channel-Strategie vorhandene Plattformen und verknüpfen Sie vorhandene, verschiedene Systeme miteinander für ein „nahtloses" Einkaufserlebnis.

All das ist Geschäft von heute und in vielen Unternehmen bereits „Stand der Technik".

5.9 Nutzen Sie Microservices

Etablieren Sie die wertorientierte Softwareentwicklung!

In der Anwendungsentwicklung gibt es nur ein einziges wahres Produktivitätsmaß: Wenig Function Points pro gewünschter Funktionalität. Dies ist die Steuerungsgröße in Portfolioplanung und Erfolgsrechnung – denn Effizienz ist nun mal das Verhältnis aus dem erzielten Nutzen und dem erforderlichen Aufwand.

Nutzen Sie Microservices: Kleine, unabhängige und skalierbare Dienstleistungen, die in Anwendungen kombiniert werden können sowie deren Entwicklung und Pflege vereinfachen.

Wie schon ausgeführt, klingt das etwas nach SOA – und ist auch ein bisschen SOA: Obwohl es sich nicht um ein neues Konzept handelt, bezeichnen viele Praktiker Microservices als "richtig gemachtes SOA".

5.10 Agile Softwareentwicklung unterstützen

Softwareentwicklung wird zum Erkenntnisprozess: Damit müssen Sie (und können Sie) umgehen.

Vielleicht etwas überraschend in Zeiten von Cloud und SaaS, entwickelt sich allmählich das Thema Softwaredesign und -entwicklung tatsächlich zu einem strategischen Differenzierungsfaktor für Unternehmen![280]

Nutzen Sie eigene Software- und Datenplattformen als Basis für die Orchestrierung von neuen Produkten und Dienstleistungen.

Ein wichtiger Aspekt dabei sind die Offenheit dieser Plattformen – etwa durch die Nutzung von Open Source Technologien –, sowie die Vernetzung mit Innovationspartnern und auch Kunden.

5.11 Digital Design und das Edison Prinzip

Tagtäglich sind Mitarbeiter damit konfrontiert, bis zum Tag X ein überzeugendes Konzept entwickeln zu müssen, mit neuen Ideen bei einer Sitzung zu glänzen oder im Verkaufsgespräch das Produkt mit einem besonderen Dreh präsentieren zu müssen. Dieser Kreativitätsdruck ist deshalb so groß, weil viele denken, dass gute Ideen einfach ab und zu vom Himmel fallen oder man dazu außergewöhnlich begabt sein müsse – doch dem ist nicht so: Kreativität ist vielmehr ein Handwerk, das man lernen kann.

Dabei ist, obwohl ich immer wieder in Unternehmen genau das Gegenteil beobachtet habe, Kreativität nicht durch Prozesse zu erzwingen. Auch nicht durch Zeit, die im Arbeitsalltag dazu reserviert wird. Das funktioniert in der Praxis einfach nicht und führt nicht (oder nur sehr selten) zu lukrativen, digitalen Produkten.

Kreativtechniken, also Methoden, um Probleme zu präzisieren, der gezielten Erzeugung neuer Ideen, der Entwicklung von Visionen und zur Problemlösung, sollen helfen. Diese Ideenfindungsmethoden eignen sich primär für Probleme, bei denen der Lösungsweg noch unbekannt ist. Kreative Denkstrategien sollen die Qualität der Ergebnisse steigern.

So weit, so gut: Nur welche Probleme können gelöst werden, wenn digitale Produkte zu entwickeln sind?

---

[280] Natis, Y.: Microservices: A Fast Path to Digital Business. CIO.DE, 18.11.15

5.11.1 Digital Design Thinking

Immer mehr Unternehmen nutzen Design Thinking, um ihre Produkte und Dienstleistungen stärker am Kunden auszurichten. Auch wenn solche Methoden grundsätzlich nicht neu sind, haben doch viele Unternehmen damit in der Vergangenheit keine (oder zu wenig) Berührungspunkte gehabt.

In den nächsten Jahren wird allerdings das Design Thinking die Basis vieler Transformationsprojekte sein, die orchestriert werden müssen.

„Design-Thinking basiert auf der Annahme, dass Probleme besser gelöst werden können, wenn Menschen unterschiedlicher Disziplinen in einem die Kreativität fördernden Umfeld zusammenarbeiten (...) Das Verfahren orientiert sich an der Arbeit von Designern, die als eine Kombination aus Verstehen, Beobachtung, Ideenfindung, Verfeinerung, Ausführung und Lernen verstanden wird."[281]

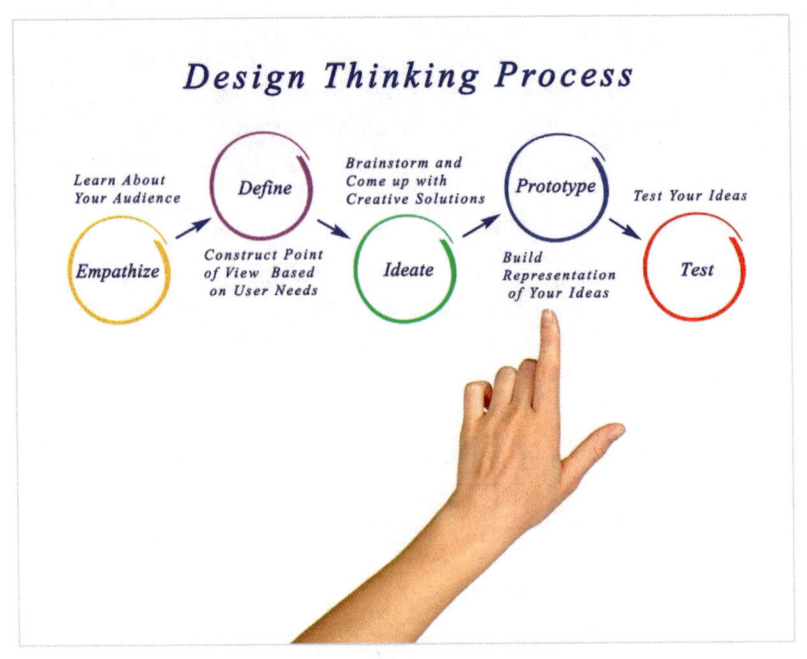

Abbildung 88: Design Thinking[282]

---

[281] Quelle: Wikipedia

[282] Foto: arka38; shutterstock.com

Nach Siemens ist „*Industrial Design-Thinking* die Methode, die [...] für verzwickte Innovationsprobleme verwendet wird. Nicht nur die Lösung ist unbekannt, auch die Herausforderungen auf Seite des Kunden liegen im Dunkeln. Wie der Name schon andeutet: Der Kreativprozess nutzt stärker als andere Methoden visuelle und haptische Eindrücke. Eine Stärke von Design-Thinking ist, dass es auch Bedürfnisse aufspürt, die dem Nutzer gar nicht bewusst sind und die er nicht artikulieren kann"[283].

Digital Design Thinking ist somit einer der möglichen Wege, Probleme zu identifizieren und zur Problemlösung kreative digitale Ansätze zu entwickeln. Aber: Ist dieser Ansatz nicht zum großen Teil die moderne Version der Art und Weise, wie der „Altmeister" Edison seine Produkte entwickelte?

5.11.2 Edison-Prinzip

Die Ideen von Edison, dem bekanntesten und erfolgreichsten Erfinder aller Zeiten, waren kein Zufall oder Hexenwerk, sondern beruhten auf systematischer Planung und einer speziellen Denkweise. Jens-Uwe Meyer stellt die erfolgreichen Denkstrategien des großen Erfinders vor: „Ich habe nie etwas Wertvolles zufällig getan. Keine meiner Erfindungen war Zufall." [284]

1868 machte der junge Thomas Edison seine erste Erfindung: Ein Gerät, das die Stimmen von Abgeordneten bei Parlamentsabstimmungen automatisch zählte. Kurz vor seinem Tod 1931 züchtete er in Fort Myers Pflanzen, aus denen er Gummi gewann. Dazwischen lagen unzählige andere Ideen, darunter viele, die er nicht einmal zum Patent anmeldete. Was bei allen seinen Erfindungen auffällt: Der Erfinder folgte stets der gleichen Systematik: Dem Edison-Prinzip.

---

[283] The Open University, Faculty of Mathematics, Computing and Technology, 13.12.2015
[284] [Meyer 2008]

Abbildung 89: Thomas Edison[285]

Vielleicht denken Sie gerade an Steve Jobs, der einfach vorhandene Technologien zusammenstellte, neue Konsumbedürfnisse schuf – und sie befriedigte?

Sind die Amerikaner im Servicebereich viel dynamischer und ideenreicher als wir – können wir von Edison lernen?

Yes, we can.

---

[285] Foto: Everett Historical; shutterstock.com

Das EDISON-Prinzip besteht, nach Meyer, aus sechs einfachen Schritten:[286]

Erfolgschancen erkennen: den praktischen Nutzen fokussieren

Denkautobahn verlassen: kreative Umwege gehen

Inspirationen suchen: Wissen und Erfahrungen vernetzen

Spannung erzeugen: kaleidoskopisch denken

Ordnen und optimieren: Ideen zu einem Gesamtkonzept ausbauen

Nutzen maximieren: Ideen vermarkten und durchsetzen

Die Ideensuche ist dabei mehr als eine Frage der Technik: Edison hatte Spaß daran, kreativ zu sein.

Erfolgschancen erkennen: Edison suchte förmlich nach Problemen, die er lösen konnte. Er betrachtete diese als Chance, um neue Ideen zu entwickeln.

Was bedeutet das für das Thema dieses Buches, die Digitalisierung? Meine These ist, dass Sie täglich an vielen Chancen vorbeilaufen: Wo ist ein Arbeitsablauf in Ihrem Unternehmen nicht optimal, wo ärgert sich jemand über etwas, was er gerne verbessert sähe?

WO IST JEMAND (VIELLEICHT SIND SIE ES JA SELBER) UNZUFRIEDEN MIT EINEM ABLAUF, MIT EINEM PROZESS, MIT IHREM PRODUKT?

WAS MÜSSTE PASSIEREN, DAMIT DIESES PROBLEM NICHT MEHR BESTEHT?

WER HAT NOCH DIESES PROBLEM? WENIGE ODER VIELE MENSCHEN?

DENKEN SIE ÜBER DEN NUTZEN NACH, DEN DIESE IDEE BRINGEN WÜRDE.

GIBT ES EINEN MARKT DAFÜR?

HABEN SIE DA GERADE EINE NEUE PRODUKTIDEE ENTWICKELT?

Denn ein digitales Business wird nur dort entstehen, wo andere Probleme haben, die erfolgreich gelöst werden können.

---

[286] [Meyer 2008]

5.11.3 SWOT-Analyse

Sie haben Ideen für lukrative digitale Produkte entwickelt und suchen jetzt nach einer Methode für die Umsetzung in die Praxis Ihres Unternehmens?

„Eine SWOT-Analyse[287] ist ein strategisches Planungstool zur Evaluierung der Stärken, Schwächen, Chancen und Bedrohungen in Bezug auf ein Projekt, ein Geschäftsvorhaben oder auf jede andere Situation, die ein Handeln erfordert"[288]

Damit enthält die SWOT-Analyse zwei Dimensionen: Der Blick auf Stärken und Schwächen richtet sich nach innen, die Frage von Chancen und Gefahren nach außen.

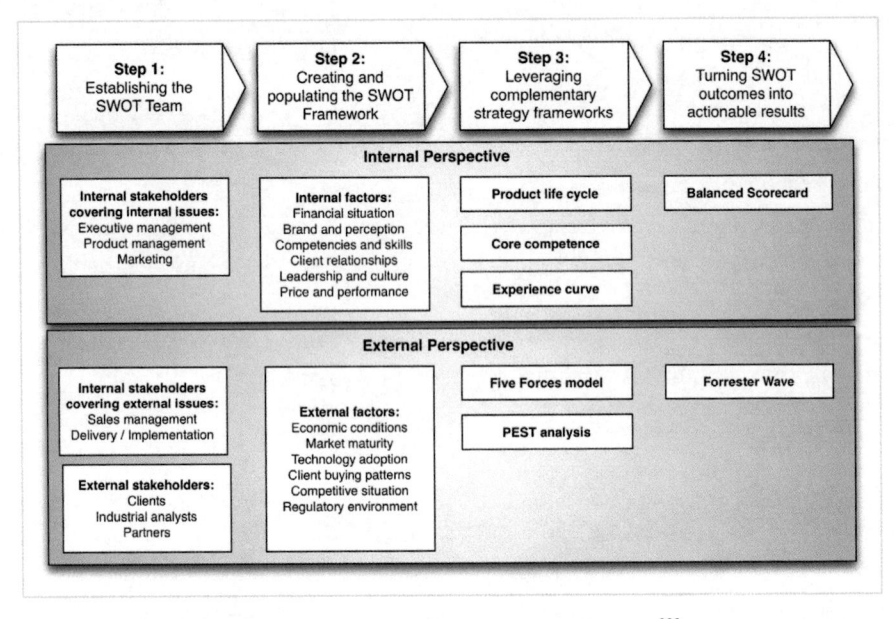

Abbildung 90: SWOT-Analyse nach Forrester[289]

---

[287] Die SWOT-Analyse (engl. Akronym für Strengths (Stärken), Weaknesses (Schwächen), Opportunities (Chancen) und Threats (Gefahren)) ist ein Instrument der Strategischen Planung; sie dient der Positionsbestimmung und der Strategieentwicklung von Unternehmen und anderen Organisationen. Quelle: Wikipedia.

[288] ITIL, Ausgabe 2011. Continual Service Impovement, Axelos, London,, 2013. S. 120

[289] Nach: Pütter, C.: In vier Schritten zur SWOT-Analyse. Fakten statt Bauchgefühl. In: CIO-Maganzin, September 2015. www.cio.de, 29.12.2015.

Bilden Sie ein cross-funktionales Team. Dazu gehören Produkt-Manager, Sales- und Marketing-Fachleute, Entscheider in der Lieferkette und: Ihre Kunden!

Die Vorgehensweise nach den von Forrester vorgeschlagenen vier Schritten hat sich in der Praxis bewährt. Versuchen Sie aber bitte nicht, die SWOT-Analyse als Kreativtechnik für Digitale Produkte zu „verbiegen": Diese Methode muss auf die Vision und Mission sowie auf die Zielsetzungen und Ziele der Organisation ausgerichtet sein.

„Chancen dürfen nicht mit möglichen Strategien verwechselt werden: SWOT-Elemente beschreiben Bedingungen, während Strategien Aktionen definieren."[290]

Mithilfe der SWOT-Analyse lässt sich die aktuelle Marktposition eines Unternehmen oder einer Marke bestimmen. Weiterhin kann man anhand der Analyse-Ergebnisse zukünftige Unternehmensstrategien ableiten. Herausgearbeitete Stärken sollen genutzt werden, um Chancen wahrzunehmen und Risiken zu minimieren. Schwächen sollen erkannt und in Stärken umgewandelt werden.

5.11.4 Fazit

Suchen Sie nach Problemen: Vielleicht ärgern Sie sich selber über etwas – verbessern Sie genau das! Und entwickeln Sie es zu einem marktfähigen, digitalen Produkt weiter.

Folgen Sie dem Edison-Prinzip.

Haben Sie offene Ohren für Probleme anderer: Oft ist es ein guter Weg, einfach nur zuzuhören, um dadurch eine potentielle Geschäftsidee abzuleiten:

1. Welche Produkte oder Dienstleistungen können unser Leben einfacher und bequemer machen?
2. Welche Produkte oder Dienstleistungen würden Menschen Geld oder Zeit sparen?

---

[290] ITIL, Ausgabe 2011. Continual Service Impovement, Axelos, London,, 2013. S. 122

Seien Sie immer auf der Suche nach Ideen, die andere erfolgreich genutzt haben. Ihre Idee muss nur in Bezug auf das zu lösende Problem neu sein!

Warum das Rad neu erfinden, wenn es woanders schon eine Lösung gibt? Dies gilt insbesondere für die in der Digitalisierung relevanten „Bausteine", von denen ich sage, dass nahezu alle bereits erfunden wurden: Sie müssen nur noch sinnvoll (bezogen auf ein zu lösendes Problem) kombiniert werden:

> *„Die meisten Geschäftsideen sind von Dritten übernommen. Sie wurden anschließend weiterentwickelt und verfeinert oder auf andere Kundengruppen und Branchen übertragen."*[291]

In diesem Ansatz kann viel Potential stecken: Sie lösen sich von der durch Technik geprägten Sichtweise und suchen Produktideen ausgehend vom Nutzen.

Stellen Sie die eigenen Produkte in Frage, bevor es andere tun.

> *„Wenn das einzige Werkzeug, das Sie haben, ein Hammer ist, dann neigen Sie dazu, jedes Problem für einen Nagel zu halten".*
>
> Abraham Maslow, Mitbegründer der humanistischen Psychologie

---

[291] Nach: E-Book „Die richtige Geschäftsidee finden", www.meinstartup.com. 16.12.2015.

6 Zusammenfassung

Anders als bei den vorherigen industriellen Revolutionen ist diesmal nicht die Industrie der Treiber, sondern es sind die technologische Entwicklung, die omnipräsente Vernetzung, die Generierung/Verarbeitung von Daten und die Konsumenten selbst.

Viele Unternehmen hinken der Entwicklung und vor allem den Möglichkeiten, die sich bieten hinterher.

Doch gerade die deutsche Wirtschaft kann durch das Optimieren von Strukturen, Prozessen und sogar ganzen Unternehmenskulturen, eine signifikante Steigerung der Wertschöpfung durch die digitale Transformation erzielen

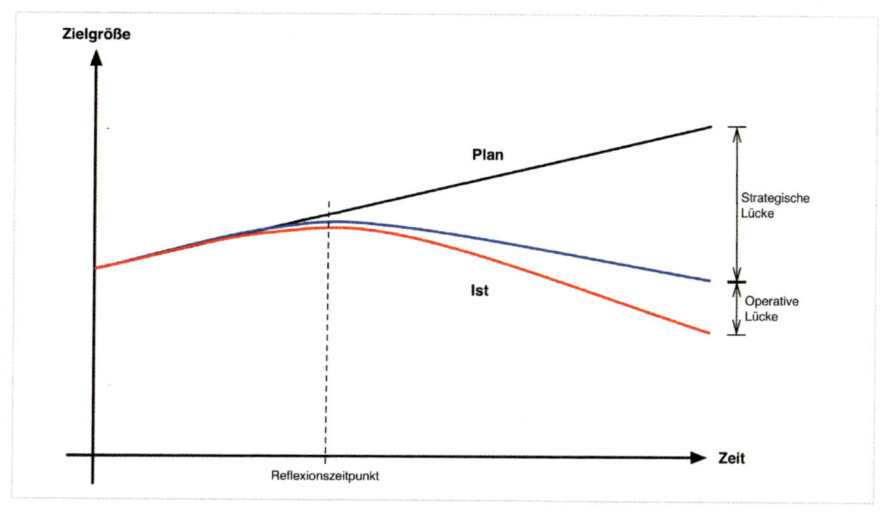

Abbildung 91: Gap-Analyse: Die strategische Lücke[292]

Die GAP-Analyse ist ein klassisches Instrument des strategischen Controllings. Durch sie lassen sich die Abweichungen von dem geplanten Zielpfad darstellen.

---

[292] Eigene Darstellung

Quelle: Singh, S.: Der CDO. Die Lösung oder das Symptom des Problems? Oder nur Haifutter? www.linkedin.com/pulse, 07.12.2015.

Entspricht die prognostizierte Entwicklung der Ist-Werte zum Reflexionszeitpunkt oder zu jedem zukünftigen Betrachtungszeitpunkt nicht den geplanten Soll-Größen, wird von einer operativen bzw. strategischen Lücke gesprochen: Diese Lücken zeigen sich bei vielen Unternehmen, wenn es um die Digitalisierung und um die damit einhergehende Transformation geht,.

Entscheider großer Konzerne haben keine andere Wahl, als ihre Unternehmen federführend in die neue Zeit zu hieven – mit dem Management des Unternehmens in der treibenden Rolle.

DENKEN SIE IN PRODUKTEN, NICHT IN PROJEKTEN!

Jede Existenzgründung basiert auf einer erfolgsversprechenden Geschäftsidee. Dabei sind die wenigsten Ideen wirklich komplett neu. Vielmehr bauen sie auf bereits vorhandenen auf.

Wichtig ist, dass die Probleme bzw. Bedürfnisse gehäuft auftreten. Denn nur wenn genügend Nachfrage nach einem Lösungsansatz besteht, besteht auch ausreichend Potential für einen Markt: Das sind die sogenannten Angebotslücken und somit ihre Chancen.

Google hat sich klar dazu bekannt, an der Smart City zu arbeiten. Diese Vision wird konsequent verfolgt, dazu benötigte Services werden entweder zugekauft oder sind Eigenentwicklungen. Machen Sie es in Ihrem Unternehmen auch so? Kombinieren Sie IT-Commodity (Cloud), die „draußen" bereits verfügbaren Speziallösungen (Start-up, Kleinunternehmen) und Eigenentwicklungen zu neuen digitalen Produkten, die Ihrer unternehmerischen Vision entsprechen?

Oder können das nur die „Big 4"?

Dann „„...müssten CIOs ihr Rollenverständnis neu definieren und sich zu einem „Business Strategy Facilitator" entwickeln, der zu einer übergreifenden Enterprise Value Chain beiträgt"[293]:

---

[293] Herrmann, W.: SaaS ist nicht genug: IT as a Service: Was CIOs dafür tun müssen. Computerwoche, Oktober 2015. www.computerwoche.de, 20.12.2015.

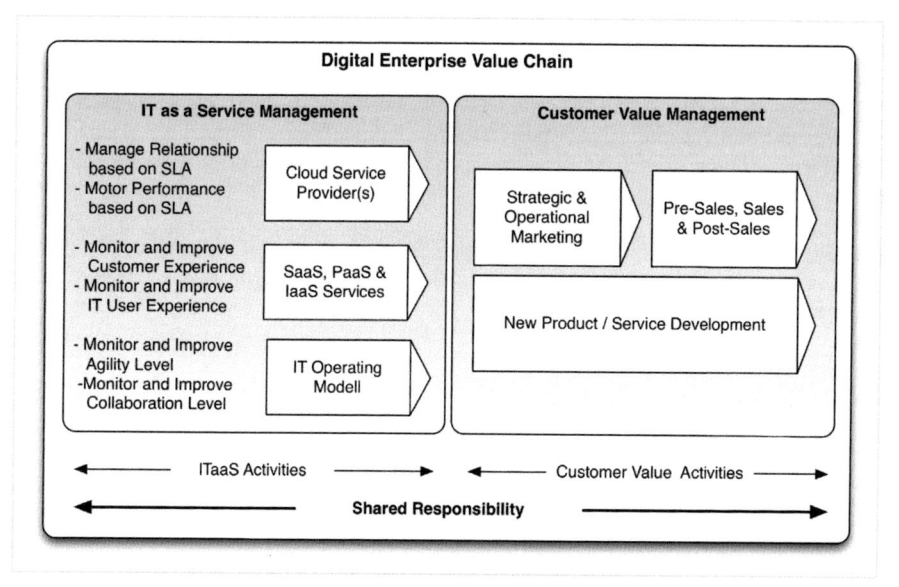

```
                    Digital Enterprise Value Chain
        IT as a Service Management              Customer Value Management
   - Manage Relationship
     based on SLA
   - Motor Performance    Cloud Service         Strategic &
     based on SLA         Provider(s)           Operational      Pre-Sales, Sales
                                                Marketing        & Post-Sales
   - Monitor and Improve
     Customer Experience  SaaS, PaaS &
   - Monitor and Improve  IaaS Services
     IT User Experience                         New Product / Service Development
   - Monitor and Improve
     Agility Level        IT Operating
   - Monitor and Improve  Modell
     Collaboration Level

   ←——— ITaaS Activities ———→    ←——— Customer Value Activities ———→
   ←—————————————— Shared Responsibility ——————————————→
```

Abbildung 92: Digital Enterprise Value Chain[294]

Das Modell einer Digital Enterprise Value Chain bringt IT- und Business-Anforderungen unter einen Hut.

Die digitale Transformation betrifft das ganze Unternehmen, betrifft jeden im Unternehmen – so hieß es ganz am Anfang. Und es war die Rede vom „Zeitalter der Dienstleister".

Unternehmen benötigen Unterstützung „von außen":

NUTZEN SIE DIE ERFAHRUNG AGILER „SILBERRÜCKEN"!

---

[294] Nach: Herrmann, W.: SaaS ist nicht genug: IT as a Service: Was CIOs dafür tun müssen. Computerwoche, Oktober 2015. www.computerwoche.de, 20.12.2015.

6.1 Die Transformation der Unternehmens-IT

Besonders intensiv trifft die Digitalisierung die Unternehmens-IT. Entgegen der Sichtweise, dass die IT-Organisation „Enabler" neuer digitaler Prozesse ist, macht die Transformation die eigene IT oft zu Betroffenen, nicht selten zu Verlierern dieser Entwicklung.

Alte, über Jahre gewachsene Strukturen, in denen notgedrungen auch das Business als „Schatten-IT" um die eigene IT herum IT-Leistungen benutzt, müssen transformieren:

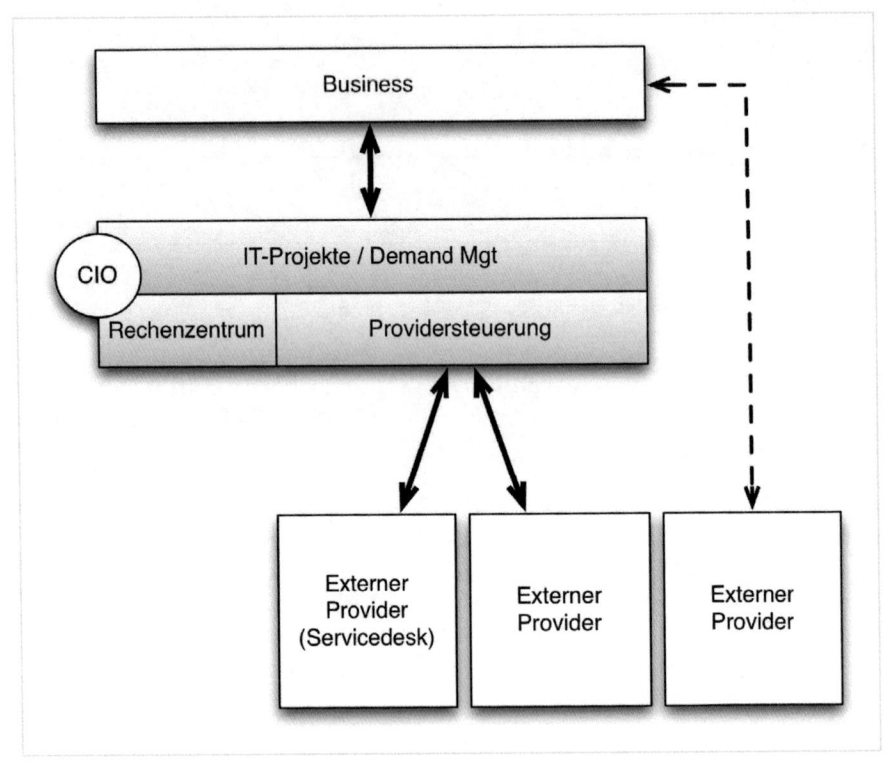

Abbildung 93: Unternehmens-IT heute[295]

Es gilt, die Trennung zwischen wertstiftender IT und Commodity-IT auch in Ihrer Organisation zu verankern.

---

[295] Eigene Darstellung

Laut einer Accenture-Studie „ziehen hochproduktive Betriebe ihre individuelle Grenzlinie zwischen Commodity und Kernkompetenzen, im Accenture-Jargon „Commoditization Boundary" genannt, möglichst nah an ihren Kernprozessen.

Auf dieser Grundlage fahren sie dann zweigleisig: Was die Unterstützungsfunktionen betrifft, versuchen sie, die Standardisierung immer weiter voranzutreiben, um die Produktivität zu erhöhen und die Betriebskosten zu senken. In diesem „Non-Core"-Bereich schnüren sie idealerweise Dienstleistungspakete mit einem einheitlichen Preis und einem definierten Ergebnis. Diese Services können von der internen IT erbracht oder selektiv ausgelagert werden. Was die fortschrittlichen Unternehmen dabei an Manpower und Finanzmitteln einsparen, investieren sie in die Kernbereiche"[296]:

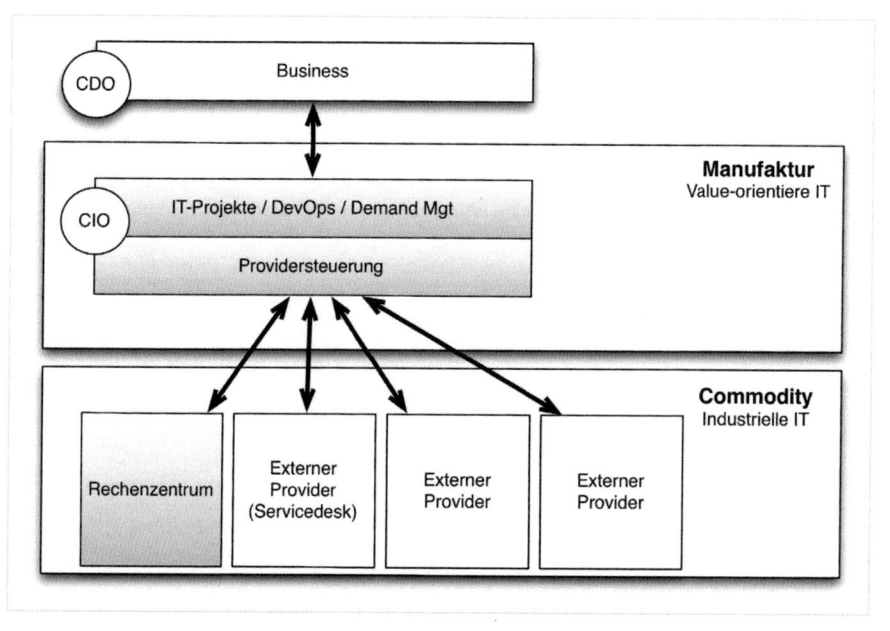

Abbildung 94: Transformation der Unternehmens-IT[297]

---

[296] Quelle: Studie „Business Value through IT Productivity" im Rahmen des Forschungsprogramme „High Performance Business" und „Value of IT". Thomas Hofbauer, Accenture, 2007. www.computerwoche.de, 20.12.2015.

[297] Eigene Darstellung

6.2 Aufbruch in eine neue Welt voller (digitaler) Mythen?

Der österreichische Nationalökonom Joseph Schrumpeter (1883-1950) lag mit seinem Ansatz der „schöpferischen Zerstörung" offenbar richtig: Kapitalismus war für ihn Unordnung, die fortwährend durch innovative Unternehmer entsteht, die neue Ideen in den Markt tragen. Diese Unordnung war für ihn die Ursache von Fortschritt und Wachstum.[298]

Digitalisierung trifft alle Branchen, auch der Öffentliche Dienst ist davon nicht ausgenommen: Streiche Verfahren, setze Prozesse – die Probleme, Herausforderungen und Chancen bleiben.

Betrachten wir den öffentlichen Sektor als Branche: Systemintegratoren entwickeln Business-Application-Services für Kommunen und öffentliche Einrichtungen zur nachhaltigen Unterstützung und Realisierung IT-basierter Verwaltungsprozesse, die nicht zuletzt für bessere Dienstleistungen für die Bürger sorgen.

Und auch die Mythen der Digitalisierung sind in allen Branchen gleich. In Anlehnung an die im Blog von Marc Ennemann veröffentlichten „7 größten Mythen der digitalen Transformation"[299] hier meine Zusammenstellung:

Mythos 1:

Bei der Digitalisierung geht es primär um das Kundenerleben.

Stimmt nicht: Es geht auch um die Effizienz und Produktivität des Unternehmens.

Mythos 2:

Neue Möglichkeiten durch die Digitalisierung gibt es nur für bestimmte Unternehmen.

Stimmt nicht. Möglichkeiten gibt es für alle, und zwar unabhängig von der jeweiligen Branche und unabhängig von der Ausrichtung auf B2B oder B2C.

---

[298] [Cole 2015, S. 23]

[299] Ennemann, M.: Die 7 größten Mythen der Digitalisierung. www.blog.kpmg.de, 31.08.2015

Mythos 3:

Digitale Transformation funktioniert am besten bottom-up.

Stimmt nicht. Digitale Transformation betrifft jeden im Unternehmen und funktioniert nur top-down.

Mythos 4:

Die IT ist Treiber der Digitalisierung.

Stimmt nicht. IT ist eine der wesentlichen unterstützenden Funktionen, um digitale Transformation zu ermöglichen. Treiber ist die Unternehmensführung, das Management.

Mythos 5:

Die digitale Transformation ist in jeder Branche anders.

Stimmt nicht. Bestimmte Vorgehensweisen und Entscheidungsmuster sind durchgängig anwendbar.

Mythos 6:

So richtig weiß keiner, wie es funktioniert.

Stimmt nicht. In allen Branchen gibt es digitale Leader, die ihre Mitbewerber heute schon ausstechen – und an denen ein Unternehmen sein Handeln orientieren kann.

Mythos 7:

Die Unternehmens-IT benötigt keine Hilfe.

Stimmt nicht. In der digitalen Transformation wird die IT-Organisation häufig selbst zum Betroffenen und benötigt Unterstützung von außen.

Mythos 8:

Agilität ist Sache der IT.

Stimmt nicht. Nutzen Sie die Ideen des *Agilen Manifests*, nicht nur in der IT-Organisation, sondern überall in Ihrem Unternehmen.

Mythos 9:

Commodity-IT gehört ins eigene Rechenzentrum.

Stimmt nicht. Diese industriellen IT-Services können externe Provider in besserer Qualität und zu günstigerem Preis liefern.

6.3 Warten ist keine Option

Die Digitalisierung bringt die Logik des Moor'schen Gesetzes in alle Branchen. Es besagt, dass sich die Rechenkapazität von Computerchips alle 18 bis 24 Monate verdoppelt. Entsprechend exponentiell steigt die Innovationsdynamik in allen Branchen, in denen Technik die Hoheit über Produktionssysteme oder Kundenschnittstellen besitzt.

Abbildung 95: Handeln Sie jetzt: Warten ist keine Option![300]

---

[300] Foto: Ribah; shutterstock.com; eigene Grafik

Damit Ihr Unternehmen dieser Dynamik folgen kann, sollten Sie diese Rahmenbedingungen schaffen:

- Akzeptieren Sie die Dynamik der Veränderung durch die Digitalisierung – Fünf-Jahres-Pläne helfen da nicht wirklich.

- Machen Sie deutlich, dass die Digitalisierung in Ihrem Unternehmen nicht nur IT- oder Technik-Thema ist, sondern jeden betrifft.

- Identifizieren Sie die „Quick-Wins" in der Digitalisierung nach innen und nach außen.

- Erklären Sie jedem im Unternehmen Ihre Digitalstrategie und machen Sie so viele wie möglich zu Mitwirkenden. Betroffene, die Verlierer dieser Entwicklung, wird es auch geben – Sie müssen einen Weg finden, mit all diesen Menschen den Weg zu gehen.

- Stellen Sie dar, welche Fähigkeiten Ihr Unternehmen für die Digitalisierung benötigt – und welche bereits vorhanden sind.

- Veränderungen auf dem Papier sind schnell geschehen, aber die Veränderungen werden erst wirksam, wenn sie auch bei den betroffenen Menschen angekommen und umgesetzt sind.

- Vereinheitlichen Sie die Nicht-Kernprozesse.

- Spezialisierung und Dezentralisierung der Kernprozesse schaffen Mehrwert und helfen bei der Differenzierung im Markt.

- Treffen Sie Maßnahmen, um die Daten und das in ihrem Unternehmen vorhandene Wissen zu nutzen.

- Ihre internen Strukturen müssen anschlussfähig und agil sein.

- Ihre IT, genauer die zur Digitalisierung notwendige Technik, muss „elastisch" sein, sie muss sich mehr denn je an, durch das Business getriebene, Skalierungen anpassen, wobei die Effizienz des IT-Betriebes und die Stabilität unverändert im Vordergrund stehen:

    (1) Das „Software Defined Datacenter" (SDDC) ist ein kurzfristig zu realisierender Baustein auf dem Weg zum „Software Defined Everything" der Zukunft, in dem zentrale (IT-) Services, Applikationen und Endgeräte – wie auch immer – selber virtuell werden.

    (2) Verwirklichen Sie „IT as a Service" (ITaaS): Transformieren Sie Ihr Rechenzentrum in eine „Virtual Computing Capability" (VCC).

- IT-Commodity, die keine Branchenkenntnis erfordert und nicht hilft, den Wettbewerb zu gewinnen, wird dort hergestellt, wo billig und massenhaft produziert werden kann: In der Cloud!

- Digitalisierung ohne Microservices funktioniert nicht.

- Arbeiten Sie nach den acht Schritten des J.P. Kotter! Identifizieren Sie über „Use Cases" die „Quick Wins" Ihrer Transformation, arbeiten Sie diese konsequent und schnell ab und überzeugen Sie damit die Menschen in Ihrem Unternehmen.

- Agile Prinzipien sind kein Selbstläufer – und agile Techniken wirken über Projekte hinaus. Es reicht nicht, einzelne agile Projekte aufzusetzen und darauf zu hoffen, dass die Organisation die weitere Verbreiterung dann selbst regelt.

Warten ist keine Option.

7 Abbildungen

Abbildung 1: Buzzwords der Digitalisierung	11
Abbildung 2: Automatisierung nach innen und außen	12
Abbildung 3: Digitalisierung? Das geht doch gar nicht!	13
Abbildung 4: Cloud = Commodity	16
Abbildung 5: LAN-Knotenpunkt	19
Abbildung 6: Geschäftsidee oder doch nur Spielerei?	24
Abbildung 7: Das Internet of Things (IoT)	25
Abbildung 8: Number of Connected Objects Expected by 2020	29
Abbildung 9: Smart City-Buzzwords	30
Abbildung 10: Und wer denkt an die Radfahrer?	31
Abbildung 11: Wearable Technology	32
Abbildung 12: Ideen für neue Wearables gesucht!	33
Abbildung 13: Empfehlungen für die Öffentliche Verwaltung in UK	35
Abbildung 14: „Jedermann"-Entwicklungsplattformen für das IoT	36
Abbildung 15: Nabaztag	38
Abbildung 16: Big Data	41
Abbildung 17: Daten analysieren, die bisher nicht verfügbar waren?	43
Abbildung 18: Play Framework Grid Deployment with Mesos	46
Abbildung 19: Cyberattacken –Ein Risiko in der Digitatlisierung	48
Abbildung 20: Cybersecurity als Baustein der Digitalisierung	50
Abbildung 21: Top-10-Bedrohungen (1=niedrig, 5=hoch)	52
Abbildung 22: Das Internet of Things wächst rasant – auch die Bedrohungen	54
Abbildung 23: Cyber-Angriffe 2014/2015	56
Abbildung 24: Mobile – überall und jederzeit	57
Abbildung 25: Mobilitätswachstum in Westeuropa 2008-2013	58
Abbildung 26: Google Android Pay.	59
Abbildung 27: Aufbau einer Enterprise Mobility Infrastruktur	60
Abbildung 28: Social Media Engagement 2015	65
Abbildung 29: Social Media: Conversion Rate Concept	67
Abbildung 30: Von der Idee bis zum Kunden	70
Abbildung 31: Continouous Delivery Pipeline	71
Abbildung 32: CI als Bestandteil von Continuous Delivery	72
Abbildung 33: Eine CI/CD-Plattform	73
Abbildung 34: Etwas Großes aus kleinen Bausteinen: Microservices	74
Abbildung 35: Tipps für die Nutzung von Microservices	75
Abbildung 36: IBM Omnichannel Maturity Index – Ranking 2013	78
Abbildung 37: Technologietrends.	81
Abbildung 38: Alles kommuniziert, auf allen Kanälen.	82
Abbildung 39: Microsoft Hololens	84
Abbildung 40: 3D-Fotografie	85
Abbildung 41: Zusammenhänge finden – eine große Herausforderung	87
Abbildung 42: Canary Smart Home Security.	91
Abbildung 43: Beispiel für ein Service Directory (OTTO GmbH & Co KG)	95

Abbildung 44: Microservices: Design neu lernen! 96
Abbildung 45: Salesforce Quick Start Framework 97
Abbildung 46: Kommunikations-Architekturen für das IoT 99
Abbildung 47: RaspBerry Pi Zero 106
Abbildung 48: Der RaspBerry Pi Zero im Test 107
Abbildung 49: IT der zwei Geschwindigkeiten 116
Abbildung 50: Ausprägungen eines SDDC 120
Abbildung 51: Dynamic Cloud Configurator 123
Abbildung 52: Beispiel für ein einfaches Business-IT-Diagramm mit OBASHI® 128
Abbildung 53: Pampige Antwort auf eine dusselige Frage 129
Abbildung 54: Nutzenkategorien nach Kesten 132
Abbildung 55: Strategische Referenzpunkte 133
Abbildung 56: Nächste Schritte 135
Abbildung 57: Der Lebenszyklus eines automatisierten Geschäftsprozesses 138
Abbildung 58: Digitale Kommunikation als Treiber der Transformation? 141
Abbildung 59: Optimierungspotenziale im Postverarbeitungsprozess 142
Abbildung 60: Problembereiche der Nutzenerfassung 146
Abbildung 61: Dimensionen des Wertbeitrags der IT 148
Abbildung 62: Das ValueBoard® in der Praxis 151
Abbildung 63: Wirkungskette nach Kesten, Müller und Schröder 153
Abbildung 64: Visualisierung der Indikatoren 154
Abbildung 65: Warum scheitern so viele Changes? 156
Abbildung 66: Ein agiles Prinzip: SCRUM 158
Abbildung 67: Die Unternehmens-IT hat Aufholbedarf 164
Abbildung 68: Das klassische RZ wird zur Virtual Computing Capability (VCC) 166
Abbildung 69: Traditionelle IT-Organisation mit eigenem Rechenzentrum und externen Dienstleistern 167
Abbildung 70: Hybrid-Cloud Orchestration, gesteuert vom Fachbereich 168
Abbildung 71: Visualisierung agiler Prozessmessgrößen 171
Abbildung 72: S-BPM 172
Abbildung 73: Vom Projektergebnis zum messbaren Nutzen 174
Abbildung 74: IT-CMF Macro-Capabilities 175
Abbildung 75: Die „IT Commoditiziation Boundary" 178
Abbildung 76: Antriebsfaktoren der Schatten-IT 181
Abbildung 77: Möglicher Wertbeitrag 183
Abbildung 78: Die Porterkurve – IT „zwischen den Stühlen" 184
Abbildung 79: Agilität und DevOps in der Unternehmens-IT 185
Abbildung 80: Business Service Provider 187
Abbildung 81: Service Providing Organisation 188
Abbildung 82: Lastprofil eines Niederspannungsnetzes 190
Abbildung 83: IT-Kostenverrechnung ohne (links) und mit Lastprofil 191
Abbildung 84: Cloud-Architektur-Schichtenmodell 202
Abbildung 85: Customerization bei Lego 203
Abbildung 86: Von der Kundenidee zum LEGO Produkt 204

Abbildung 87: Die Bahn Ideenschmiede	*205*
Abbildung 88: Design Thinking	*210*
Abbildung 89: Thomas Edison	*212*
Abbildung 90: SWOT-Analyse nach Forrester	*214*
Abbildung 91: Gap-Analyse: Die strategische Lücke	*217*
Abbildung 92: Digital Enterprise Value Chain	*219*
Abbildung 93: Unternehmens-IT heute	*220*
Abbildung 94: Transformation der Unternehmens-IT	*221*
Abbildung 95: Handeln Sie jetzt: Warten ist keine Option!	*224*

8 Tabellen

Tabelle 1: Kann die Unternehmens-IT die Anforderungen koordinieren?.......... 117
Tabelle 2: Vorgehensweise nach Kotter... 136
Tabelle 3: Die Struktur des ValueBoard®... 150
Tabelle 4: Agiles und konventionelles Produktmanagement im Vergleich........ 159
Tabelle 5: Die Reifegradstufen der IT-CMF Makro-Prozesse........................... 176
Tabelle 6: Critical Capabilities of Managing IT for Business Value................... 177

9 Abkürzungsverzeichnis

API	Application Programming Interface
BAR	Benefits Assessment & Realisation
BE	Business Engineering
BI	Business Intelligence
BPMN	Business Process Modell and Notation
BVIT	Business Value of IT
BYOD	Bring Your Own Device
CA	Content Analytics
CIO	Chief Information Officer
CMDB	Configuration Management Database
CRM	Customer-Relationship-Management
CSI	Continuous Service Improvement
DNN	Deep Neural Net
ESB	Enterprise Service Bus
EMA	Enterprise Management Architecture
FPGA	Field Programmable Gate Array
ERP	Enterprise Ressource Planning
EPK	Ereignisgesteuerte Prozesskette
FSA	Flow-State Access
GMP	Good Manufacturing Practice
GUI	Graphical User Interface
HuaaS	Human as a Service
IaaS	Infrastructure as a Service
IKT	Informations- und Kommunikationstechnologie
IS	Informationssystem
IT-CMF	IT Capability Maturity Framework

IoT		Internet of Things
ITaaS		IT as a Service
ITSM		IT-Service-Management
KI		Künstliche Intelligenz
KPI		Key Performance Indicator
KVI		Kontinuierlicher Verbesserungsprozess
M2M		Machine-to-Machine Communication
MSP		Managing Successful Programme
NFC		Near Field Communication
OEG		Obere Eingriffsgrenze
PaaS		Platform as a Service
OCR		Optical Character Recognition
QoE		Quality of (User) Experience
QoS		Quality of Service
PBA		Business Pattern of Activities
PDCA		Plan-Do-Check-Act-Zyklus, Deming-Kreis
PM		Portfolio Management
QX		Quality of Experience
ROI		Return Of Invest
RTO		Retained Organization
RZ		Rechenzentrum
SAAM		SaaS & Agile Apps Mash
SaaS		Software as a Service
SDDC		Software Defined Datacenter
SLA		Service Level Agreement
SMS		Short Message Service
SOA		Service Orientierte Architektur

SPO	Service Provider Organization
UCC	Unified Communication and Collaboration
UEG	Untere Eingriffsgrenze
UX	User Experience
VCC	Virtual Computing Capability

10 Literatur

[Barroso et al. 2013]

    Barroso L. A., Clidaras, J., Hölzle, U.: The Datacenter as a Computer. An Introduction tot he Design of Warehouse-Scale Machines. Second Edition. Morgan & Claypoool, 2013.

[Baun et al. 2011]

    Baun, C.; Kunze, M.; Nimis, J.; Tai, S.: Cloud Computing. Webbasierte dynamische IT-Services. Informatik im Fokus, 2. Auflage. Springer-Verlag, Berlin/Heidelberg, 2011

[Beims/Ziegenbein 2015]

    IT-Service Management in der Praxis mit ITIL. 4. Auflage, Hanser, München, 2015.

[Capgemini 2005]

    The value of IT. Study based upon the views of Nordic companies. Capgemini, 2005.

[Carr 2003]

    Carr, N. G.: IT Doesn't Matter. In: Harvard Business Review, 81. Jg. (2003) 5, S. 41-19.

[Cole 2015]

    Cole, T.: Digitale Transformation. Warum die deutsche Wirtschaft gerade die digitale Zukunft verschläft und was jetzt getan werden muss! Impulse für den Mittelstand. Vahlen, München, 2015.

[Curley et al. 2015]

    IT Capability Maturity Framework (IT-CMF). The Body of Knowledge Guide. Van Haren, Zaltbommel, September 2015.

[Drucker 1974]

    Drucker, P.F.: Management. Tasks, responsibilities, practices. Heinemann, London, 1974.

[Fischermanns 2010]

    Fischermanns, G.: Praxishandbuch Prozessmanagement. 9. Auflage, Schmidt, Gießen, 2010.

[Fröschle 2012]

    Fröschle, H.-P. (Hrsg): Cloud-Service-Management. Praxis der Wirtschaftsinformatik, Heft 288, 12-2012.

[Harris et al. 2012]

    Harris, J., Ives, B., and Junglas, I. (2012). "IT-Consumerization: When Gadgets Turn Into Enterprise IT Tools," MIS Quarterly Executive, 11:3.

[Hofstetter 2014]

    Hofstetter, Y.: Sie wissen alles. Wie intelligente Maschinen in unser Leben eindringen und warum wir für unsere Freiheit kämpfen müssen. C. Bertelsmann, München, 2014

[Jansky/Albrecht 2013]

    Jansky, S. G.; Abicht, L.: 2025 – So arbeiten wir in der Zukunft. Goldegg, Berlin, 2013.

[Kesten et al. 2007]

    Kesten, R.; Müller, A.; Schröder, H.: IT-Controlling: Messung und Steuerung des Wertbeitrages der IT. Vahlen, München, 2007.

[Kubernus 2013]

    Kubernus, R.: Innovatives Geschäftsprozessmanagement durch Subjektorientierung. S-BPM ermöglicht ein durchgängiges Round-Trip-Engineering in Echtzeit. Diplomia Verlag, Hamburg, 2013.

[Melville et al. 2004]

    Melville, N.; Kraemer, K.; Gurbaxani, V.: Review: Information technology and organizational performance: an integrative model of IT business value. In: MIS Quarterly, Vol. 28 Nr. 2, S. 283-322, Juni 2004.

[Meyer 2008]

    Meyer, J.-U.: Das Edison Prinzip. Der genial einfache Weg zu erfolgreichen Ideen. Kreativ in 6 Schritten. Campus, Frankfurt, 2008.

[Meyer 2014]

    Das Edison-Prinzip. Der genial einfache WQeg zu erfolgreichen Ideen. 2. Auflage, Campus, Frankfurt, 2014.

[Pichler 2013]

Pichler, R.: Agiles Produktmanagement mit Scrum. Erfolgreich als Product Owner arbeiten. 2. Auflage, dpunkt, Heidelberg, 2013.

[Österle/Winter 2003]

Österle, H.; Winter, R.: Business Engineering. In: Österle, H., Winter, R. (Hrsg.), Business Engineering, 2. Auflage, Springer, Berlin, 2003, S. 3-18.

[Samulat 2014a]

Messkonzept für ein benutzerzentrisches Kennzahlensystem zur Darstellung des Wertbeitrags der IKT. In: Schriftenreihe Informations- und Kommunikationsmanagement der Technischen Universität Berlin, Band 5. Universitätsverlag der TU Berlin, 2014.

[Samulat 2014b]

Samulat, P.: Ich brauche das nicht! Keine Akzeptanz im Unternehmen? In: Funkschau Sonderheft lyncXpert, 11/2014, S. 22f. Weka Fachverlag, Haar, 2014.

[Schubert/Williams 2013]

Schubert, P.; Williams, S. P.: Management der Nutzenrealisierung aus Informationstechnologie. Papersession WI 2013, 11th International Conference on Wirtschaftsinformatik, 27. Februar – 01. März 2013, Leipzig.

[Walter 2009]

Walter, J.: Geschäftsprozessmanagement umsetzen. Prozesse am Kunden orientieren, transparent und flexibel gestalten. Hanser, München, 2009.

[Zeichhardt 2015]

Zeichhardt, R.: E-Leadership: Führung und Leistungssteigerung in digitalen Kontexten. Erfolgsfaktor Performance Management – Leistungsbereitschaft einer aufgeklärten Generation. Springer, Berlin/Heidelberg, 2015.

[Zeiner 2009]

Zeiner, A.: Kennzahlen wertorientierter IT; Teil 1, Präsentation.

http://www.brainguide.de/data/publications/PDF/pub29917.pdf, 07.03.2011.

[Zimmermann et al. 2014]
Zimmermann, S., Rentrop, C., Felden, C.: Managing Shadow IT Instances – A Method to Control Autonomous IT Solutions in the Business Departments. In: AMCIS 2014 Proceedings.

Made in the USA
Charleston, SC
14 January 2016